문방구어사전

문방구어사전

지은이 / 타카바타케 마사유키
옮긴이 / 이상민
펴낸이 / 조유현
편　집 / 이부섭
디자인 / 박민희
펴낸곳 / 늘봄

カバー·本文デザイン(표지 본문 디자인) :
　細山田デザイン事務所(호소야마다디자인사무소)
　米倉英弘 · 奥山志乃(요네쿠라 히데히로 · 오쿠야마 시노)
イラスト(일러스트) : 小林麻美(아사미 코바야시)
編集(편집) : DECO(高橋星羽, 타카하시 세이하)
校正(교정) : 佑文社(우문사)
協力(협력) : たいみち(타이미치)

등록번호 / 제300-1996-106호　1996년 8월 8일
주소 / 서울시 종로구 김상옥로 66, 3층
전화 / 02)743-7784　이메일 / book@nulbom.co.kr

초판 발행 / 2024년 5월 31일

ISBN 978-89-6555-112-6 03030

BUMBOGU GO JITEN : BUMBOGU NI MATSUWARU KOTOBA O IRASUTO TO MAMECHISHIKI DE KARIKARI TO YOMITOKU by Masayuki Takabatake

※ 값은 표지에 있습니다.

문방구에 관련된 단어를
일러스트와 재미있는 정보로 바삭바삭하게 풀어낸

文房具語辭典
문방구어사전

늘봄

시작하며

문구 사전을 집필하지 않겠느냐는 말을 듣고, 직감적으로 "이건 정말 골치 아픈 일이야!"라는 생각이 들면서도 "아~ 내가 적임자고, 나 아니면 안 되는 일이야"라고 생각했다. 어린 시절부터 문구가 좋았고, 동인지를 만들고, 홈페이지를 개설하고, 그러다 보니 TV 방송에도 출연하고, 어느새 문구왕이 되었다. 자연스럽게 문구업체에서 일을 하면서 현장 판매나 매장 기획을 하기도 하고, 잡지나 TV, 라디오 등에서 문구에 관해 설명했다. 문구와 관련된 다양한 입장을 접하면서 여러 가지를 배웠지만, 그것들을 종합해서 정리한 적은 없었다.

연필, 지우개, 볼펜… 등, 누구나 알고 있는 문구를 사전으로 만들어 설명하지 않아도, 연필은 연필이고, 보통 그 이상 설명하지 않아도 충분히 안다. 사전은 그것을 구태여 "흑연을 주원료로 하는 막대 형태의 재료를 목제 속에 고정하여…"라는 식으로 설명한다. 당연한 것을 짧은 문장으로 정확하게 정의하는 작업은 의외로 어렵다. 그러나 누구나 알고 있는 문구의 정의를 심사숙고해서 서술한 후 읽어보면, 그저 그런 것이 되기 일쑤다. 그래서 가능한 한, 정의뿐만 아니라 언제, 누가라는 식의 시작과 전환점에 얽힌 중요한 에피소드나 과학이나 공학의 측면에서 본 해설, 업계 내의 토막지식 등을 빈틈없이 담아 보았다.

하나하나의 표제어에 대한 설명은 짧은 문장이다. 그렇지만 사실은 간단한 설명에서부터 내 나름의 연구성과까지 다층적으로 담고 있으므로 특별히 문구에 관심 없는 보통 사람에서부터 이미 잘 알고 있는 마니아, 업무로 문구에 관계하는 사람까지 모든 사람을 이 책의 대상 독자로 삼았다.

만약 당신이 문구류에 특별한 관심이 없는 사람이라면 그림을 보면서 여기저기 뒤적거리는 것만으로도 평소 사용하고 있는 문구의 명칭이나 문구 자체에 흥미를 갖는 계기가 될 것이고, 문구점에 가는 것이 즐거운 일이 될 것이다.

또 평소 문구에 관심이 많았던 사람이라면 각 단어의 의미와 역사를 접하면서 좋아하는 문구류를 더 깊이 즐길 수 있을 것이다. 각 단어에 대한 설명은 짧아서 쉽게 읽을 수 있을 것 같고, 가급적 "아하~" 하고 무릎을 칠 수 있는 에피소드를 넣으려고 노력했다.

이미 문구에 대하여 꽤 많이 알고 있는 마니아라고 생각하더라도, 가능하면 하나하나 차근차근 읽기를 권한다. 반드시 "아니, 이런 거였어?"라고 생각할 만한 부분이 감추어져 있을 것이다. 각각의 항목을 쓰기 위하여 조사한 결과, 인터넷이나 잡지에 자주 나오는 것과는 다르게 설명한 것도 많다. 지금까지의 정설에 얽매이지 않고, 가급적 정확한 정보를 찾아 쓰려고 다양한 자료를 접한 결과이다. 이 책은 나의 문구 연구의 총정리이다. 어쩌면 여러분과 견해가 다른 부분도 있을지 모르겠다. 그런 점을 지적하는 마음으로 읽어 주면 좋겠다고 생각한다(틀린 곳이 있으면 알려 주시라).

그리고 문구 관련 일을 하고 있는 사람이나 이제부터 그런 일을 시작하는 사람은 "파일과 바인더는 뭐가 다르지?"와 같은 어딘가 애매한 채로 사용하고 있는 문구 용어를 정확하게 구분하기 위한 문구 용어집으로 지척에 두고 틈날 때마다 들추어보면 좋겠다고 생각한다.

물론 이 책은 사전이기 때문에, 어디에서부터 어떤 방식으로 읽어도 상관없다. 문구에 일가견이 있는 사람이나 그렇지 않은 사람이나 모두 넓고 깊은 문구의 세계를 즐기는 계기가 되면 좋겠다.

문구왕
타카바타케 마사유키
高畑正幸

이 책을 읽는 방법

① 표제어

문구와 관련된 용어 중에서, 지식을 깊게 하고, 공부나 업무에 도움을 주는 것을 폭넓게 선택했다.
표제어는 한글로 표기, [ ]내는 일본어로 표기

①

유니
[ユニ]

②

① 미쓰비시 연필이 1958년에 출시한 고급 연필. 'unique(유일한)'에서 이름을 따왔다. 1966년에는 더 높은 등급의 '하이유니'가 등장했다. HB, F를 포함한 10B~10H까지 총 22개의 경도를 갖추었다. ② 미쓰비시 연필이 판매하는 제품 전체의 브랜드명. 특히 해외에서는 본래의 사명보다 이 브랜드명이 기업명으로 널리 인식되고 있다.

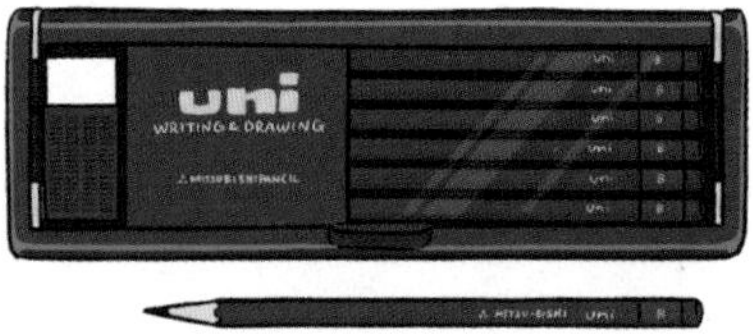

② 표제어 의미와 해설

복수의 의미를 가진 표제어에 대해서는 ①, ②…로 각각의 의미를 구분해서 기재했다.

※ 이 책의 데이터는 2019년 12월 정보를 기반으로 작성하였다. 이후 변경이 진행되거나, 취급 종료된 상품이나 서비스가 있음을 양해바란다.

고무지우개 [消しゴム]

주로 연필이나 샤프펜슬로 필기한 것에 마찰시켜 흑연을 흡착하여 소거 하기 위해 사용하는 천연고무 또는 연질 플라스틱을 원료로 한 덩어리(→p136 '지우개'). 가장 오래된 지우개는 1770년 영국의 조지프 프리스틀리(Joseph Priestly→p87)가 문구상 에드워드 네언(Edward Nairne)으로부터 사들인 고무가 연필로 쓴 문자를 지운 것을 설명하고 있다. 그 지우는(rub out) 기능 때문에 러버(rubber)라는 이름을 붙였다고. 현재 주류인 플라스틱 지우개는 1952년 일본의 호리구치 켄조(堀口乾蔵)가 염화비닐을 이용한 지우개 제조법을 특허출원하였고, 1956년 일본 내 여러 업체에서 출시되었다.

③

③ 관련어구 게재 페이지

별도 페이지에서 다루어진 용어에 대하여 관련성이 높은 것은 게재되어 있는 페이지 번호를 표시했다. 지식을 보다 깊게 하고 싶을 때 도움이 된다.

④

먹 [墨]

주로 식물성기름을 연소하여 얻은 그을음과 아교(→p104)를 섞어서 건조시킨 고형 안료로, 벼루(→p76)에 갈아서 물에 녹인 후 붓으로 필기한다. 문방사우(→p71)의 하나. 채종유 등의 식물성기름을 원료로 하는 유연먹(油煙墨)과 송진이 많은 소나무 조각을 연소한 그을음으로 만들어지는 송연먹(松煙墨)으로 구별한다. 간단히 사용하기 위해 물에 녹인 액상으로 판매되는 먹물도 있다. 인쇄용어로서는 검은색을 의미한다.

④ 영어, 한자, 일본어 괄호 속으로

이해를 돕기 위해 한자나 로마자 원어를 괄호 안에 추가했다.

『문방구어사전』
차 례

ㅅ

ㅇ

문방구 기초지식

문방구
기초지식 1 세계 문방구 제조사 및 브랜드 지도

[유럽]

펠리칸
독일 함부르크
로이히트름
독일 함부르크
로트링
독일 함부르크
몽블랑
독일 함부르크
헨켈스
독일 노르트라인 =베스트팔렌주 졸링겐
파이로팍스
영국 런던
피스카스
핀랜드 헬싱키
스완스타빌로
독일 헤롤츠베르크
파커
영국 뉴헤븐
스테들러
독일 뉘렌베르크
파버카스텔
독일 뉘렌베르크
카웨코
독일 뉘렌베르크
빅
프랑스 크리시
코히놀
체코 체스케부디오비체
몰스킨
이탈리아 밀라너
워터맨
프랑스 파리
비스콘티
이탈리아 피렌체
오로라
이탈리아 토리노
S.T. 듀퐁
프랑스 파리
로디아
프랑스 뮤르즈
라미
독일 하이델베르크
클레어폰테인
프랑스 에티바르
카렌다쉬
스위스 제네바

문방구 기초지식 ❷

일본 주요 문구업체 지도

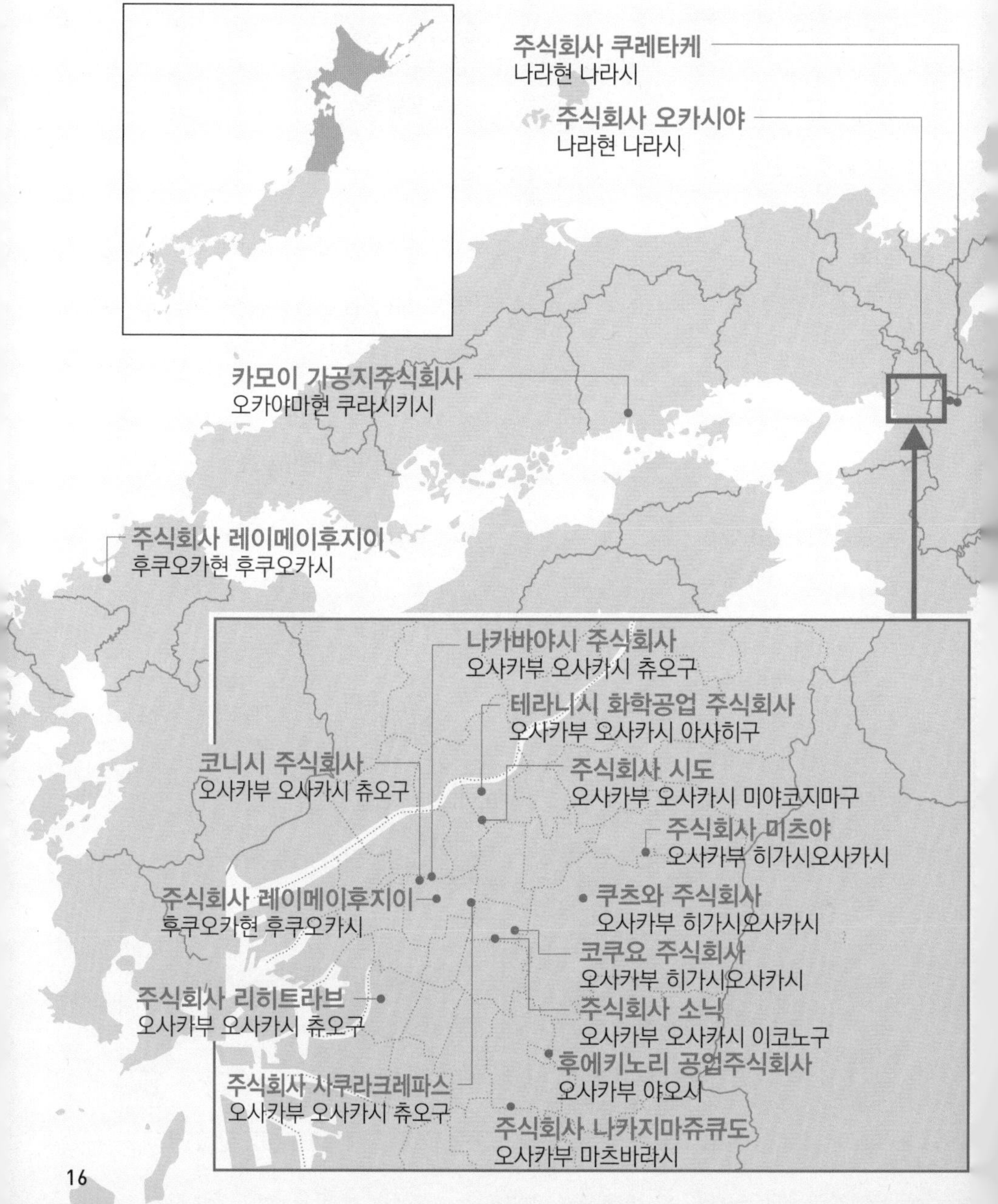

※ 2019년 12월 현재
각 회사 공식 사이트
정보를 바탕으로 작성.
쇼와노트 주식회사
토야마현 타카오카시
시야치하타 주식회사
아이치현 나고야시
주식회사 킹짐
도쿄도 치요다구
츠바메노트 주식회사
도쿄도 타이토구
선스타 문구주식회사
도쿄도 타이토구
야마토 주식회사
도쿄도 츄오구
주식회사 톰보연필
도쿄도 키타구
제브라 주식회사
도쿄도 신쥬쿠구
나카바야시 주식회사
도쿄도 이타바시구
니치반 주식회사
도쿄도 분쿄구
마루만 주식회사
도쿄도 나카노구
주식회사 라이온 사무기
도쿄도 나카노구
펜텔 주식회사
도쿄도 츄오구
플러스 주식회사
도쿄도 미나토구
주식회사 데자인휘루
도쿄도 시부야구
세메다인 주식회사
도쿄도 시나가와구
푸라치나 만년필주식회사
도쿄도 타이토구
오토 주식회사
도쿄도 타이토구
키타보시 연필주식회사
도쿄도 카츠시카구
카루 사무기주식회사
도쿄도 카츠시카구
히노데와시 주식회사
도쿄도 수미다구
세일러 만년필주식회사
도쿄도 수미다구
라이프 주식회사
도쿄도 치요다구
막스 주식회사
도쿄도 츄오구
주식회사 파일로트 코포레이션
도쿄도 츄오구
미쓰비시 연필주식회사
도쿄도 시나가와구

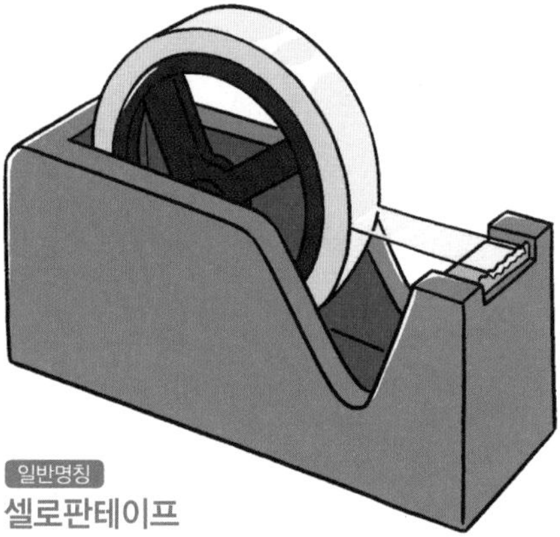

일반명칭
셀로판테이프

상표
세로테이프

권리자 니치반 주식회사

일반명칭
유성마커

상표
매직잉크

권리자 주식회사 우치다요코

일반명칭
접착제

상표
본드

권리자 코니시 주식회사

일반명칭
오일파스텔

상표
크레파스

권리자 주식회사 사쿠라크레파스

일반명칭
접착제

상표
세메다인

권리자 세메다인 주식회사

일반명칭
부전지

상표
포스트잇

권리자 3M 컴퍼니

문구 관련 **유명 상표와 일반명칭**

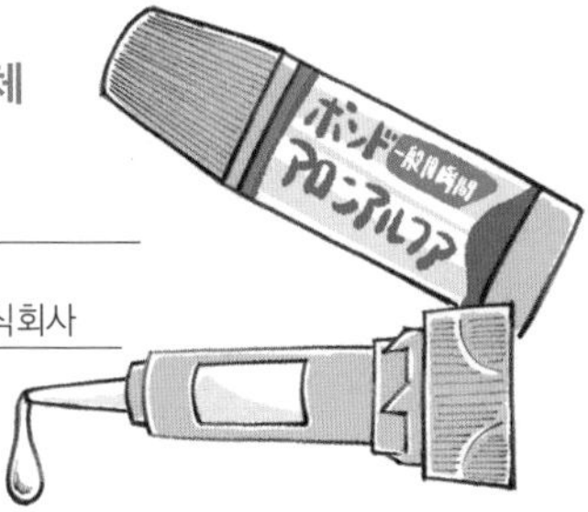

일반명칭
순간접착체

상표
아론알파

권리자
토아고세 주식회사

일반명칭
네임도장, 침투도장

상표
시야치하타

권리자
시야치하타 주식회사

색채만으로 된 상표

※상품 아래 색채 이미지가 바로 상표다.

MONO
주식회사 톰보연필

유니/하이유니
미쓰비시연필주식회사

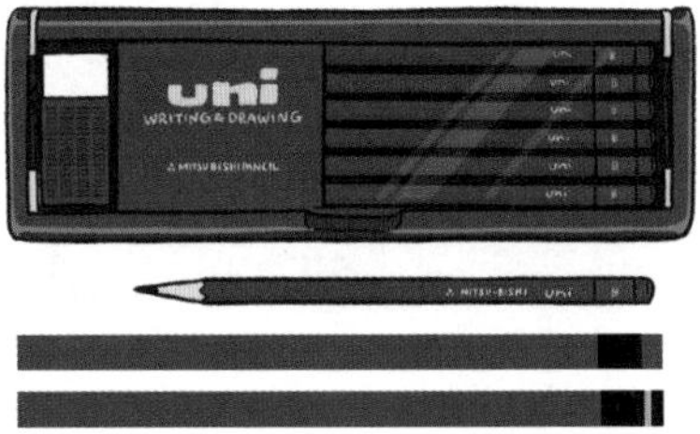

유니
하이유니

입체상표

본드 목공용
코니시 주식회사

쟈포니카 학습장
쇼와노트 주식회사

하이마키
제브라 주식회사

파일롯트 [パイロット]
PILOT

- 1918년 주식회사 나미키제작소
- 1938년 파일롯트만년필 주식회사
- 1989년 주식회사 파일롯트
- **2003년 파일롯트코퍼레이션**

푸라치나만년필 [プラチナ万年筆]
PLATINUM

- 1919년 나카타슌이치 만년필사업 착수
- 1924년 나카야 제작소
- 1942년 푸라치나만년필 주식회사
- 1947년 푸라치나산업 주식회사
- **1962년 푸라치나만년필주식회사**

세라만년필 [セーラー万年筆]
SAILOR

- 1911년 일본산 만년필(14K금) 제조개시
- 1932년 주식회사세라만년필 사카타 제작소
- **1960년 세라만년필주식회사**

미쓰비시연필 [三菱鉛筆]
MITSUBISHI

- 1887년 마사키연필제조소
- 1918년 야마토연필 주식회사
- 1925년 마사키야마토연필 주식회사
- **1952년 미쓰비시연필주식회사**

제브라 [ゼブラ]
ZEBRA

- 1897년 이시카와펜사키 제작소
- **1963년 제브라주식회사**

톰보연필 [トンボ鉛筆]
TOMBOW

- 1913년 오가와하루노스케 상점
- 1939년 톰보연필 상사주식회사 (영업) 주식회사 톰보연필 제작소 (제조)
- **1964년 주식회사 톰보연필**

사쿠라크레파스 [サクラクレパス]
SAKURA

- 1921년 일본크레용 상회 사쿠라크레용 상회
- 1934년 크레파스 혼포 주식회사 사쿠라 상회
- **1945년 주식회사 사쿠라크레파스**

펜텔 [ぺんてる]
Pentel

- 1946년 다이닛폰문구 주식회사
- **1971년 펜텔주식회사**

고쿠요 [コクヨ]
KOKUYO

- 1950년 쿠로다효시텐
- 1914년 쿠로다콧코도
- 1961년 고쿠요 주식회사
- 2004년 고쿠요S&T
- **2015년 고쿠요주식회사**

회사명 변경이력

프라스 [プラス]
PLUS

1948년
치요다문구 주식회사

2001년
프라스스테쇼나리 분사

2001년
프라스스테쇼나리 분사

2010년
프라스주식회사에 합병

데자인휘르, 미도리 [デザインフィル]
ミドリ、MIDORI

1950년
주식회사 미도리상회

1963년
주식회사 미도리

2007년
주식회사 데자인휘르

막스 [マックス]
MAX

1942년
야마다항공공업 주식회사

1945년
야마다흥업 주식회사

1955년
막스공업 주식회사

1964년
막스주식회사

시야치하타 [シヤチハタ]
Shachihata

1925년
후나바시 상회

1941년
시야치하타공업 주식회사

1999년
시야치하타주식회사

니치반 [ニチバン]
NICHIBAN

1918년
우타하시 제약소

1934년
주식회사 우타하시 제약소

1944년
니치반공업 주식회사

1948년
니치반약품공업 주식회사

1961년
니치반주식회사

야마토 [ヤマト]
YAMATO

1899년
야마토노리혼포

1948년
야마토노리공업 주식회사

1970년
야마토주식회사

라이프 [ライフ]
LIFE

1946년
사이토 상점

1963년
라이프주식회사

시드 [シード]
SEED

1915년
주식회사
미키코사쿠고무 제조소

1950년
시드고무공업 주식회사

2002년
주식회사 시드

마루젠유쇼도 [丸善雄松堂]
MARUZEN

1869년
마루야 상사

1880년
책임유한 마루젠 상사

1893년
마루젠 주식회사

2016년
마루젠쇼도주식회사

※ 2019년 8월 시점 정보

만년필의 구조와 각 부분의 명칭

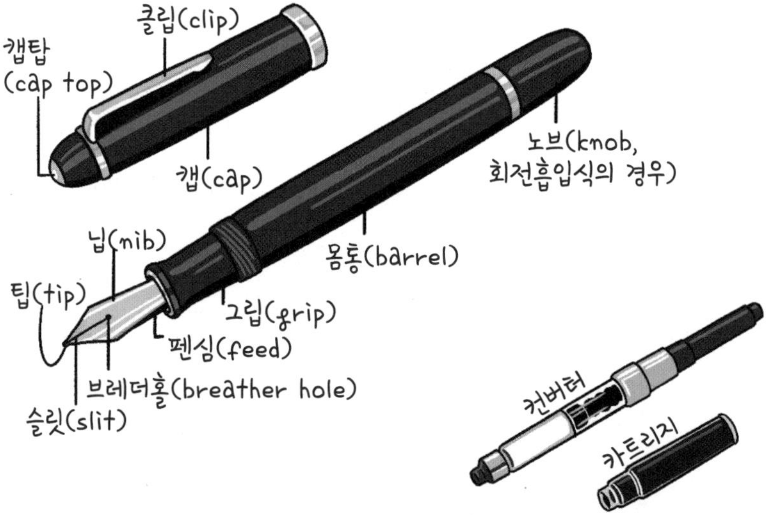

만년필의 구조

만년필의 잉크 주입 방식

회전흡입식
(回轉吸入式)

내장된 피스톤을 노브(knob)를 돌려, 끌어 올리는 방식. 대용량이면서 사용이 편리하다. 고급만년필에서 흔한, 가장 일반적인 방식의 하나

카트리지식
(cartridge式)

전용 1회용 잉크카트리지로 잉크를 공급하는 방식. 잉크 예비품을 휴대하기 쉽고, 손을 더럽히지 않고, 교환할 수 있어 편리하지만 잉크 선택폭이 제한적이다.

컨버터식(공용식)
(converter式, 共用式)

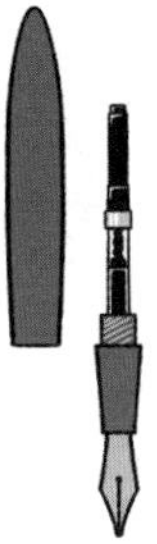

잉크 카트리지와 호환이 되는 컨버터(피스톤 내장 소형 잉크 용기)를 장착하여, 회전흡입식과 동일한 사용방식. 카트리지의 대체이용도 가능하여 공용식이라고도 한다

아이드롭퍼식
(eye dropper式)

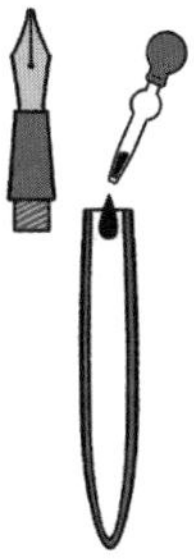

몸통 안에 직접 잉크를 주입하는 방식. 간단하고 용량이 큰 장점이 있으나 잉크 주입에 스포이드 등의 도구가 필요. 휴대시 잉크 누출을 방지하기 위하여 마개를 붙인 것이 '잉크방지식'

레버식
(lever式)

내장형의 고무튜브로 되어 있는 잉크탱크를 레버로 짓눌렀다가 풀어 줌으로써 잉크를 흡입. 버튼형, 노크형 등, 고무튜브를 누르는 방법에 따라 다양한 종류가 있다.

플런저식
(plunger式)

피스톤을 아래로 눌렀을 때, 피스톤에 의해 노브축이 압력을 받고, 피스톤이 그립부근까지 눌러지는 곳에서 밸브가 열리면 잉크가 일시에 흡입된다.

문방구 기초지식 6

볼펜 잉크의 종류

볼펜 잉크는 용매에 따라 크게 3종류로 나뉘어진다.

[유성잉크]

기름

[젤잉크]

물+증점제

[수성잉크]

물

	[유성잉크]	[젤잉크]	[수성잉크]
용매	기름 볼에 묻힌 잉크가 볼 회전으로 배출되어 종이에 눌러져 닿으면서 전사된다.	물 + 증점제 탱크 내에서는 고체상태인 잉크가 볼회전으로 인한 마찰로 액상화하여 유출. 종이 위에서 다시 고체로 된다.	물 볼이 종이에 접촉함으로써 모세관현상에 의해 종이에 잉크가 유출된다
장점	필압에 강하고 기본적으로 내수성. 소형화 쉽고, 잉크 감소가 지연되어 멀티펜용 소형심을 만들기 쉽다.	탱크 내에서 잉크가 유동하지 않으므로 안료계(다색, 불투명, 특수) 잉크에 적합하다. 극세화하기 쉽고, 건조성이 좋다.	볼을 회전시키는 필압이 거의 필요없고 매끄럽게 써진다. 짙은 글씨를 쓸 수 있다.
단점	잉크의 점성이 높고, 필기감이 무겁고, 선명한 색을 내기가 어렵다.	잉크 감소가 빠르다.	종이뒷면에 스며들기 쉽고, 극세화가 힘들다. 잉크 감소가 빠르고 안료계는 물에 약하다.

기타 잉크

[저점도 유성]
유성이면서 저점도. 필기감이 부드럽다.

[에멀션(emulsion)]
기름에 미세한 물방울을 분산시킨 용매를 사용한 잉크. 중간적인 필기감

문방구 기초지식 7

펜촉의 종류

[펜촉 굵기의 표기]

UEF	Ultra Extra Fine	울트라 엑스트라 파인	초극세(超極細)
EF	Extra Fine	엑스트라 파인	극세(極細)
F	Fine	파인	세자(細字)
MF	Medium Fine	미디움 파인	중세(中細)
SU	Stub	스터브	종태횡세(縱太橫細)
M	Medium	미디움	중자(中字)
B	Broad	브로드	태자(太字)
BB	Broad Broad	브로드브로드	극태(極太)
C	Coarse	코스	극태(極太, 파일로트, 프라티나만년필)
Z	Zoom	줌	극태(極太, 세일러만년필)
MS	Music	뮤직	음악(종선은 굵고, 횡선은 가늘다)

※ 앞부분에 S(Soft)가 붙으면, '부드러움'을 의미
※ 이 밖에도 다양한 특수 펜촉이 있다.

[다양한 펜촉]

볼펜

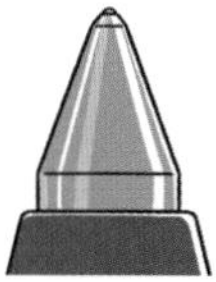
콘팁(corn tip)
불릿팁(bullet tip)

니들팁(niddle tip)

파이프팁(pipe tip)

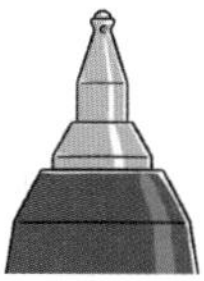
시너지팁(synergy tip)

마킹펜

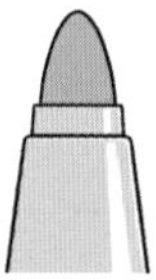
불릿팁(bullet tip)

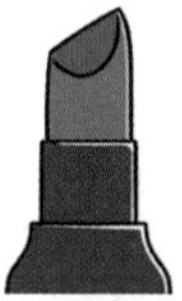
티젤팁(teasel tip)

브러쉬팁(brush tip)

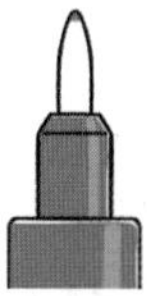
플라스틱팁
(plastic tip)

밀리팁(milli pen),
라인드로잉팁
(line drawing tip)

문방구 기초지식 8

어떤 수첩이 좋은가는, 쓰고 싶은 내용이나 생활, 일의 리듬에 따라 변합니다.
당신에게 딱 맞는 수첩을 찾아 주세요 !

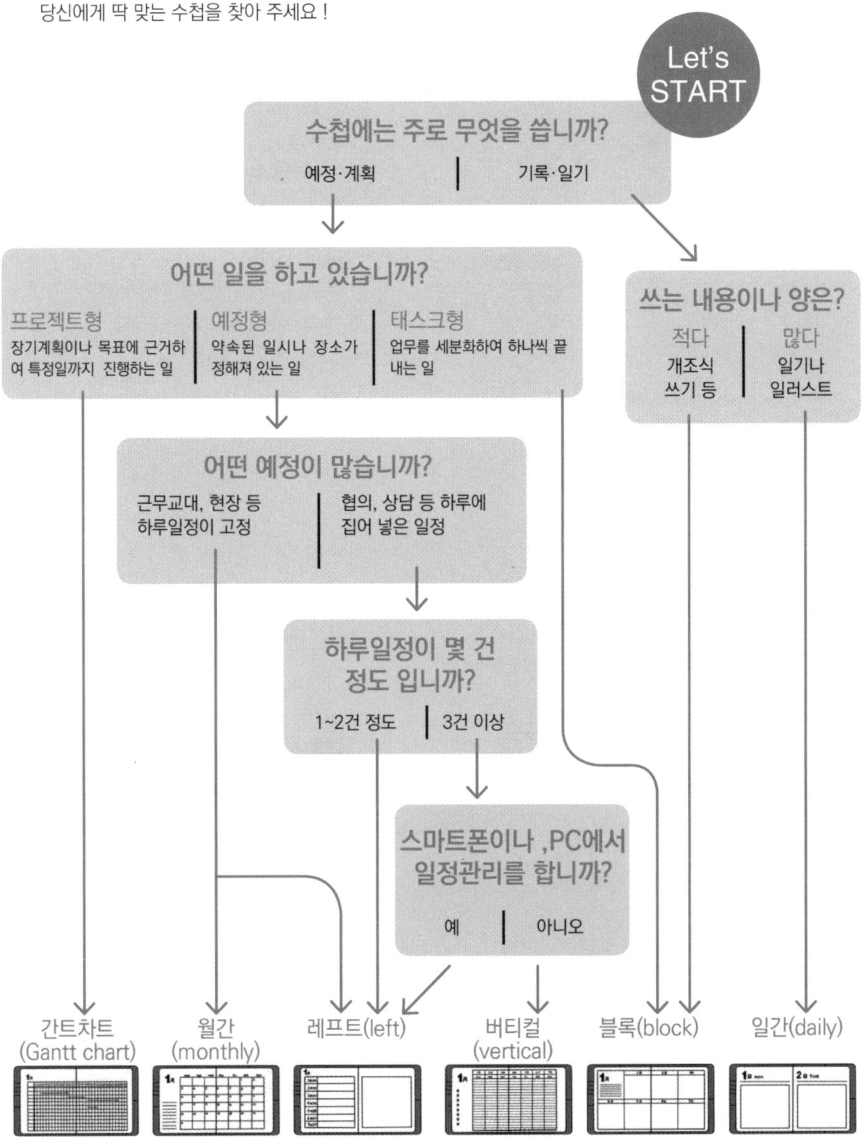

*이것들을 조합한 타입도 있다.

수첩 선택방법 및 종류

수첩의 종류

1개월 일정을 한 눈에 일람

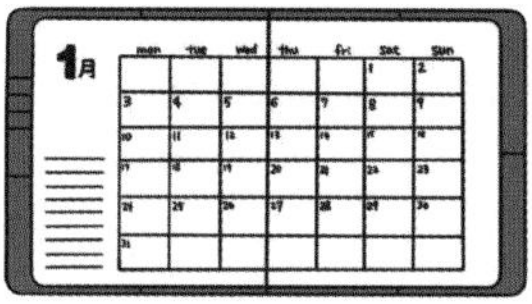

월간 블록

1개월 일정을 한 번에 보기 쉽고, 주·요일의 표시도 쉬워 가장 인기 있는 포맷. 각종 주간일정관리와 병용하는 경우도 많고, 대강의 일정 파악에 최적.
월요일 시작의 경우가 일반적이지만, 일요일 시작의 경우도 있으므로 주의 필요.

장기 프로젝트의 관리

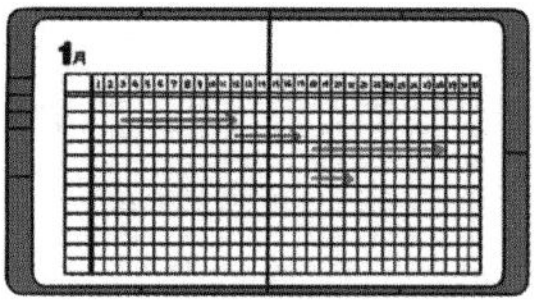

월간 간트챠트

횡축에 일자를 쓰고, 1개월을 흐름으로 파악하는 포맷.
하나의 항목이 며칠 동안 걸쳐 있거나, 어떤 항목이 종료하니 않으면 다음 항목이 시작될 수 없는 연속적인 일정의 진척관리에 적합하다. 또한 그래프용지처럼 사용할 수 있어서 하루하루의 변화를 기록하는 것도 편리

1주간 일정 관리에 무난

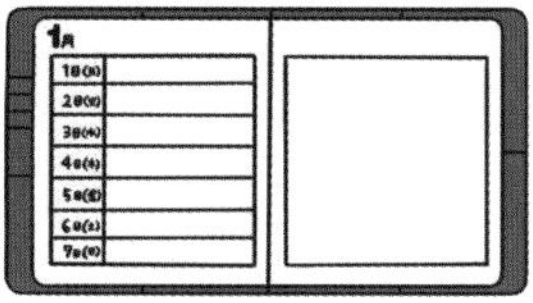

주간 레프트(수평형)

좌측 페이지 1주간을 종으로 배치, 우측 페이지는 메모 등 자유롭게 사용할 수 있는 타입. 회사근무 등 어느 정도 규칙적인 리듬을 기반으로 회의나 상담 등의 일이 수시로 있는 사람에게 적합.
개조식으로는 쓰기 힘든 용건을 우측 페이지에 메모할 수 있어서 마주 보는 양쪽 페이지로 주간 개요 파악이 가능하다,

하루 하루 할 일을 관리

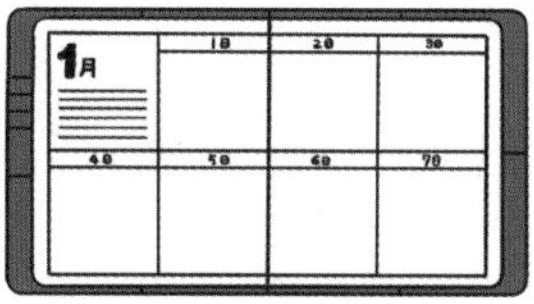

주간 블록

1주간을 종횡으로 분할함으로써, 하루의 칸이 가늘고 길게 되지 않고, 개조식 쓰기에도 메모에도 사용가능하다.
일정을 시간으로 관리하는 것은 아니지만 ToDo 등의 항목으로 관리하거나 간단한 일기나 메모들을 써 두는 것에 적합하다. 토일을 합쳐서 1칸으로 되어 있는 것도 있으므로 주의.

히루 시간을 시각적으로 관리

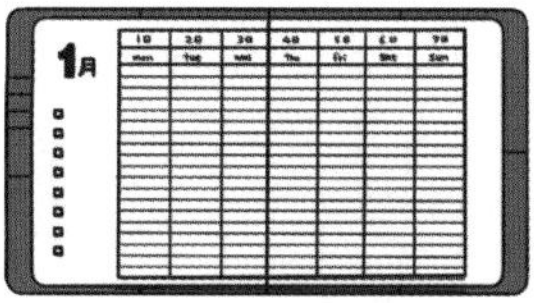

주간 버티컬

하루의 시간축을 종으로 하여, 시작시간뿐만 아니라 예정시간의 길이를 면적으로 파악하기 쉬운 포맷.
하루에 몇 건의 일정을 소화하거나 일자에 따라 업무예정이 불규칙하게 변하는 사람, 또한 시간효율 향상이나 틈새시간의 활용 등, 시간을 효율적으로 사용하고 싶은 사람에게 적합하다.

일정관리 보다도 하루하루 기록

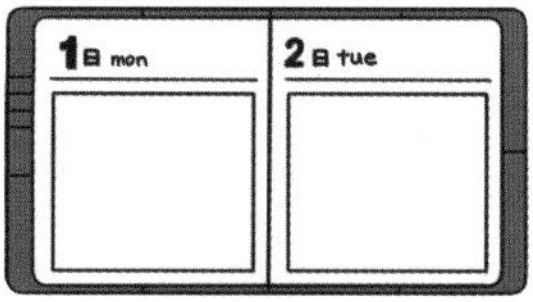

일간

두껍고 무겁게 되기 쉬운 것이 약점이지만, 기입 공간이 충분하기 때문에 일정보다도 오히려 하루하루의 기록으로 사용하기에 적합하다.
취미나 생활일기 차원에서 사용하는 사람이 많지만, 업무나 상담 노트로서 확실한 일자와 함께 기록하는 것에 큰 의미가 있다.

문방구 기초지식 9

접착 테이프의 종류

[접착 테이프의 종류]

일반 명칭	셀로판테이프	PP 테이프	멘딩테이프	마스킹테이프
기본 재료	셀로판	폴리프로필렌	아세테이트	일본종이
기본 재료 원료	식물	석유	식물+석유	식물
접착제	고무계	아크릴계	아크릴계	아크릴계
접착력	◎	◎	○	○ (박리가능)
색	황투명	투명	투명	불투명
표면	광택 있음	광택 있음	광택 없음	광택 없음
강도	△	○	×	△
손찢김	×	×	×	○
내후성	×	◎	○	○
비고	식물계. 찢어지기 쉽다. 장기보관에는 부적함	석유계. 강하고 투명도가 높고 내후성도 뛰어나다. 자르기 어렵다.	광택이 없는 투명하고 종이에 붙이면 거의 보이지 않게 된다. 찢어지기 쉽다.	원래는 도포 등의 양생용. 밀착성이 높고 깨끗하게 벗겨진다.

일반 명칭	크래프트테이프	천테이프	양생테이프
기본 재료	종이	화학섬유	화학섬유
기본 재료 원료	식물	석유	석유
접착제	고무계	고무계	고무계
접착력	◎	◎	○ (박리가능)
색	차색	불투명	반투명
표면	반광택	광택 있음	광택 있음
강도	△	○	○
손찢김	○	○	○
내후성	×	△	△
비고	싸고, 골판지 포장에는 적합하지만, 겹쳐 붙이기나 글씨쓰기에는 부적합	접착력이 강하고, 겹쳐 붙이기도 가능. 손으로 즉시 찢을 수 있다.	풀을 남기지 않고, 뗄 수 있다. 손으로 즉시 찢을 수 있다.

이 밖에도 특수한 테이프나, 다른 성질의 테이프가 많이 있다

양면 테이프

제본 테이프

ㄱㄴ 열

문구 잡학 1 > 절단식 커터 칼날 사이즈

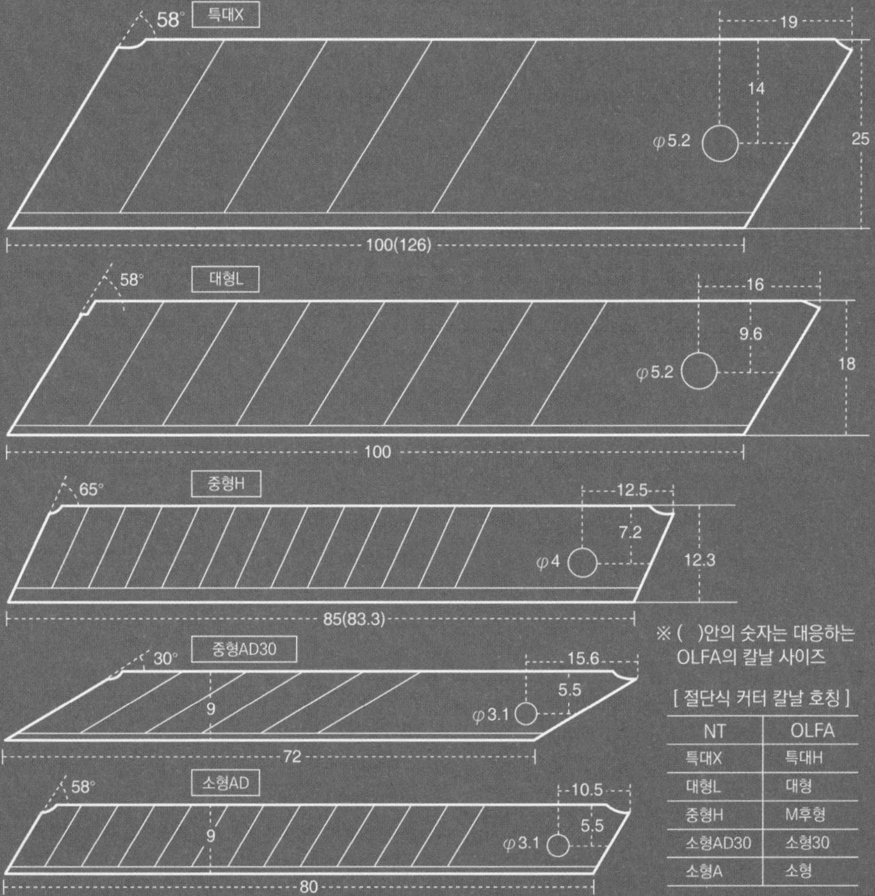

※ ( )안의 숫자는 대응하는 OLFA의 칼날 사이즈

[절단식 커터 칼날 호칭]

NT	OLFA
특대X	특대H
대형L	대형
중형H	M후형
소형AD30	소형30
소형A	소형

가름끈 [スピン]

책이나 수첩 등의 책등 위쪽에 붙어있어 책갈피(→p137) 역할을 하는 끈.

가미데테오키루(종이에 손을 베다) [紙で手を切る]

종이 가장자리에 손가락을 스쳐서 피부가 베어지면 칼날에 벤 것 이상으로 통증이 지속되는 경우가 있다. 손가락 끝은 신경이 집중되어있는 데다가 종이에 벤 자리는 칼날과 비교하여 톱니 모양으로 들쭉날쭉하게 조직이 파괴되기 때문이다. 게다가 종이에 포함된 물질이 피부 내에 잔류하거나 얕은 상처라서 피가 나지 않기 때문에 늦게 아문다는 점, 이후에도 일상 작업에서 서류 등의 종이와 접촉하기 쉬운 점 등 다양한 요인 때문이다.

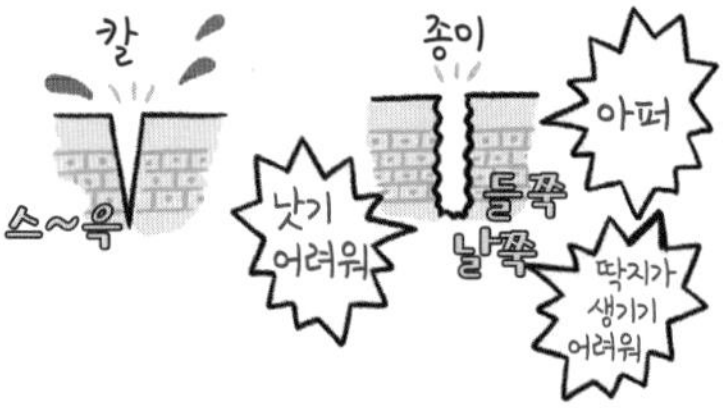

가압식 볼펜 [加圧式ボールペン]

잉크 배출 방향으로 압력을 줌으로써 잉크의 역류나 끊김을 방지하기 위한 구조를 가진 유성 볼펜. 잉크 관에 질소가스나 공기를 밀폐하여 격벽을 누르는 상시 가압식(피셔스페이스맨의 '스페이스펜', 미쓰비시연필의 '파워탱크' 등)과, 내장된 피스톤의 노크버튼을 누르면 공기가 압축되어 압력이 높아지는 일시 가압식(톰보연필의 '에어프레스', 파일로트코퍼레이션의 '다운포스' 등)이 있다. 중력에 의존하지 않고 사용할 수 있어서 위를 향한 필기나 저온 환경, 젖은

종이 등에서 효과적으로 필기할 수 있다. 무중력 우주선 내에서도 사용 가능(→p98 '스페이스펜').

가위 [はさみ]

두 장의 칼날을 마주 보게 설치하여 칼날 사이에 낀 물체를 자르는 도구. 두 장의 칼날을 U자형 스프링 모양의 부품으로 연결하고, 받침점보다 앞에 힘점이 있는 U자 가위(일본 가위)와 두 장의 칼날을 X형으로 교차하는 형태로 겹쳐서 중앙을 회전축으로 고정한 후 힘점과 작용점 사이에 받침점이 있는 X자 가위(서양 가위)로 크게 나뉜다. 기원에 대해서는 여러 설이 있지만 전자는 기원전 1000년경에 존재했다고 한다. 일본에는 4세기 경 중국에서 도래한 것으로 보인다.

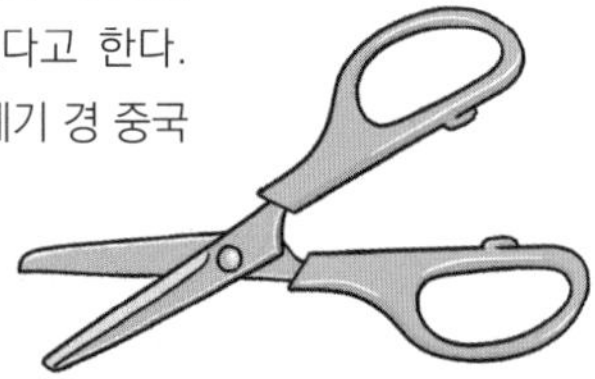

가이드 파이프 [ガイドパイプ]

샤프펜슬 펜 끝에 달린 금속제 파이프. 제도용에서는 파이프 측면을 템플릿이나 자에 대고 정확히 따라 그리기 위해, 길게 돌출되어있는 것이 보통. 필기할 때 펜 끝이 훤하게 트여 보이게 하는 효과도 있어, 일반 필기용 샤프펜슬에도 채택된다. 심의 배출을 위해 노크하는 횟수를 줄이기 위해, 심을 보호하면서 심의 마모에 따라 부드럽게 후퇴하는

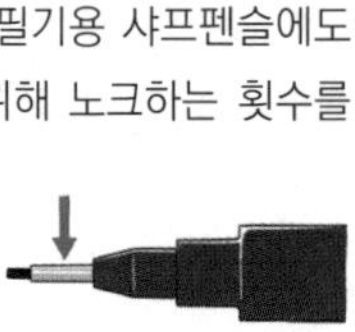

슬라이드 가이드도 있다.

가제오히쿠(감기에 걸리다) [風邪を引く]

공기나 습기에 노출되어 변질하는 것. 특히 문구에서는 고무밴드, 고무도장 등의 고무나 플라스틱 등이 시간 경과에 의한 열화(劣化)로 탄력을 잃고 너덜너덜하게 되거나 접착제 등이 열화되어 접착력을 상실하는 등 주로 고분자재료로 된 것이 열화에 의해 본래 기능을 수행할 수 없게 되는 것.

각도기 [分度器]

평면상의 각도를 측정하기 위해 사용하는 반원형 또는 원형의 자. 원주에는 눈금이 새겨져 있고, 원의 중심을 나타내는 점과 눈금을 잇는 직선이 기준선과 이루는 각도가 새겨져 있다.

각형 2호 [角型2号]

봉투의 규격 치수의 하나. 가로세로 240×332mm. 이 규격을 보통 각대봉투라 부른다. A4 크기의 서류나 클리어홀더 등을 접지 않고 넣을 수 있음. 규격 외 우편 및 각 운송업체의 배달 서비스를 통해 규격 내에서 발송할 수 있어서 가장 일반적으로 사용되는 사무용 봉투 중 하나.

갈대펜 [葦ペン]

건조된 갈대 줄기를 비스듬하게 자르고, 선단을 두 쪽으로 나누어서 잉크를 찍어 쓰는 딥펜(dip pen) 형태의 간소한 펜. 고대 이집트에서 파피루스에 필기하기 위해 그을음을 아교에 녹인 것을 잉크로 사용했다. 현대의 딥펜이나 만년필의 원조.

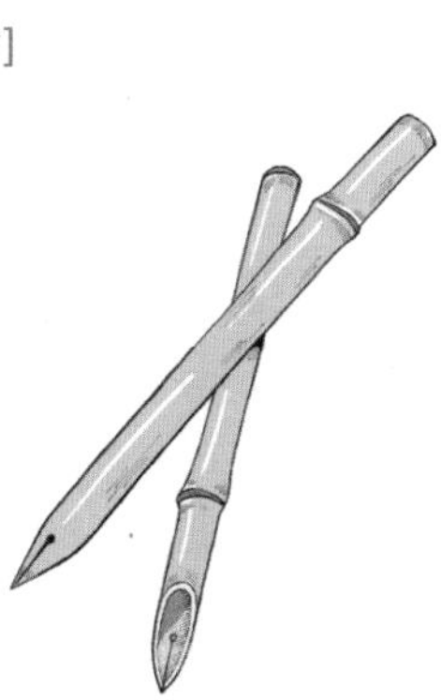

감열 변색 [サーモクロミック]

가열이나 냉각 등 온도변화에 따라 색깔이 가역적으로 변하는 성질을 감열 변색(thermochromism)이라고 하고, 이 성질을 갖는 재료를 시온재(示温材)라 한다. 대표적으로 파일로트의 프릭션(Frixion)처럼 온도에 따라 색깔이 변하는 잉크를 변색 잉크라고 한다.

감열지 [感熱紙]

열에 의한 화학반응으로 발색하는 물질(염료와 발색제)을 바른 종이로, 국소적으로 온도를 조절할 수 있는 인쇄 장치로 문자나 그림을 인쇄할 수 있다. 잉크나 토너 등이 필요 없어 장치를 소형화할 수 있는 것이 특징이며, 팩시밀리 등의 인쇄용지에 많이 채택되었다. 현재도 영수증이나 티켓류 등에 많이 사용되고 있지만, 온도 변화 외에도 압력, 자외선, 라인 마커의 잉크나 접착제 성분 등과 반응해 쉽게 변색하거나 퇴색하기 때문에 장기 보존에는 적합하지 않다. 대부분 한 가지 색만 표현할 수 있지만, 2007년 미국 ZINK imaging이 개발한 감열지에는 반응온도와 발색이 다른 여러 물질이 포함되어 있어 프린트 헤드의 온도 제어를 통해 칼라 인쇄가 가능하다.

개인정보보호 스탬프 [個人情報保護スタンプ]

우편물이나 서류 등에 인쇄된 문자 정보를 읽을 수 없게 하려고 숨기려는 문자열 위에 찍는 스탬프. 스탬프 자체는 일반적인 침투도장(→p140) 타입이 많지만, 문자열을 감추기 위한 특수한 무늬를 새겨넣는 것이 특징. 개인정보보호법 시행 이후 주로 개인정보 유출을 막기 위해 파쇄기(→p158) 등의 간편한 대체품으로 출시되어 보급되었다.

개인정보보호법 [個人情報保護法]

2003년 만들어지고, 2005년 전면 시행된 '개인정보보호에 관한 법률'의 약칭. 고도 정보통신사회의 진전에 따라 확대하는 개인정보 이용의 유용성을 인정하는 가운데 개인의 권리이익을 보호하기 위해, 개인정보(특정 개인을 식별할 수 있는 정보)를 소지하고 사업에 이용하고 있는 사업자에 대하여 준수해야 할 의무와 벌칙을 정한 것. 이 법률의 시행에 따라 사업자는 물론, 개인에까지 개인정보의 유출, 악용 등의 위험성에 주목이 집중되고, 파쇄기(→p158) 등의 정보보호기기 시장이 크게 확대되었다.

거래원장 [大福帳]

에도시대부터 다이쇼 시대까지 상점에서 사용한 회계장부로, 매매 금액을 기록하는 원장(元帳). 외상 매출 상황을 파악하기 위한 중요한 장부 중 하나. 메이지부터 사용되기 시작한 서양식 장부가 보급되기까지 일반적으로 사용되었다.

견출지 [タックシール]

표식이나 문자 등을 인쇄 또는 기록해서 붙이는 사무용 스티커의 총칭. 대부분 종이로 만들고 무늬가 없는데, 같은 형태의 스티커가 두꺼운 종이에 정렬되어 있어 각종 프린터로도 출력할 수 있다. 우편물 주소 라벨 인쇄나 파일 제목 등에 사용한다.

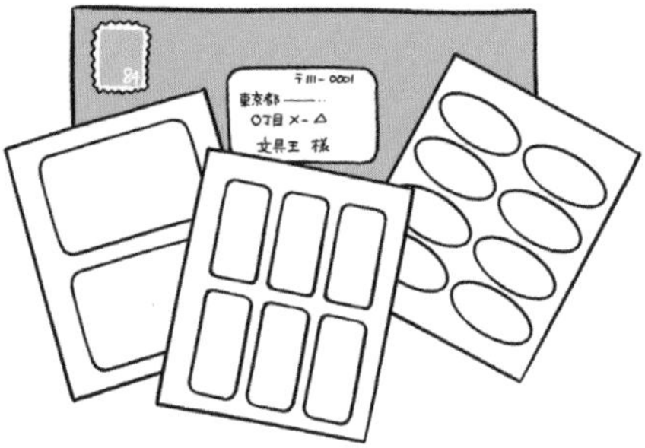

결재함 [決済箱]

미결재 서류를 일시적으로 수납, 보관하는 상자. 서류보다 한 뼘 정도 큰 몸체와 뚜껑이 있는 단단한 상자. 단순히 서류의 수납보관이나 분류 등에도 사용된다.

경도 [硬度]

딱딱한 정도. 연필심의 경도는 H(hard)와 B(black)로 표시되어 숫자가 클수록 H는 더 딱딱하고, B는 더 부드럽다. H와 B의 중간에 HB를 두고, HB와 H사이에는 F(firm, 단단한)를 둔다. 니콜라 자크 콩테(Nicolas Jacques Conte→p44)가 고안한 제조법에 따라 흑연

과 점토의 혼합비율을 변화시킴으로써 경도를 조절할 수 있게 되었다(점토가 많을수록 딱딱하다). 콩테는 연필에 딱딱함을 표시하는 숫자를 붙였다. 현재 사용되고 있는 H와 B의 기준을 처음으로 채택한 것은 런던의 연필업체 '브룩만(Brookman)'. 일본의 JIS(일본산업규격 →p180)에서는 6B부터 9H까지의 17경도가 규정되어 있지만, 미쓰비시 연필은 10B~10H의 22경도, 스테들러는 12B~10H의 24경도를 판매하고 있다.

경척 [鯨尺]

에도시대부터 주로 일본 옷의 재봉에 사용된 자. 경척의 1척은 곱자(→p36)의 1척 2치 5분. 1891년 도량형법에서 25/66m(약 37.9cm)로 정해졌다. 1958년의 척관법 폐지와 함께 법정계량단위가 아니게 되었고, 1959년 계량법에 따라 제조, 사용이 금지되었다. 1976년의 에이로쿠스케(永六輔) 등의 척관법 복권운동에 의하여 1977년 계량행정심의회에서 논의되어, '척상당 눈금 부착 길이측정기(尺相当目盛り付長さ計)'는 미터법에 의한 자로 인정하여, 합법이라는 판단이 내려졌다.

경필 [硬筆]

연필, 만년필, 펠트펜, 볼펜 등 붓 이외의 끝이 딱딱한 필기구를 총칭하는 서예 용어.

계산기 [計算機]

기계적·자동적으로 계산하는 장치의 총칭. 컴퓨터도 포함된다. 주판(→p135)처럼 사람이 작동시키는 연산 보조기구는 계산기에 포함하지 않는다.

계산자 [計算尺]

로그를 이용한 아날로그 계산기. 덧셈, 뺄셈은 할 수 없으나 곱셈, 나눗셈뿐만 아니라 로그, 삼각함수, 제곱근 등의 계산이 가능하다. 공학용 계산기 이전의 계산기는 주로 사칙연산밖에 할 수 없었기 때문에, 1970년대까지 이공계 분야에서 널리 사용되었다. 이외에도 항공, 사진, 의료 등 다양한 목적에 맞춘 특수눈금을 가지고 있는 것이 다수 존재한다. 일본의 헨미제작소(逸見製作所, 현재 헨미계산자주식회사)가 제작한 맹종죽(孟宗竹)으로 만든 계산자는 세계적으로 호평을 받았고, 1960년대에는 세계 시장 대

부분을 차지했다고 한다.

계수기 [数取機]

버튼 누른 횟수를 표시하는 장치. 교통량 조사나 야생동물 개체수 조사, 재고정리 등에서 수량을 셀 때 사용한다. '카운터'라고도 한다.

고리형 집게 [目玉クリップ]

넓은 파지부와 구멍이 뚫린 원형 손잡이가 특징인 집게. 금속판을 프레스 가공한 한 쌍의 지렛대와 코일스프링으로 이루어져 크게 벌릴 수 있고, 내구성이 높으며, 구멍에 끈을 꿰는 등의 사용법도 가능하여 서류 이외의 것을 고정하는 데도 많이 사용된다.

고무밴드 [輪ゴム]

물건을 묶을 때 사용하는 고리 모양의 고무줄. 저렴하고 다루기 쉽기 때문에 다양한 용도로 사용되지만, 대부분 천연고무로 만들어져 환경의 영향을 받아 열화되기 때문에 장기 보관용 물건을 묶는 것은 부적합.

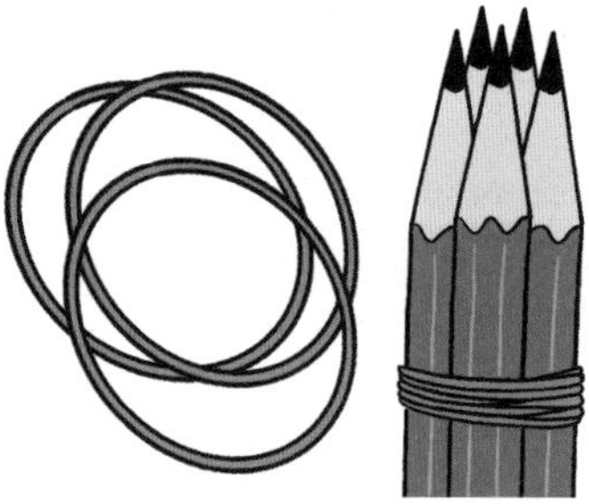

고무지우개 [消しゴム]

주로 연필이나 샤프펜슬로 필기한 것에 마찰시켜 흑연을 흡착하여 소거하기 위해 사용하는 천연고무 또는 연질 플라스틱을 원료로 한 덩어리(→p136 '지우개'). 가장 오래된 지우개는 1770년 영국의 조지프 프리스틀리(Joseph Priestly→p133)가 문구상 에드워드 네언(Edward Nairne)으로부터 사들인 고무가 연필로 쓴 문자를 지운 것을 설명하고 있다. 그 지우는(rub out) 기능 때문에 러버(rubber)라는 이름을 붙였다고. 현재 주류인 플라스틱 지우개는 1952년 일본의 호리구치 켄조(堀口乾蔵)가 염화비닐을 이용한 지우개 제조법을 특허 출원하였고, 1956년 일본 내 여러 업체에서 출시되었다.

고무지우개 도장 [消しゴムはんこ]

플라스틱 지우개를 원판으로 하는 볼록판화 형태. 고무지우개를 사용한 판화는 1985년부터 2002년까지 활동한 난시 세키(ナンシー関)가 유명하지만 히노데와시사가 그녀에게 고무지우개를 제공한 것을 계기로 1995년 판화 전용 지우개 '한케시쿤'을 출시. 목판화 등과 비교하

여 조각이 쉽고 금방 시작할 수 있다는 이유로 2000년대에 들어서 주부층을 중심으로 인기를 끌었고, 많은 인기 작가도 등장. 고무지우개 도장은 수공예 취미의 한 장르가 되었다.

고쿠요 [コクヨ]

오사카에 본사를 둔 문구, 사무기기, 사무용 가구 업체. 1905년 쿠로다 젠타로(黒田善太郎 →p147)가 일본식 장부의 표지제조업체로 창업(쿠로다효시텐, 黒田表紙店). 기존 제지제품에서 사무기기, 사무용 가구로 사업을 확대하고 일본을 대표하는 종합업체로 변신. 캠퍼스노트(→p144) 등으로 유명. 자회사로 2000년 창업한 통신판매회사 카우넷(→p142)이 있다.

곡선계 [キルビメーター]

끝에 달린 작은 바퀴가 굴러간 거리를 표시하는 장치. 도면에 대고 측정하고자 하는 곡선을 따라가면 그 곡선의 길이를 측정할 수 있다. 특히 지도상의 경로 거리를 측정할 때 사용하는 경우가 많으며, 여러 축척 표시가 있는 것이 보통이다. 끝부분의 회전을 톱니바퀴로 물리적으로 확대 표시하는 다이얼식과 축척을 자유자재로 변

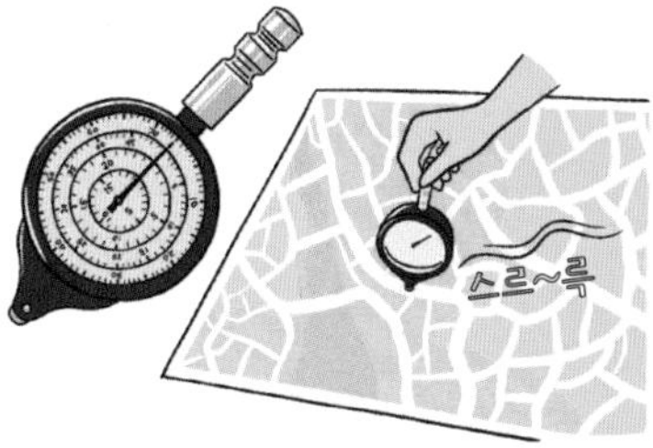

경할 수 있는 디지털식이 있다. '맵미터', '지도측정기'라고도 한다.

골동품시장 [骨董市]

주로 골동품이나 오래된 물건을 취급하는 노천시장. 휴일에 절이나 공원 등에서 열리는 경우가 많지만, 최근에는 박람회 등을 이용하여 대규모로 개최되는 것도 있다. 오래된 문구나 사무용품, 문구와 관련된 오래된 자료 등도 출품되는 경우가 많아 골동품 문구 팬에게는 귀중한 물건을 입수하는 기회의 하나.

골무 [指サック]

종이를 넘길 때 손가락이 미끄러지는 것을 방지하기 위해서 손가락에 씌우는 고무 제품. 캡 형태가 일반적이었으나 최근에는 통기성과 외관을 고려하여 링 형태의 제품이 늘어났다. 캡 형태의 것은 손가락 끝을 보호하는 용도로도 사용된다.

골프 연필 [ゴルフ鉛筆]

골프 점수를 기록하기 위해서 골프장이 배포하

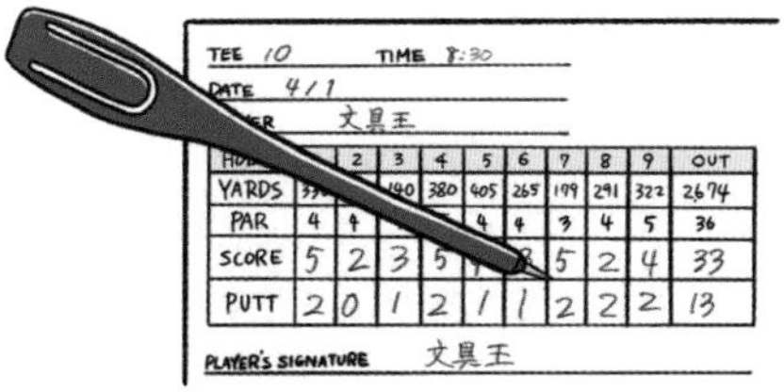

는 연필. 한때는 짧은 연필에 골프장 이름을 넣은 것이었지만, 현재는 대부분 페그실(→p160)로 대체되었기 때문에 이것을 지칭하는 경우가 많다.

곱자 [曲尺]

직각으로 구부러진 금속제 자. 목공 도구의 하나로 앞면은 일반 눈금이지만, 뒷면은 축척이 √2(루트 2)배인 '각목(角目)'과 1/π의 '환목(丸目)'으로 불리는 눈금이 있다. 길이를 측정하고, 직선을 긋고, 직각을 작도하는 등의 사용 방법 외에, 목재 단면의 원주에 모서리를 대고 직각의 선을 긋고, 원주와 만나는 두 점을 연결한 직선(직경)의 길이를 각목에서 측정하면 그 목재로부터 잘라낼 수 있는 최대 정사각형의 치수가, 그리고 환목으로 측정하면 그 목재의 원주가 간단히 구해진다.

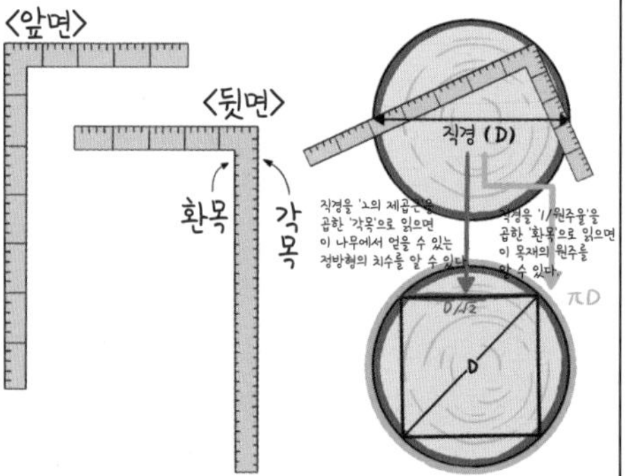

공부계정 [勉強垢]

공부에 대한 동기부여를 유지하기 위해 평소 사용하는 SNS 계정과는 별도로 공부하는 학생들끼리 서로 연결하여 자신의 공부 상황을 보고하기 위해 만든 별도의 계정을 가리키는 인터넷 속어. 목표, 각오와 함께 정리한 노트나 자랑하고 싶은 문구 사진 등이 올라온다. 한국에서 시작되어 일본에서는 2018년경부터 유행했다.

공작용지 [工作用紙]

주로 조형 교육용 소재로 사용하는 것을 목적으로 하는 판지. 목적하는 치수로 가공하기 쉽도록 뒷면에는 기준이 되는 모눈이 인쇄된 것이 많다.

교고쿠 나츠히코 [京極夏彦]

소설가. 집필한 책들이 두꺼운 것으로 유명. 그의 저서는 책 표지 등을 만들 때 키즈 디자인에 대한 일종의 한계 기준이 되었는데, "교고쿠도 괜찮습니다"라고 하는 것은 책 표지의 상태를 나타내는 세일즈 포인트의 하나.

교다이식 정보카드 [京大式情報カード]

우메사오 타다오(梅棹忠夫→p115)가 제창한 B6 크기 정보 카드. 두꺼운 켄트지로 앞면은 가로선, 뒷면은 백지. 타다오가 자신의 연구에서 실천한 정보정리 경험을 바탕으로 설계해, 주문

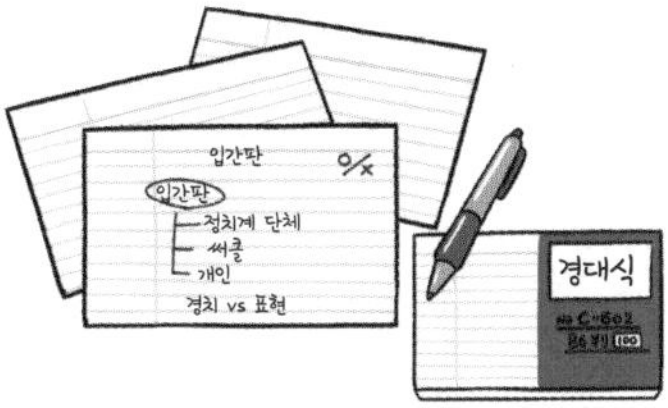

제작하였지만『지적생산의 기술』출판 이후 주목을 받았고, 같은 규격의 제품이 우메사오도 모르는 사이에 상품으로서 시판되고 있었다. 저서에는 '교다이가타(京大型)'로 표기되어 있다.

교환일기 [交換日記]

연인, 친구, 가족 등 2인 또는 그 이상의 사람과 공유하는 일기장. 보통 순서를 정해 돌아가며 일기를 쓴다. 학교나 외부로 가지고 나가 다음 사람에게 전달해야 해서 제삼자가 몰래 보는 것을 방지하기 위해 자물쇠가 달린 것도 있다.

굿디자인상 [グッドデザイン賞]

공익재단법인 일본디자인진흥회가 주최하는 종합 디자인상. 1957년 통상산업성이 창설한 '굿디자인 상품선정제도'를 이어받았다. 수상한 제품에는 G마크를 표시할 수 있다.

그때 러시아는 연필을 사용했다 [そのときロシアは鉛筆をつかった]

미국과 러시아에 의한 우주개발 경쟁 시대, 미국은 무중력 공간에서 사용할 수 있는 가압식 볼펜 개발에 막대한 예산을 투입했지만, 러시아는 연필로 끝냈다는 후문. 그러나 사실무근.

그로스 [グロス]

gross. ① 물건의 개수 단위. 144개. 12진법으로 12다스(→p46). 지금도 연필만은 12진법으로 세는 경우가 많다. ② 전체, 통째로의 의미. ③ 광택, 반의어는 매트.

그리팅카드 [グリーティングカード]

크리스마스나 신년, 생일 등 기념일이나 계절 인사, 감사 등을 표현하기 위한 메시지가 포함된 카드. 단순 카드에서부터 입체구조나 음악이나 빛을 내는 방식까지 종류 많음. 의미로 보면 연하장도 포함되지만, 연하장은 별도로 구분해서 사용하는 경우가 더 많다.

그림물감 [絵の具]

주로 회화 등의 그림 그리기나 채색에 사용되는 안료와 고착제나 용제 등을 혼합한 것의 총칭. 안료나 용제의 종류, 보존 방법, 사용되는 형태에 따라 많은 종류가 있다. 학교 교육에서는 수용성의 튜브형 수채화물감이 주로 사용된다. 튜브형 그림물감은 19세기에 개발된 것으로서 주석 도금된 납 튜브가 오랫동안 사용되었지만, 현재는 안전성 문제로 폴리에틸렌 등의 수지튜

브나 수지로 코팅한 알루미늄 튜브를 많이 사용하고 있다.

그림엽서 [絵手紙]

엽서의 이면에 붓 등을 사용하여 일상적인 그림을 그리고, 짧은 말을 덧붙여 쓰는 편지 스타일. 그림엽서라는 용어로서 확산된 계기는 서예가인 코이케 쿠니오(小池邦夫, 日本絵手紙協会 명예회장)가 1979년 발행한 예술지 계간 『은화(季刊 銀花)』의 기획으로서 6만 매의 자필 그림엽서를 발표한 것이라고 한다.

그림일기 [絵日記]

글에 그림을 곁들여 쓴 일기. 초등학교에서 어린이에게 매일 일어난 일을 기록하는 습관을 갖게 하려고 권장하는 교육 방법 중 하나. 보통 방학 숙제인 경우가 많다. 페이지의 위쪽에는 그림을, 아래쪽에는 글을 쓰는 것이 일반적. 그림일기 전용 일기장이 시판되고 있다.

그립 [グリップ]

Grip. 손잡이. 특히 필기구에서 피로 감소나 조작 성능 향상을 위하여 설계되어 잡기 쉽게 만들어놓은 부분. 연필 몸통과는 다른 재질이나 형상으로 만들어졌다.

근량 [斤量]

인쇄용지의 무게 단위(連量→p110). 일찍이 척관법 시절의 중량 단위로서 '근'을 사용한 것으로부터 유래. 연량(連量)의 의미로 현재에도 관습적으로 사용되는 경우가 있다.

근육맨 고무지우개 [キン肉マン消しゴム]

유데 타마고의 만화 『근육맨』의 캐릭터를 형상화해 염화비닐수지로 만든 작은 인형. 1983~1987년 반다이(Bandai)에서 캡슐형 자판기의 경품으로 출시되어 폭발적인 인기 상품이 되었다. 고무지우개라고 하지만 딱딱하고 지우개 기능이 매우 떨어진다. '킨케시'라고 불렸다.

글라스봉 [ガラス棒]

끝이 구형이나 반구형인 유리로 만든 봉. 홈이

있는 자와 세트로 사용한다. 자에 직접 대고 사용할 수 없는 붓이나 오구 등의 필기구로 직선을 긋기 위해 젓가락을 쥐는 것처럼 필기구와 글라스봉을 평행하게 쥐고, 글라스봉을 자의 홈에 맞추어 밀면서 사용한다.

글라스펜 [ガラスペン]

유리로 만든 펜촉을 가진 딥펜. 방추형 펜촉의 표면에는 모세관현상으로 잉크를 유지하는 홈이 축방향으로 있다. 깨지기 쉬운 약점이 있지만, 강산성 잉크에도 부식되지 않고, 안료 잉크나 먹물에도 막힘없이 사용할 수 있으며, 잉크 보유량이 많아 한 번에 쓸 수 있는 거리가 길고, 펜촉에 방향성이 없어 누구나 사용할 수 있는 등 뛰어난 점도 많다. 특히 물 세척만 하면 바로 다른 잉크로 교체하여 필기할 수 있는 특징은 여러 종류의 잉크를 즐기기에 적합하다. 펜촉으로 유리를 사용한 필기구는 19세기 중반 미국에서 직물에 표시를 하는 용도로 존재했고, 19세기 후반 독일에서 현재와 같은 홈이 있는 펜촉을 가진 것이 등장했다. 일본에서는 1902년 풍경(風鈴) 장인인 사사키 데지로가 값비싼 수입 펜촉을 대체하기 위해 만들기 시작했다고 전해지며, 제2차 세계대전 때까지는 먹물로도 쓸 수 있는 강철 펜의 대체품으로 실용화되었으나, 현재는 취미용 필기구로 애용되고 있다.

글래신지 [グラシン紙]

Glassine paper. 아주 잘게 분쇄한 펄프로 만든 종이를 가열/가압 롤러에 통과시켜 섬유 사이의 공백을 없앤 광택이 나는 반투명 고밀도의 얇은 종이. 투과성이 있어 창이 있는 봉투로 사용되거나, 내습성이나 내유성이 있어 식품이나 약품을 비롯하여 다양한 포장 용도로 사용된다. 여기에 파라핀을 바르면 파라핀지가 되어 더욱 물리적 특성이 향상된다.

금봉투 [金封]

관혼상제 때 주는 돈을 넣기 위한, 주로 화지(일본종이)로 돈을 싸는 것처럼 접은 봉투의 총칭. 목적에 따라 색깔 리본이나 '노시(熨斗, 축하 선물에 붙이는 것)' 등의 장식이 곁들여진다. 접는 방법이나 장식은 용도나 지역, 종파 등에 따라 다양한 양식이 있다.

금펜촉 [金ペン]

금을 주재료로 하는 합금이 사용된 펜촉. 강산성의 잉크를 사용해도 쉽게 부식되지 않고 부드러운 필기감 등의 장점이 있지만 매우 비싸다. 금은 무르고 실용적인 강도를 얻을 수 없어서 14~18K 정도의 합금이 사용되는 경우가 많다.

금형 [金型]
제품의 부품을 성형하기 위한 금속제 형틀의 총칭. 수지나 금속의 대량 생산을 위해 중요한 설비 공구. 판 형태의 소재를 끼워 넣어 소성가공을 하는 프레스 금형, 용해한 소재를 고압으로 주입시켜 성형하는 사출성형 금형, 고온으로 연화한 소재를 공기압 등으로 눌러서 성형하는 블로우(blow)성형 금형 등 다양한 종류가 있다. 제품단가에 비해 초기 투자 비용이 큰 경우가 많다.

길들이기 [育つ]
장기간 사용으로 인한 제품의 변화에 애착을 두고 이야기하는 표현. 특히 가죽제품에 많이 사용한다.

깃털펜 [羽ペン]
깃털의 줄기 부분을 비스듬히 잘라 다듬고 끝에 칼집을 넣어 만든 딥펜. 끝이 마모되면 마모된 부분을 칼로 깎아내고 다듬어 사용한다. 거위 깃털이 많이 쓰였다고 해서 거위펜이라고도 부른다. 7세기 초부터 18세기 말까지 주요 필기구로 오랫동안 사용되었다.

깔개결 [簀の目]
화지를 뜰 때 사용한 깔개 흔적이 종이의 두께 변화로 남은 것. 빛에 비추면 종이결(→p133)과 직각으로 치밀하게 늘어선 줄무늬와 평행하면서 간격이 벌어진 가는 선이 보인다. 서양에서는 레이드(→p56)라고 한다.

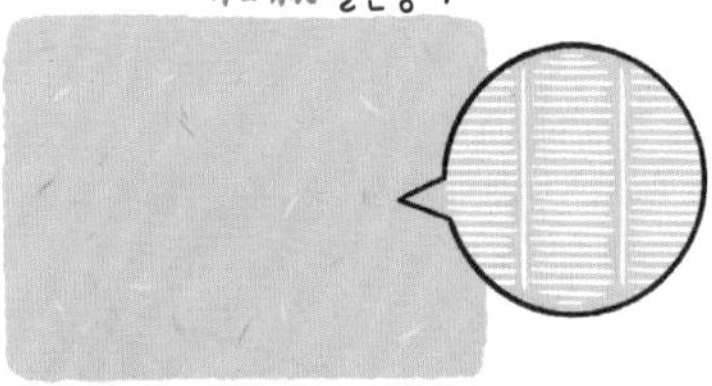

껌 테이프 [ガムテープ]
원래는 크라프트지(kraft paper)를 기반으로 아라비아 껌을 주성분으로 하는 수용성의 재습(再濕) 풀을 바른 폭이 넓은 봉함용 테이프로 풀을 칠한 면에 물을 묻혀 붙이는 것을 지칭하지만 현재는 크라프트 테이프(→p148)를 지칭하여 오용되는 경우가 많다.

나가사와문구센터 [ナガサワ文具センター]
효고현 고베시에 본점을 둔 문구전문점. 1882년 나가사와 리키조(長澤力蔵)가 창업한 오래 가게. 오리지널상품 개발에도 의욕적이며, 고베 경치를 주제로 한 만년필용 잉크 '고베 잉크 이야기' 등이 인기(→p66 명물 잉크).

나미키 [ナミキ]

파일로트의 고급 마키에(蒔絵) 만년필 브랜드. 독자적인 옻칠기술인 락커나이트에 마키에 창작집단 콧코카이(國光會)가 참여하는 예술성 높은 마키에가 적용된 만년필은 세계에서 높게 평가되고 있다.

나미키 료스케 [並木良輔]

(1880~1954) 파일로트 창시자. 상선학교 졸업 후 니혼유센(日本郵船)과 미쓰이물산 상선에서 일하다 상선학교 교수가 되었다. 교편을 잡으면서 발명한 오구(烏口→p112) 개량, 마모가 잘 안되는 펜촉 연구, 1916년에 금펜촉(→p39)에 이리도스민(iridosmine→p118)을 가공하는 기술 개발. 1918년 와다 마사오(和田正雄)와 함께 나미키 제작소를 설립했다. 두 사람이 뱃사람이었다는 것에 착안 상표는 침몰하지 않는다는 의미에서 튜브로, 브랜드는 도선사를 뜻하는 파일로트로 했다.

나카야만년필 [中屋万年筆]

도쿄에 본사가 있는 만년필 브랜드. 1999년 푸라치나만년필에서 오래 근무했던 장인이 인터넷 판매를 목적으로 주문형 만년필업체로 설립.

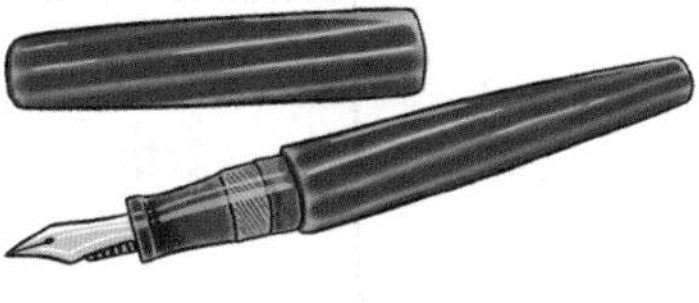

숙련된 기술이 뒷받침된 옻칠, 마키에(蒔絵), 금속조각 등 다양한 전통 공예 기술을 접목한 만년필을 원하는 사양으로 주문할 수 있다.

나카지마쥬큐도 [中島重久堂]

오사카에 있는 플라스틱 소형연필깎이 전문업체. 1933년 창업. 절삭력이 좋기로 소문이 나 다른 문구업체들이 소형연필깎이가 내장된 제품을 만들 때 부품 OEM(→p180) 발주 1순위인 업체. 칼날에 'NJK'라고 각인돼 있다.

나카다 슌이치 [中田俊一]

(1902~1968) 푸라치나(플래티넘)만년필(→p165) 창업자. 1919년 오카야마에서 만년필 판매 시작. 1924년 상경해 만년필 제조업체 나카야제작소(中屋製作所) 설립. 제2차 대전 중 도쿄헤키(東京兵器) 사장을 맡아 제로전투기(제로센) 제조를 시작했지만, 그동안에도 만년필 개발을 계속했다. 플라스틱 성형기 도입이나 카트리지 잉크 개발 등 선진적인 연구개발로 푸라치나만년필의 기초를 닦았다.

낙관 [落款]

낙성관식(落成款識)의 뜻으로 서화 등의 작품이

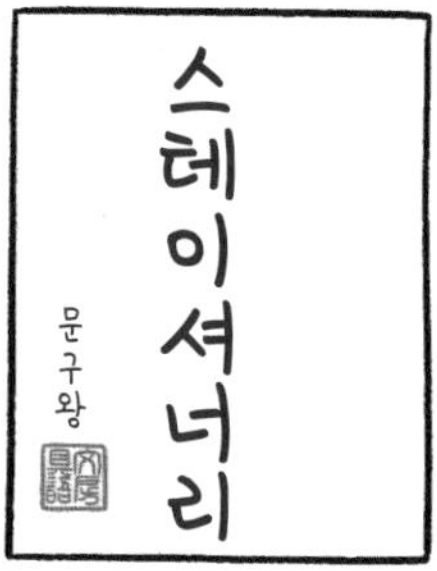

완성될 때, 그 작품의 화면 내에 서명이나 날인 외에, 그 작품에 관련된 정보를 기록하는 것. 또한 그때 사용하는 도장이나, 그 도장을 찍은 인영(→p120)을 지칭한다(다른 공예품 등에서는 각인).

내쇼널브랜드 [ナショナルブランド]
상품 제조업체가 스스로 기획, 개발한 자사 브랜드. (→p166 '프라이빗브랜드' 참조)

넘버링 [ナンバリング]
서류나 티켓 등에 일련번호를 찍는 사무기기. 손잡이를 누를 때마다 숫자가 찍히고, 숫자가 1씩 올라가는 구조. 넘버링 스탬프, 넘버링 머신이라고도 한다.

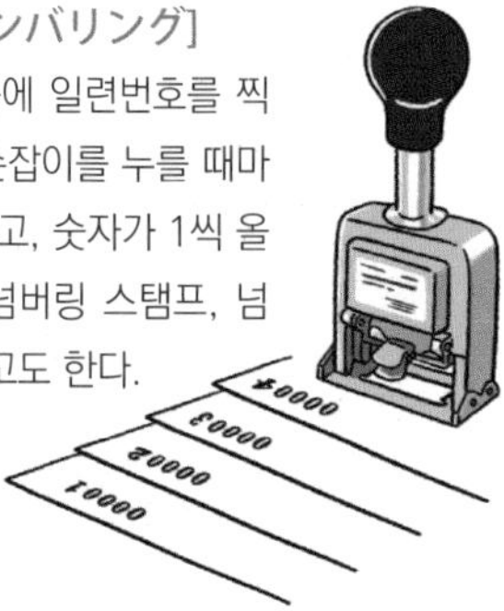

네임펜 [ネームペン]
① 도장을 내장한 펜. ② 소지품 등에 이름을 쓰기 위한 유성 마킹펜.

노 카본지 [ノーカーボン紙]
현색제와 반응하여 발색하는 무색염료(발색제)와 현색제를 미리 따로 바른 종이를 겹쳐 필기 압력에 의해 이들을 반응시켜 발색시키는 복사지. 위쪽 종이 뒷면에는 발색제를 캡슐 형태의 피막에 가둔 것을 바르고, 아래쪽 종이 표면에는 현색제가 발라져 있다. 위쪽 종이에 볼펜 등으로 필기하면 그 압력으로 캡슐이 파괴되고 염

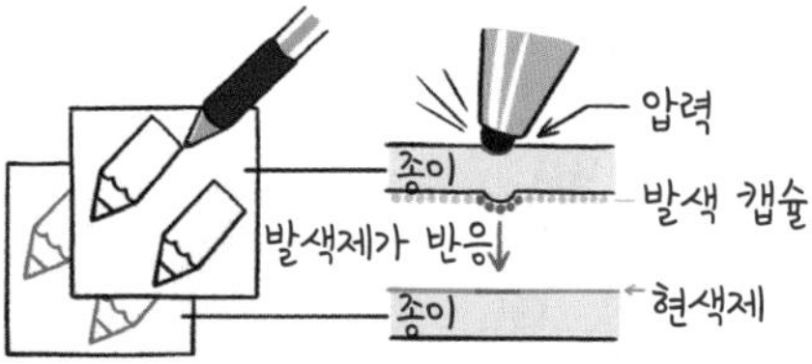

료가 아래쪽 종이 현색제와 반응하여 필기한 내용과 같은 것이 복사된다. 카본 복사에 비해 손이나 다른 서류를 더럽히지 않는 이점이 있으나, 복사된 내용의 장기 보관에 적합하지 않은 등의 결점이 있다.

노마드 워커 [ノマドワーカー]
Nomad worker. 사무실이나 자택에 상주하지 않고, 노트북이나 휴대전화 등 통신기기를 사용해 공유사무실이나 카페 등 다양한 장소에서 일하는 사람. 최근에는 노마드 워커를 위한 문구도 다수 등장하고 있다.

노벨티 [ノベルティ]

상호나 브랜드명을 적어 잠재적 소비자에게 무료 배포하는 기념품. 여러 가지가 있지만 문구류도 많이 포함된다. 시제품에 이름을 각인(→p118)한 것에서부터, 광고 대상에 맞추어 특별제작된 것도 있다. 일부는 컬렉션 대상이 되어 마니아 사이에서 고액으로 거래되기도 한다.

노트 [ノート]

주로 서양 종이를 제본한 것으로 문장이나 도표 등을 기록하는 것을 목적으로 하고, 스케치북이나 메모장과는 구별된다. 목적이나 기록내용에 맞추어 괘선을 인쇄한다.

논드라이 [ノンドライ]

펜촉이 장시간 외부 공기에 노출되었어도 글씨를 쓸 수 있는 잉크 및 구조의 총칭. 노크식 볼펜 등에 채택되는 리필(→p60)이나 마킹펜(→p63) 잉크 등. 마킹펜 잉크의 경우 대부분 공기에 노출되면 표면에 얇은 피막을 형성하여 내부 용매가 휘발하는 것을 막는다.

놋쇠 [真鍮]

구리와 아연의 합금인 황동. 강도·가공성·가격이란 세 가지 측면에서 우월하고, 다루기 쉬워서 옛날에는 정밀기계 등의 부품에 많이 사용되었다. 문구에서는 샤프펜슬의 척(chuck→p137) 등에 사용된다. 비중이 8.5 내외로 철(7.9 내외)보다 더 무겁고 표면이 산화하면 거무스름한 색으로 변하는 것이 단점이지만, "묵직함이 있어 고급스럽다" "손에 잘 맞아 필기할 맛이 난다" 등 긍정적 평가가 많아 고급

문구(수집가용)의 외관 소재로 인기.

농브르 [ノンブル]

Nombre. 책 노트 등의 페이지 번호.

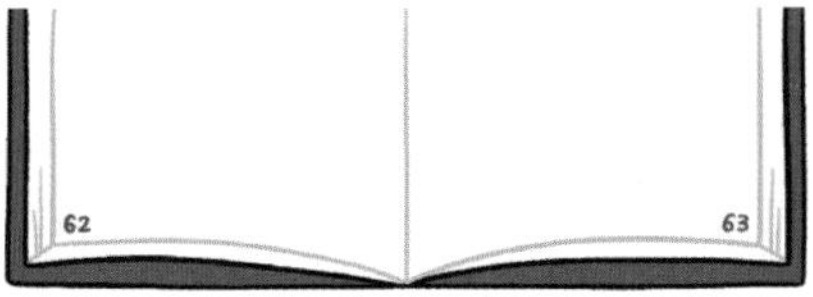

누마니하마루(늪에 빠지다) [沼にはまる]

특정 장르의 취미, 활동, 수집 등에 대한 열정이 지나쳐서 더 이상 빠져나올 수 없을 뿐만 아니라 점점 더 심해지는 상황을 비유적으로 표현한 말. 주로 시간이나 돈 등을 과도하게 투자하는 것을 멈출 수 없는 상황을 나타낸다. 마니아나 팬의 자조적인 표현이지만, 반쯤은 자랑스럽게 사용하는 경우가 많다.

니치반 [ニチバン]

1918년 우타바시 케이치(歌橋憲一)가 경고와 연고 제조 제약회사로 창립(우타바시제약소). 제2차 세계대전 중이던 1944년, 전시 기업 정비에 따라 24개 반창고 제조업체가 우타바시제약소 산하에 통합되어 사명을 니치반공업주식

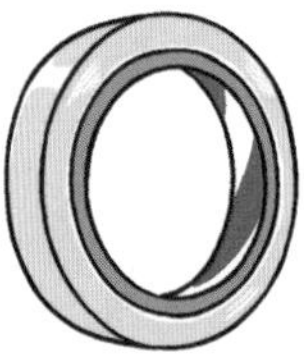

ニチバン

니치반

회사로 변경(1961년부터 니치반주식회사). 전후 1947년 일본 최초의 셀로판테이프를 완성해 연합군 최고사령부에 납품했다.

니콜라 자크 콩테

[ニコラ·ジャック·コンテ]

(1755~1805) Nicolas Jacques Conte. 프랑스의 과학자, 화가. 나폴레옹전쟁으로 고품질 흑연 덩어리 입수가 어려워짐에 따라 전쟁 장관 라자르 카르노의 명령으로 연필 개발에 착수. 분말 형태의 흑연과 점토를 섞어 고온에서 구워 굳히는 연필심 제조법을 발명, 1795년에 특허 취득(→p129 점토심). 그 후 콩테사를 설립 예술가용 크레용 콩테 판매. 그림 재료 콩테도 그 중에 하나.

닙 [ニブ]

Nib. 필기구 펜촉(필기 매체에 접촉하는 부품)의 총칭. 특히 만년필이나 딥펜, 마킹펜 펜촉을 지칭.

mini column 1 S형과 E형, 우측 열기와 좌측 열기

노트나 파일, 바인더 등에 있어서 제본 방향의 호칭은 언제나 혼란을 초래한다. 구두로 파일을 주문할 때 등, 의외로 정확하게 전달하는 것이 어렵다. 실은 제본 방법에는 직사각형의 짧은 쪽과 긴 쪽 중 어느 쪽을 제본할 것인가와 좌우 어느 쪽을 열 것인가(혹은 상하) 하는 두 가지의 정보가 있는데, 이것들을 오해 없이 단적으로 설명하는 것이 중요하다. 먼저, 장단 어느 쪽을 제본할 것인가에 대해서는 제본하는 측 또는 끼우는 부분이 긴 쪽에 있는 것을 'S형(Side opening)'이라고 부르고, 짧은 쪽에 있는 것을 'E형(End opening)'이라고 부른다. 그리고 제본하는 쪽이 표지를 향하여 좌·우·상 어느 쪽에 있는가로, 본문의 진행 방향이 정해지고, 괘선의 방향이나 사용 방법이 정해진다. 보통 가로쓰기이면 좌에서 우로 쓰고, 페이지를 우에서 좌로 젖히므로 좌측 열기, 좌측 제본이라고 하고, 세로쓰기이면 우에서 좌로 진행하므로 페이지는 좌에서 우로 젖히는, 요컨대 우측 열기, 우측 제본이다. 좌측 열기와 우측 열기 어느 쪽이 맞는지 헷갈릴 수 있지만, 좌측 제본은 좌측 열기, 우측 제본은 우측 열기라는 것을 기억해두면 헷갈리지 않는다. 덧붙여서 세로로 열면 위쪽 제본이 아니라 천호제본(天綴じ)이 된다. 또한 치수를 표기할 때는 제본되어있는 쪽을 먼저 쓰는 것이 국제적 관례이므로 동일 A4라도 S형은 297×210mm, E형이면 210×297mm가 된다.

ㄷㄹ 열

문구 잡학 2 >

클립 사이즈

더블클립 사이즈

클립폭	명칭
51㎜ (고쿠요만 50㎜)	초특대
41㎜	특대
32㎜	대
25㎜	중
19㎜	소
15㎜	소소(PLUS, 고쿠요는 '콩')
13㎜	콩(PLUS, 고쿠요는 '작은콩')
10㎜	낱알(PLUS, 고쿠요는 없음)

젬클립 사이즈

클립 길이	명칭
15㎜	미니
23㎜	소
28㎜	대
33㎜ (라이온은 35㎜, 고쿠요는 36㎜)	특대 35㎜
50㎜	초특대50㎜ (고쿠요는 점보)

※ 라이온, PLUS, 고쿠요의 제품데이터에 근거
※ 실물 그대로의 치수

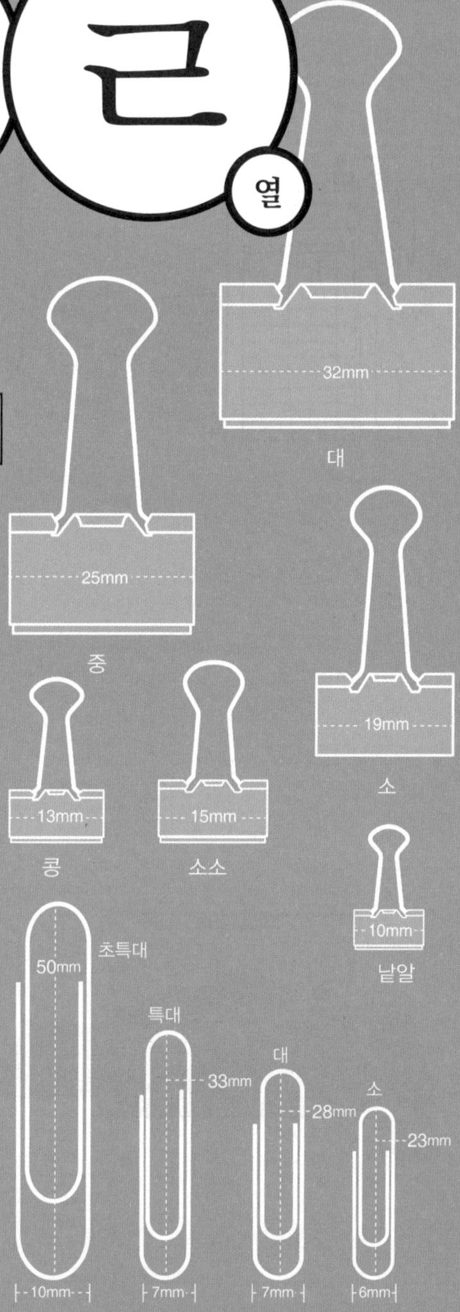

다공펀치 [多穴パンチ]

JIS Z 8303에 규정된 중심간격 9.5mm의 소위 루스리프(loose-leaf) 구멍을 뚫는 펀치. 카루사무기(カール事務器)의 '게이지펀치'가 유명. 1/3 피치나 3공, 4공, 6공 등을 포함하는 경우가 있다.

다기능 필통 [多機能筆入]

1970년대 중반부터 80년대 초까지 유행했던 학생용 필통. 버튼을 누르면 연필이 튀어나오거나 지우개, 연필깎이, 돋보기, 온도계, 메모장 등이 튀어나오거나 독서대가 되는 등 다양한 장치가 내장되어 있었다. 제조사 간 개발 경쟁으로 지나치게 복잡해져 학교나 학부모회에서 종종 문제가 되기도 했다. 가정용 게임기의 보급으로 종말을 맞았다.

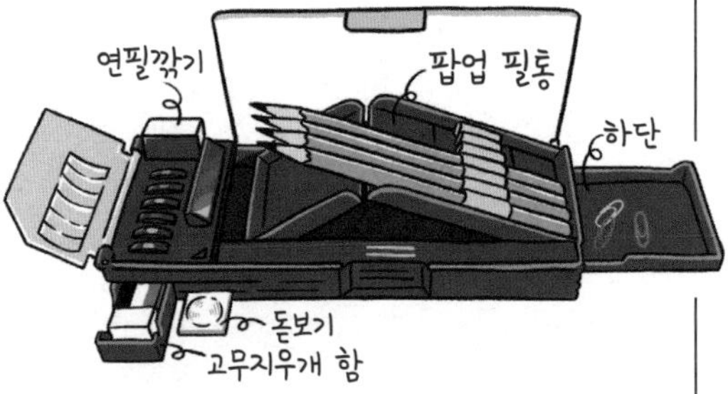

다나카 노리히토 [田中経人]

(1905~1992) 리히트랩(LIHIT LAB) 창업자. 1938년 후쿠이상점(福井商店, 현재의 주식회사 라이온사무기)으로부터 독립하여, 사무용품 도매업체 창업(다나카노리히토상회). 그 후 사무용품업체로 변신하여 현재의 리히트랩의 기초를 구축했다. 문구 전반에 관한 흥미와 조예가 깊고, 저서 『문구의 역사』(리히트산업)는 문구의 역사를 아는 데 있어 귀중한 명저.

다스 [ダース]

물건의 개수를 세는 단위. 12개. 문구와 관련하여 현재는 연필만을 관습적으로 이 단위로 판매하는 경우가 많고, 통계에서도 12진법으로 표기되는 경우가 많다. 12다스가 1그로스(→p37).

다이모 [ダイモ]

Dymo. 1958년 미국 다이모사가 출시한 경질 플라스틱 접착테이프에 문자를 엠보싱으로 새기는 수동장치. 다이얼을 돌려 문자를 선택하고 손잡이를 누르면 문자 각인이 테이프에 압력을 가해 볼록하게 가공함으로써 테이프 위에 하얀 글씨가 새겨진다.

다이캐스팅 [ダイカスト]

Diecasting. 내열강으로 만든 정밀한 금형에 비교적 저융점의 비철금속을 녹여 기계로 압력을 주어 주입하는 주조 방법. 정밀하고 복잡한 형상의 금속부품을 단기간에 양산할 수 있다. 문구에서는 복잡한 형상의 컴퍼스 다리나 연필깎이 내부 부품, 일부 커터칼의 몸체 등에 사용된다.

다이컷 [ダイカット]

Die cut. 평면 소재에 복잡한 형상의 칼날로 만든 틀을 눌러서 뚫어내는 가공 방법의 총칭. 모양 뽑기. 메모지, 책받침, 지우개, 스티커 등의 외형을 캐릭터 모양으로 잘라낸 제품을 사각형 단판 제품과 구별하기 위해 '다이컷 ○○'이라고 부르기도 한다.

단어 카드 [単語カード]

손에 들어올 정도의 작고 짧은 책 형태의 두꺼운 종이를 금속제의 개폐 가능한 고리로 철한 것. 앞면에 질문, 뒷면에 답을 써두고, 앞면을 보고 답을 생각하고, 뒷면을 넘겨서 확인한다. 외국어 단어나 역사연호, 공식이나 화학식 등 짧은 내용의 암기에 흔히 사용한다.

단어장 [単語帳]

주로 어학학습에 사용하는, 외국어와 해석을 대조할 수 있도록 좌우로 배치하여 기록하는 노트. 단어와 그 의미 외에 품사 등을 기록하는 곳이 있다. 흔히 폭이 좁은 링노트이며 한쪽 페이지를 뒤로 젖히면 암기하였는지를 확인하는 간이테스트도 된다.

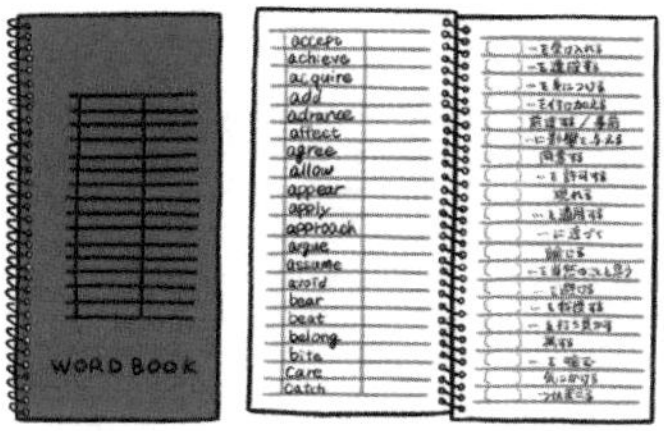

달마 압정 [ダルマ画鋲]

중간이 잘록한 원통형의 손잡이가 있는 압정. '푸시 핀'(→p165)이라고도 한다.

당사비 [当社比]

자사의 기존제품과 비교한 비율. 기존제품보다 향상된 수치를 알기 쉽게 나타내는 표현. 신제품 카탈로그나 광고 등에서 사용되는 경우가 많다.

당사조사 [当社調べ]

세계 최초, 세계 최소, 매출 1위 등과 같이 표기할 때 그 근거가 되는 정보를 자사의 조사에 의해 얻었다고 하는 것. 부당한 표시가 되지 않기 위해서는, 객관적인 조사에 근거한 조사 결과가 정확하고 적절하게 인용되는 것이 필요하다.

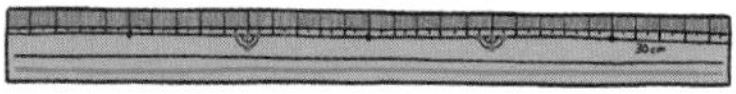

대나무자 [竹尺]

대나무로 만든 자. 곧고 강한 섬유를 가진 대나무는 직선으로 가공하기 쉽고, 왜곡이나 변형이 적기 때문에 자의 재료로 적합해 오래전부터 사용했다. 또한 미끄러짐이 좋아 봉제 쪽에서는 아직도 사용하고 있다.

대단한 문구 [すごい文房具]

2010년 KK베스트셀러즈가 발행한 문구 전문 무크지. 무크지로서는 이례적인 히트를 쳤고, 이후 문구 붐의 선구가 되었다.

대학노트 [大学ノート]

모조지에 필기할 수 있도록 가로줄을 인쇄하여 제본한 노트. 1884년 도쿄대 앞의 문구점(서점) 마츠야(松屋)가 외국에서 갓 돌아온 교수의 권유로 만들었다는 것이 정설이지만, '대학노트'라는 명칭이 언제, 누구에 의해 붙여졌는지는 불분명하다.

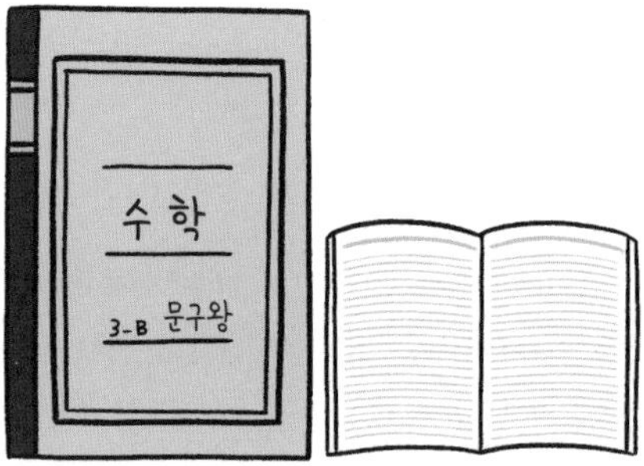

더마토그래프 [ダーマトグラフ]

Dermatograph. 밀랍을 많이 함유하고 있어 종이뿐만 아니라 유리, 금속, 플라스틱 등에도 필기할 수 있는 색연필. 온도변화에 따른 심의 수축과 팽창에도 심이 빠지지 않도록 종이로 감은 몸통을 채택했다. 미쓰비시 연필의 등록상표인 'Dermato'는 피부를 뜻하는 접두사로 원래는 수술 시 피부에 직접 마킹을 하기 위한 필기구로 사용되었으나 현재는 그런 용도로 사용하지 않는다.

더블 클립 [ダブルクリップ]

닫히는 ㄷ자형 판스프링 입꼬리에 철사를 구부린 손잡이를 부착한 클립. 손잡이를 등 방향으로 넘어뜨려 지렛대로 열리게 하여 종이를 철한 후에는 반전시켜 닫는다. 1915년에 미국의 루이스 에드인 발츨리가 발명. 철할 수 있는 매수가 많고 파지력이 매우 강한데 작고 싸기 때문에 매수가 많은 서류를 철하는 클립으로서는 가장 널리 보급되어 있다. 바인더 클립이라고도.

더블링 노트 [ダブルリングノート]

본문 가장자리에 일정한 간격으로 뚫린 네모난 구멍에 빗살 모양으로 구부러진 철사를 끼워서 돌돌 말아 일렬로 늘어선 링 모양으로 제본한 노트. 모든 페이지를 자유롭게 펼칠 수 있고, 360도 뒤집어도 평평하게 사용할 수 있다. 싱글링에 비해 접어도 페이지가 어긋나지 않는 것이 특징. 1934년 영국의 제임스 번(James Byrne)이 발명. 8.47mm 간격이 국제표준이

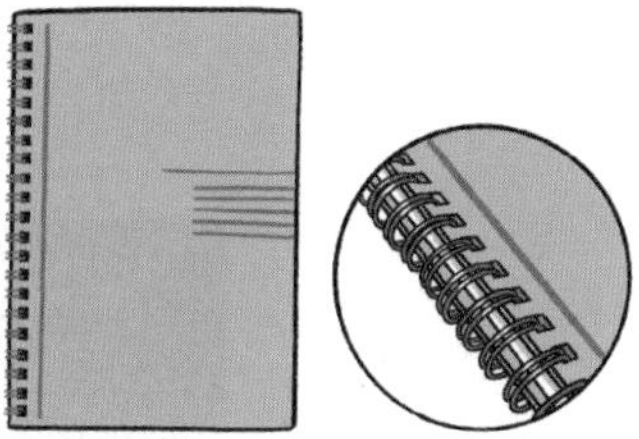

지만, 일본에는 다공 펀치와 같은 9.5mm 간격의 것도 있다.

데드스톡 [デッドストック]

Dead stock. 오랫동안 팔리지 않아 이미 단종되는 등 본래의 가치를 상실한 채 사장된 상태의 상품. 팔다 남은 제품이기 때문에 일반적으로는 가치가 거의 없지만, 수집가들에게는 미사용, 미개봉으로 부품과 설명서 등이 완비되어 있는 등 상태가 양호한 경우가 많아 나중에 인기를 얻은 제품의 경우 수집품으로 고가에 거래되는 경우도 있다.

데몬스트레이터 [デモンストレーター]

① 상품 시연자.
② 만년필 내부 구조가 보이도록 투명수지로 만든 특별 모델.

데스크 오거나이저 [デスクオーガナイザー]

책상에서 필요한 문구류 등을 한곳에 모아 바로 꺼낼 수 있도록 정리 수납하기 위한 용기. 필요한 도구에 따라 다양한 형태가 있다.

데스크펜 [デスクペン]

책상 위에서 사용하는 것을 전제로 만들어진 딥펜이나 만년필, 볼펜 등의 총칭. 휴대할 수 없고, 펜대를 고정한 펜스탠드의 사용을 전제로 하기 때문에 클립이 없고, 펜촉이 가늘고 길게 뻗은 딥펜과 같은 디자인이 많으며, 펜촉을 끼우는 캡이 없다.

데자인휘루 [デザインフィル]

일본 도쿄에 본사를 둔 디자인 문구업체. 1950년에 편지지 등의 종이 제품 제조업체로 설립(미도리상회). 종이 제품을 중심으로 하면서 소형문구까지 기획 개발하는 디자인 문구업체로 발전. 디자인 문구 브랜드 미도리와 여행자 노트(→p109) 등으로 유명. 수첩용으로 개발한 'MD 용지'로 정평이 나 있다.

데코루 [デコる]

노트나 필통 등의 소지품에 색을 입히거나 가공하여 장식하는 것.

도구상자 [お道具箱]

앞부분에 '오(お)'가 붙으면 유치원생이나 초등학생의 학용품인 도구(가위, 풀, 크레파스 등)를 보관하는 목적의 상자를 의미한다. 학교에서 브랜드명을 지정하는 경우도 많다. 주로 종이나 플라스틱으로 만든 간단한 몸통과 뚜껑이 있는 상자가 주를 이루지만, 최근에는 학교 책상 서랍으로 그대로 사용할 수 있는 제품이나 칸막이를 붙일 수 있는 제품도 등장했다.

도기다시 [研ぎ出し]

재료를 연마하여 목적하는 형상으로 하거나, 평평하고 광택 있는 표면을 얻는 가공의 총칭. ① 목적이나 취향에 맞는 필기감을 얻기 위해 만년필 펜촉을 연마하여 형상을 변화시키는 것. ② 덧칠한 옻칠이나 금은박 위에 한 번 더 칠을 하거나 연마하여 마무리하는 마키에 기법.

도안 [図案]

일반적으로는 디자인이란 의미지만, 마루망(マルマン)이 출시한 스케치북 시리즈로도 유명. 도안 시리즈는 1958년부터 양산되기 시작하여 현재까지도 판매되고 있는 스테디셀러. 독특한 표지 디자인 때문에 사랑받는 일본 대표 스케치북.

도장 [ネーム印]

① 막도장으로 사용되는 도장면에 개인 이름을 새긴 소형. 주로 침투도장(→p140)을 지칭.

② 돌, 나무, 동물뿔, 금속 등의 소재의 한쪽 면에 반전시킨 문자나 심볼을 조각한 것으로 개인, 관직, 단체를 상징한다. 문서 등의 책임이나 권한 유무를 증명하기 위하여 도장면에 인주를 묻혀 지면에 눌러서 도장면의 형상을 표현한다.

도쿠가와 이에야스 [徳川家康]

(1543~1616) 에도막부의 초대 장군. 일본 최

초의 연필 소유자로 알려져 있다. 그 연필은 도쿠가와 시대 초기에 도입된 것으로 현존하는 가장 오래된 연필이며 구노잔도쇼구(久能山東照宮) 박물관 보물로 보존되어 있다. 반면 다테 마사무네(伊達政宗, 1567~1636)의 부장품에서도 다른 형태의 연필이 발견되어 이 두 점이 현존하는 일본 최초의 연필로 여겨진다.

도큐먼트 파일 [ドキュメントファイル]
소제목으로 된 다수의 주머니를 주름상자 모양으로 적층한 서류함. 미리 정해진 항목별로 서류를 분류하여 보관하는 데 사용된다.

도큐핸즈 [東急ハンズ]
1976년 창업한 전국적인 도시형 홈센터. 1호점은 가나가와현 후지사와시(2006년 폐점). 문구 이외에도 그림 재료, 각종 재료, 공구 등을 폭넓게 다루며 특징적인 기능을 가진 신제품 도입의 신속함으로 정평이 나 있다. 소형 라이프스타일 점포인 '핸즈비'도 성업 중.

도화공작 [図画工作]
문부과학성이 초등학교 학습지도요령에 정한 교과목 중 하나. 표현 및 감상 활동을 통해 조형적 창조 활동의 기초능력과 풍부한 정서 함양을 목적으로 한다. 다양한 미술 재료와 공작 도구를 접하거나 갖추는 계기이기도 하다.

도화지 [画用紙]
그림을 그릴 때 사용하는 두꺼운 종이. 그리기 재료나 용도에 맞추어 표면의 평활도나 흡수성 등에 따라 다양한 종류가 있다. 46판(788×1091mm)을 기준으로 반절을 반복하여 자른 횟수에 따라 4절지, 8절지로 부르는 치수로 판매되는 것이 일반적. 원료단계에서 착색된 색도화지는 공작 등의 재료로서도 사용되는 경우가 많다.

독서대 [書見台]
책 읽는 것을 편하게 해주는 경사진 받침대. 휴대용 접이식 형태가 많지만 도서관 등에 설치된 자료 열람 전용의 경사진 책상도 포함된다.

돋보기 [虫眼鏡]
볼록렌즈에 손잡이를 붙인 간단한 확대경. '루페'라고도 한다.

돋보기안경 [リディンググラス]
노안을 교정하기 위한 안경. 독서 등 근거리를 보는 작업 때 일시적으로 사용하기 때문에 휴대성을 중시한 디자인도 많다. 돋보기안경은 어디까지나 초점거리를 단축하는 것이 목적이며, 확대를 목적으로 하는 '루페'(→p58)와는 본질적으로 다르다.

돌물감 [岩絵の具]

암석을 분쇄하여 만든 염료. 일본화용의 그림 재료로 사용된다. 일반적으로 분말 형태로 그 자체에는 고착성분이 포함되어 있지 않아서 아교와 섞어 물감으로 사용한다. 같은 암석으로 만들더라도 입자 크기에 따라 색조가 다르다.

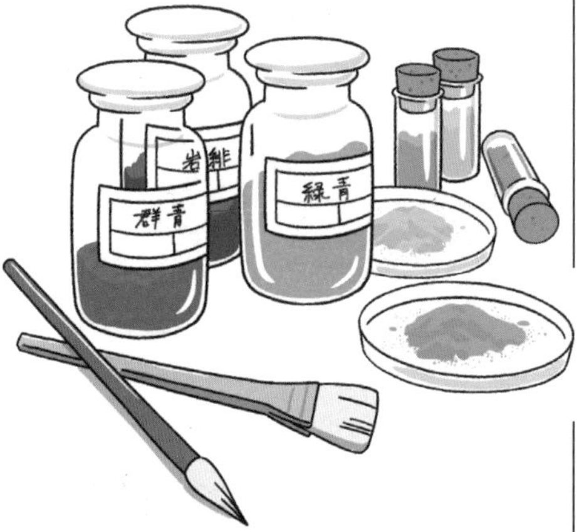

두께 측정기 [厚さゲージ]

얇고 평평한 물건의 두께를 측정하는 기구. 종이나 필름 등의 두께를 레버 조작으로 신속하게 측정할 수 있는 것이 특징. 종이 제조나 인쇄 관련 현장에서는 필수품. 그림과 같은 다이얼 타입이 일반적이고, 0.01mm 단위로 측정이 가능.

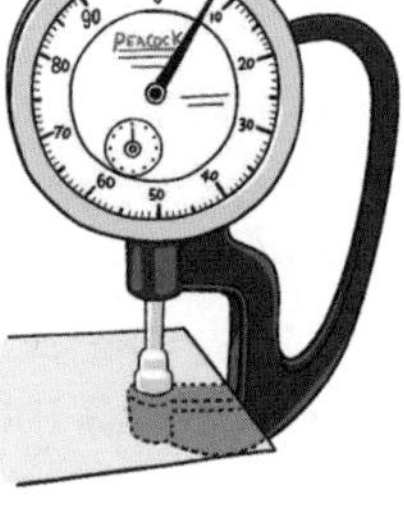

뒷배임 [裏抜け]

필기구의 잉크가 종이에 침투하여 뒷면까지 도달하는 것. 특히 노트나 수첩 용지는 뒷배임 방지가 품질 지표 중 하나.

드라이업 [ドライアップ]

마킹펜 등의 펜촉에 포함된 잉크 용매가 기화하여 쓸 수 없게 되는 현상.

드래프터 [ドラフター]

기계나 건축 설계 등에 사용되는 제도기계(실제로는 MUTOH홀딩스 상표). L자형에 직각으로 교차하는 두 개의 자가 부착된 핸들이 자유자재 암(혹은 트랙이라고 부르는 슬라이딩빔)에 부착되어 있어 제도판 위의 원하는 위치로 평행이동할 수 있다. 따라서 임의의 위치에 수평/수직선을 그릴 수 있고, 핸들을 임의의 각도로 회전/고정할 수 있으며, 일정한 각도를 유지한 채 평행이동이 가능하므로 각종 투영도법에 맞춤하다. 컴퓨터에 의한 설계가 보급된 후 거의 사용하지 않는다.

등사판 [謄写板]

필기한 것을 그대로 제판할 수 있는 간이 공판인쇄기. 1887년 에디슨의 특허를 기반

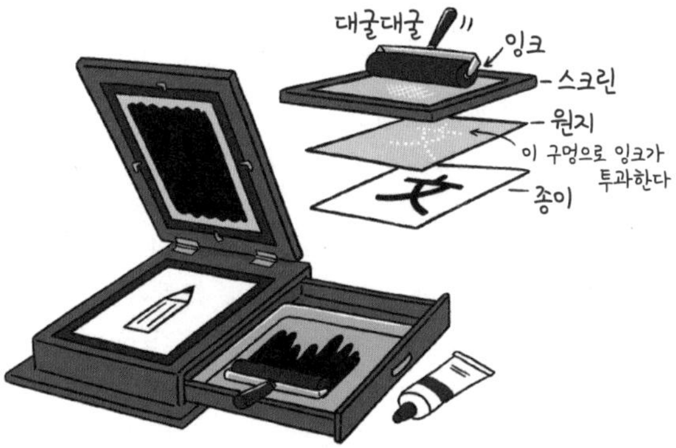

으로 앨버트 딕(Albert B. Dick)이 출시(mimeograph). 일본에서는 호리이 신지로(堀井新次郎)가 1894년 등사판이라고 명명하고 출시했다. 파라핀 등을 바른 원지를 철판 위에 올린 후 철필(→p138)로 필기하면 철판의 미세한 도드라짐(凸)에 의해 파라핀이 벗겨져 떨어지고 원지에 미세구멍이 생긴다. 이것을 틀에 고정한 후 종이에 올려놓고 롤러로 잉크를 눌러 인쇄한다. 수십~수백 장 정도의 인쇄를 저비용으로 할 수 있어서 복사기가 보급되기 전까지 널리 사용되었다.

디바이더 [ディバイダー]

컴퍼스의 일종으로 양쪽 다리 끝에 바늘이 달려 있다. 다리를 벌려 두 점 사이의 거리를 기록해 다른 곳으로 옮길 수 있으며, 좌우 다리를 번갈아 가며 직선을 따라 움직이면 직선을 등간격으로 나누거나 정수배의 거리를 표시할 수 있다.

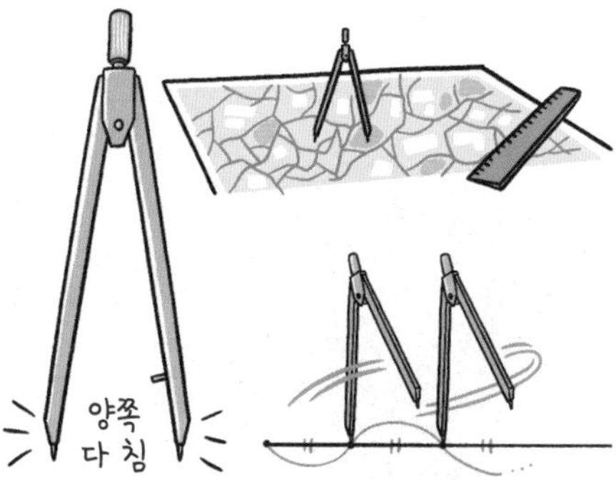

디아조 카피 [ジアゾコピー]

방향족 디아조니움염(diazonium salt)의 광분해 반응을 이용한 복사기법. 청사진(→p139)과 반대로 백지에 청색 선(positive)으로 표현. 원고와 감광지를 겹친 후 빛을 투과시켜 복사하기 때문에 등배 정도가 높고 큰 판지도 복사할 수 있어 기계 도면이나 건축 도면의 복사에 많이 이용된다.

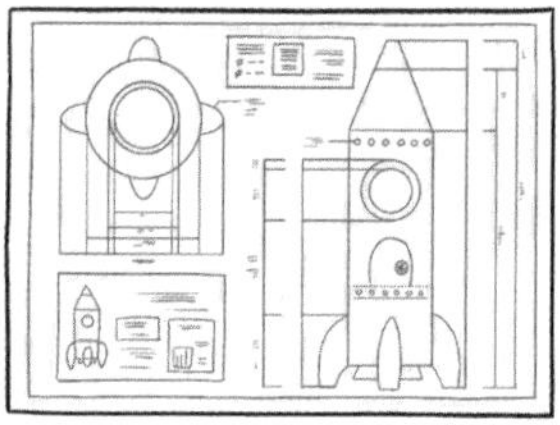

디자인 나이프 [デザインナイフ]

펜처럼 생긴 막대의 몸통 끝에 교환식 작은 칼날을 고정하는 척(→p137)이 장착된 커터칼. 손끝으로 칼날의 진행 방향을 바꿀 수 있어 필기구를 사용하는 것 같은 섬세한 커팅이 가능하다. 디자인, 수공예, 지우개 도장 등 다양한 용도로 사용된다.

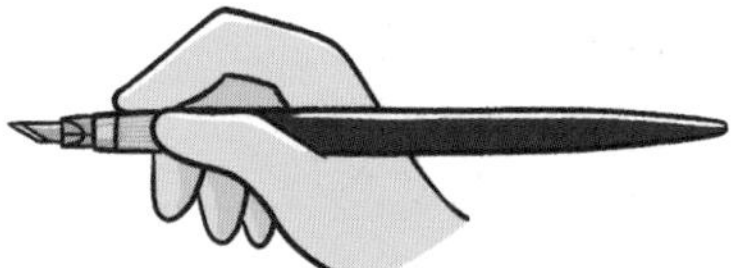

디지털펜 [デジタルペン]

필기한 내용을 디지털 데이터로 기록해 PC나

스마트폰 등 디지털기기에서 사용할 수 있는 필기구의 총칭. 다양한 방식이 있으며, 각각 장단점, 용지의 한계, 필기감의 차이 등이 있어 아직은 개발 단계에 있다.

딥펜 [つけペン]

펜촉 이외에 잉크를 유지하는 장치가 없는 펜의 총칭. 좁은 의미에서는 금속제 펜촉을 몸통에 꽂아 사용하는 것을 가리키는 경우가 많지만 넓은 의미에서는 깃털펜이나 유리펜 등도 포함된다. 잉크를 내장하지 않기 때문에 잉크의 빈번한 변경, 특수잉크 사용, 소모품으로서의 펜촉 취급 등이 특징이다. 풍부한 표현력 때문에 만화 등 일부 용도로 여전히 사용되고 있다.

뚜껑풀 [蓋糊]

봉투의 봉함용 풀이 뚜껑(플랩) 쪽에 칠해져 있는 것. 상품을 넣고 뺄 때 접착제가 상품에 달라붙을 우려가 있지만 내용물의 크기에 맞춰 뚜껑의 접는 정도를 조절할 수 있어 범용 봉투로 쓰인다(→p69 몸통풀 참조).

라메 [ラメ]

금속박의 미세한 조각. 마커펜, 붓펜, 볼펜 등의 잉크나 도료에 섞여 있어 빛을 받으면 선이 반짝반짝 빛난다. 일반 안료에 비해 입자가 커서 침전되기 쉬우므로 필기구를 수평으로 보관하는 등의 주의가 필요하다. 만년필이나 딥펜용 잉크에도 간혹 반짝이가 들어있는 경우가 있는데, 만년필이 막힐 수 있으니 주의가 필요하다.

라미 [ラミー]

독일 하이델베르크에 있는 필기구업체. 1930년 칼 라미(Karl J. Lamy)가 설립. 1962년 사장에 취임한 만프레드 라미(Manfred Lamy)가 외부 디자이너를 영입해 현대적 디자인으로 차별화를 꾀했다. 'Lamy 2000' 시리즈나 '사파리' 시리즈 등으로 유명.

라벨라이터 [ラベルライター]

입력한 문자를 띠 모양의 접착테이프에 인쇄할 수 있는 사무기기. '테이프워드프로세서'라고도 한다. 킹지무의 테프라가 세계 최초. 파일 제목이나 라벨 제작에 그치지 않고 가정부터 공공장소까지 모든 현장에서 표시나 설명이 부족한 부분을 보완하는 도구로 사용되고 있다.

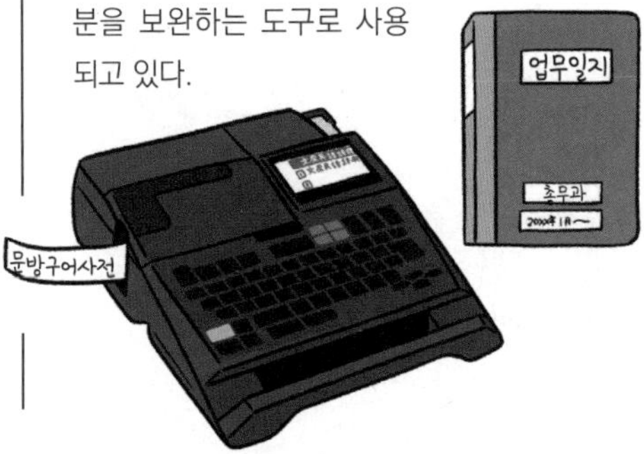

라이프 [ライフ]
도쿄에 본사를 둔 종이 제조업체. 1946년 사이토 야스히로(齋藤晏弘)가 종이 도매상으로 창업. 노블노트로 유명.

L!FE

라이프 해크 [ライフハック]
Life Hack. 주로 지적생산에서 작업의 효율화나 생산성 향상을 위한 구체적인 절차나 기법 등을 포함하는 업무 기술의 총칭. 미국의 테크니컬라이터 대니 오브라이언(Danny O'Brien)이 2004년 강연 제목으로 처음 사용한 것으로 알려져 있으며, 이후 유행어가 되어 생활 전반의 다양한 영역에서도 사용되기 시작했다. 문구류를 포함한 도구나 PC, 디지털기기, 소프트웨어, 인터넷 서비스 등을 적극적으로 활용하는 방법도 많이 포함된다.

라후르 [ラーフル]
칠판지우개를 가리키는 일반적인 명칭. 가고시마, 미야자키, 에히메 등에서는 방언으로 사용된다. 네덜란드어로 문지르는 것 등을 의미하는 'rafel'이 어원으로 추정된다.

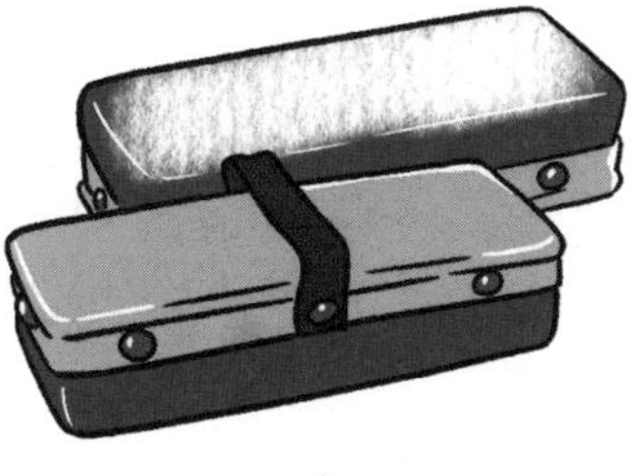

란도셀 [ランドセル]
초등학생용 교과서나 학용품을 넣는 가죽이나 합성피혁으로 만든 상자 모양의 등짐형 가방. 막부 말기에 서양식군대의 장비로 도입된 배낭 'ransel(네덜란드어)'이 변형된 것으로 추정되며, 1887년 이토 히로부미(伊藤博文)가 요시히토(嘉仁, 훗날 다이쇼 왕)에게 입학 축하 선물로 준 것이 시초라고. 검은색이나 빨간색이 오랫동안 일반적이었으나 현재는 다양화, 고급화와 함께 교과서 A4 사이즈화의 영향으로 대형화되고 있다.

래미네이트 [ラミネート]
① 복수의 소재를 붙여서 적층하는 가공. ② 종이를 보호, 보강하고 방오성과 내수성을 갖도록 플라스틱 필름 사이에 끼워 넣어서 적층하는 가공. 전용 필름을 가열 압착하는 것이 일반적.

레버파일 [レバーファイル]
서류에 구멍을 뚫지 않고, 쇠장식으로 서류의 가장자리를 눌러 제본하는 파일. 개폐 조작용 레버와 스프링을 통해 연동하는 평행 링크 기구(옆에서 보면 ZZ형으로 보임)에 의해 종이를 눌러서 고정한다. 문서 열람의 용이성은 링 파일 등에 비해 떨어지지만, 펀치 등의 가공이 필요 없고 철하고 빼는 것이 쉬워서 일시적인 문서 보관이나 휴대가 편리하다. Z형 파일, 펀치리스 파일이라고도 한다.

레이드 [レイド]

서양 종이의 깔개결(→p40). 거름 틀이 사용되기 이전에 사용되었던 금속제 그물모양 뜰채 자국이지만, 고풍스러운 분위기나 표면의 이랑이 만들어내는 느낌을 선호하는 사람도 있어 고급 필기 용지나 크로키 용지 등에 굳이 적용하는 때도 있다.

레지 [レジ]

금전 등록기. 매장에서 상품을 판매할 때 금액을 계산, 기록하고 영수증(매출 명세서)을 발행한다. 대부분 간이 금고를 갖추고 있어 받은 돈 등을 보관하거나 거스름돈을 꺼낼 수 있는 기능을 가지고 있다.

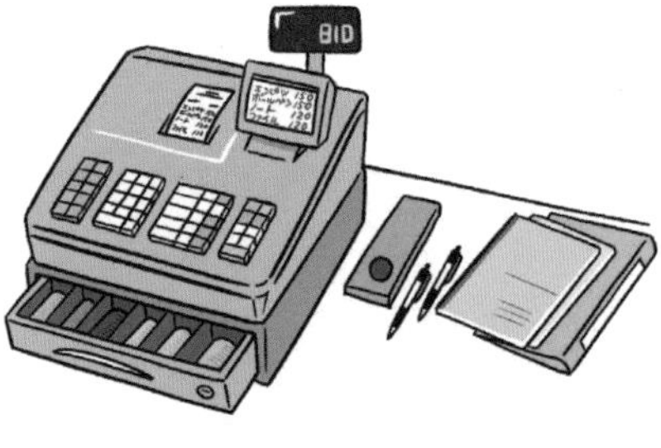

레터링 [レタリング]

서체를 디자인하는 것. 또는 그 문자.

레터사이즈 [レターサイズ]

미국에서 일반적으로 사용되며 표준화된 용지 규격으로 8.5×11인치(215.9×279.4mm). 국제규격인 A4보다 세로 길이가 짧고 가로 길이가 긴 미국 현지 규격. 바인더에 제본할 때 3공 바인더를 사용하는 경우가 많은데, 1600년대 네덜란드 제지업자가 도입한 제지용 프레임 크기(17×44인치)의 1/8이 그 원형이다.

로디아 [ロディア]

Rhodia. 프랑스 메모 노트 브랜드. 1934년에 앙리 베리악(Henri Verilhac)이 종이 제조업체로 창립. 이듬해 앙리의 동생 로베르가 가세해 베리악형제사로 전환. 나란히 서 있는 두 그루의 나무는 형제를 나타낸다. 오렌지색 표지에 보라색 모눈이 그려져 있고, 절취 가능한 메모지 '블록로디아'로 유명.

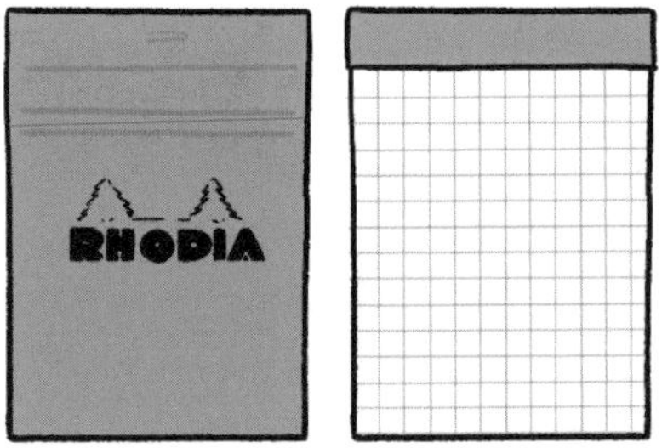

로이히투름 [ロイヒトトゥルム]

Reuchtturm. 독일 함부르크에 있는 우표·동전 수집용 바인더 및 노트 제조업체. 1917년 폴 코치(Paul Koch)가 우표 수집책 제조업체로 설립. 일본에서는 2005년부터 판매하고 있는 '로이히투름 1917 노트북'이 유명하다. 몰스킨(→p68)과 비슷한 형태의 하드커버 노트이지만, 뒷면을 잘 볼 수 없는 본문은 목차와 페이지 번호가 있고, 불릿저널(→p79) 용도로도 인기있다.

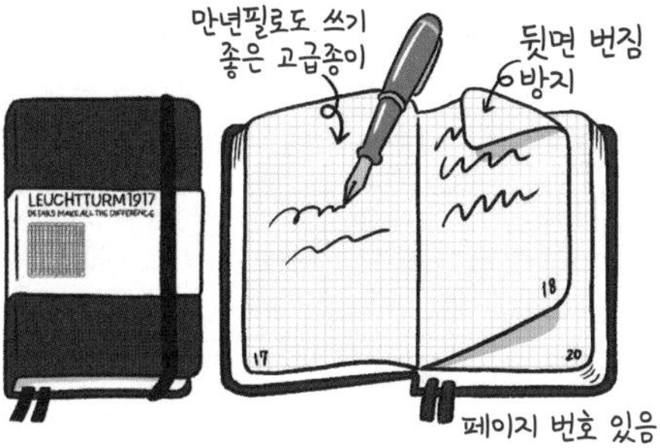

로켓연필 [ロケット鉛筆]
끝이 뾰족한 짧은 연필심을 끼운 플라스틱 유닛을 세로로 연결한 것을 내장한 일회용 다단식 필기구. 심이 닳으면 유닛을 통째로 빼내어 맨 뒤쪽으로 밀어 넣으면 내장된 유닛 전체가 1개 분량 앞으로 나와 다음 유닛이 끝부분으로 나와 필기를 계속할 수 있다. 1966년 대만의 홍려(洪蠣)가 개발, Bensia사가 특허 취득. 이후 일본에서도 붐이 일었다. 현재까지도 제조 판매되고 있다.

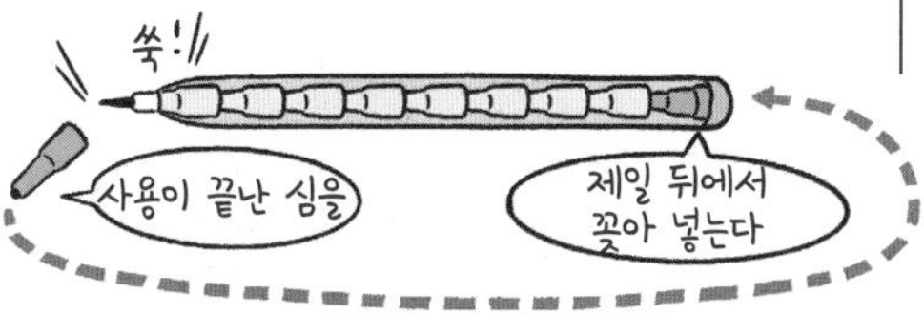

로터리커터 [ロータリーカッター]
시트 형태의 부드러운 소재나 얇은 종이 등의 재료를 회전하는 원반 모양의 칼날을 밀면서 자르는 재단기. 1979년 세계 최초로 올파(OLFA)가 출시했다. 바로 위에서 눌러서 자르기 때문에 소재를 잡아당기지 않고, 일반 커터칼로 자르기 어려운 부드러운 소재도 깔끔하게 자를 수 있다.

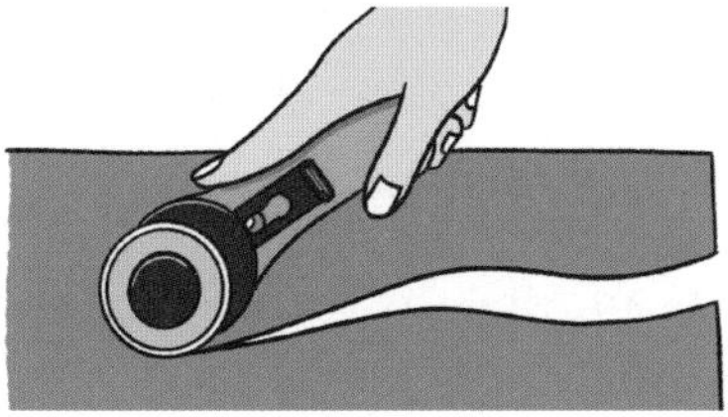

로트링 [ロットリング]
Rotring. 독일 필기구 제조업체. 1928년 미국에서 중공(中空) 파이프식 만년필(스타일로그래프)에 감명받은 빌헬름 리페(Wilhelm Riepe)가 귀국 후 곧바로 개량해 특허를 취득하고 같은 해 설립(Tintenkuli Handels). 1953년에 발매한 라피도 그라프(Rapido Graph)는 제도펜의 대명사가 되어 CAD가 보급되기 전까지는 로트링이 제도펜을 지칭할 정도였다. 펜 몸통에 새겨진 빨간 링으로 유명.

로프트 [ロフト]
Loft. 1987년 세이부백화점이 별관으로 개점한 도시형 라이프스타일 잡화점. 점포 수를 늘려 1996년에 독립했다. 패션 요소가 강한 상품 구색에 강점이 있다. 호보니치수첩(ほぼ日手帳)을 독점 판매하고 있으며, 수첩의 종류는 일본 최대를 자랑한다.

LoFt

롤러덱스 [ローロデックス]
Rolodex. 회전식 명함첩. 회전축 주위에 자유롭게 탈부착할 수 있는 명함 홀더를 ABC순 또는 가나다순으로 끼워 넣고 손잡이를 돌려 원하는 명함을 찾는다. 1956년 덴마크 기술자 H. L.

닐센(H. L. Neilsen)이 발명했다(1930년대부터 유사한 발명품이 존재했다). 빙글빙글 돌리며 명함을 찾는 동작이 인상적이며, 인맥의 상징으로 영화에도 자주 등장한다.

롤러볼 [ローラーボール]
수성 볼펜.

루스 리프 [ルーズリーフ]
자유롭게 교체할 수 있는 링 바인더 전용의 구멍이 뚫린 노트 전용 용지로, B5 사이즈가 주를 이루지만 A4나 A5도 많이 쓰인다. 메이지 시대에 이미 루스 리프라는 이름으로 여러 규격이 수입되었으나 현재는 JIS Z 8303(장표의 설계 기준)에서 다공 파일의 구멍 크기와 간격이 규정되어 있다(B5의 경우 26개 구멍, A4의 경우 30개 구멍). 다른 용지 크기에서도 이 기준을 충족하는 것은 대체로 루스 리프라고 불린다.

루스 리프 주머니 [ルーズリーフの袋]
루스 리프를 포장한 봉투. 대부분 OPP 필름으로 만든 통접착식 봉투. 구매자 대부분이 미사용 종이를 그대로 휴대하기 위해 사용하지만 쉽게 찢어지거나, 포장된 종이를 꺼낼 때 봉투 접착제에 달라붙어 못쓰게 되는 등의 문제도 있다.

루이스 에드슨 워터맨
[ルイスエドソンウォーターマン]
(1837~1901) Lewis Edson Waterman. 워터맨 창업자. 1883년에 모세관현상을 응용해 잉크를 펜촉에 보내는 가느다란 홈과 잉크와 같은 양의 공기를 받아들이는 굵은 홈을 조합한 형태상의 홈을 가진 펜심을 갖춘 만년필 'The Regular' 발명. 현재 만년필의 기본 구조를 만들었다.

루페 [ルーペ]
볼록렌즈를 사용한 확대경. 손잡이가 있는 것 외에 책상 위에서 사용하는 스탠드가 있는 것이나 머리에 쓰는 것 등 다양. 여러 장의 렌즈를 조합해 배율을 바꿀 수 있는 것도 있다.

룰렛 가공 [ローレット加工]
가공하고자 하는 금속 몸통을 회전시키면서 룰

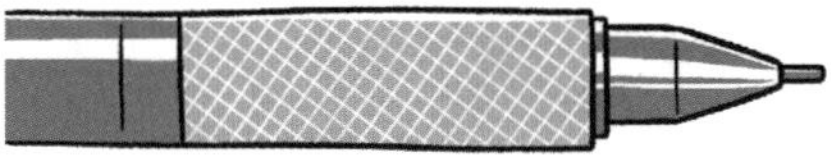

렛(roulette)이라 불리는 요철이 있는 롤러를 대고 몸통 표면에 요철을 새기는 가공 방법. 필기구의 그립이나 제도용 컴퍼스의 손잡이 등에 사용된다. 가공함으로써 손가락이 미끄러지지 않게 되므로 다루기 쉬워지고, 금속 자체가 가공경화에 의해 강해진다는 장점도 있다.

리갈 [リーガル]

미국에서 일반적으로 사용되는 종이 치수. 8.5×14인치(215.9×355.6mm)로 레터 크기보다 3인치 길다. 1884년 미국 매사추세츠의 제지업자 토머스 홀리가 만든 종이 치수. 리갈이라는 명칭은 판사로부터 주문받은 리갈패드를 만든 것에서 유래. 현재도 미국에서 계약문서나 법적 문서로 사용되고 있다.

리갈 패드 [リーガルパッド]

노란 종이를 철한 리갈 크기의 노트. 간격이 넓은 가로선과 왼쪽 끝에서 약간 벌어진 곳에 붉은 세로선이 있으며, 짧은 변(위쪽)을 금속 바늘로 철하여 절취선으로 잘라내는 것이 많다. 미국의 토머스 홀리가 판사의 주문으로 만든 괘선이 들어간 노트가 기원. 노란색에 대해서는 '종이색이 고르지 않은 것을 극복하기 위해서', '다른 종이에 섞여도 눈에 잘 띔' 등 복수의 설이 있다.

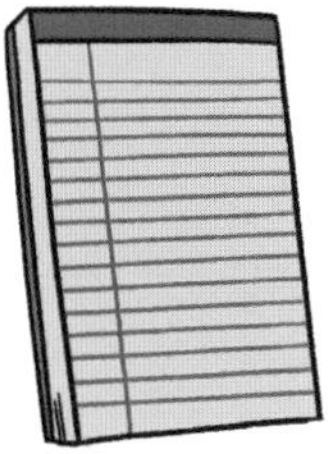

리무버 [リムーバー]

문구류에서는 스테이플러 철침을 제거하는 도구를 가리키는 경우가 많지만, 무언가를 제거하는 도구나 약품 전반에 사용되는 넓은 범위의 단어로, 스티커 제거액이나 얼룩 제거제, 특정 필기구의 펜촉을 교체하기 위해 제거하는 전용 도구 등을 가리키기도 한다.

리비가쿠 [リビガク]

'리빙 학습'의 줄임말. 아이가 자기 방이 아닌 거실 등 가족이 있는 공간에서 학습하는 것을 말한다. 2010년경부터 자기 방보다 학습효과가 높다고 하여 인터넷을 비롯한 잡지 등에 소개되면서 실천하는 가정이 늘어났다. 2015년경부터는 전용 학용품이나 수납 용품 등이 각 업체에서 많이 출시되고 있다.

리포트 용지 [レポート用紙]

보고서 등 제출할 서류 작성을 전제로 한 한쪽 면에만 괘선이 인쇄된 용지. 두꺼운 받침종이에 풀제본이 되어있어 필기 후 한 장씩 떼어낼 수 있다.

리프터 [リフター]

링 바인더나 시스템 수첩 등의 페이지 넘김을 부드럽게 하고 리필의 훼손을 줄이기 위해 첫 페이지 전과 마지막 페이지 뒤에 철하는 튼튼한

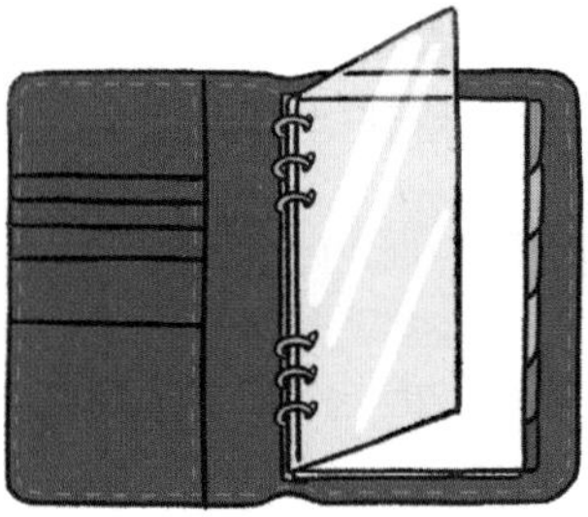

플라스틱판.

리필 [リフィル]

교체용 소모품의 총칭. 필기구의 심, 바인더식 수첩이나 노트의 교체용 종이, 테이프 접착제나 수정테이프 등의 교체용 카트리지.

Stationery column 1

자(定規)와 눈금자(ものさし, 모노사시)는 서로 다른 것인가?

원래 '자(定規)'와 '눈금자(모노사시)'는 용도 및 사용 목적이 다른 도구를 나타내는 말로 의미가 다르다. 자는 바른 형태의 원형/견본이고, 눈금자는 길이를 측정하는 기준이다. 영어로 말하면 자는 'ruler(자)', 눈금은 'measure(치수)'나 'scale(척도)'이 된다. 예를 들면, 삼각자나 운형자는 모양이 중요해서 눈금이 없어도 자의 역할을 할 수 있다. 반면 눈금자는 부드럽고 형태가 정해져 있지 않아도 문제가 없지만, 눈금이 필수다. 자가 나타내는 직선이나 직각 형태는 시대와 문화를 초월하여 보편적이지만, 눈금자는 근거로 삼고 있는 물건이나 문화에 따라 눈금 폭이 변한다. 미터, 인치, 경척, 어느 쪽이나 기준이 다르지만, 사용하는 사람들의 합의에 따라 정해진다. 따라서 절대적인 정답이 있을 리 없고, 통일도 어렵다. 이렇게 자와 눈금자는 단어 상으로는 명확한 차이가 있지만, 평소에 우리가 흔히 볼 수 있는 직선자 대부분에 눈금이 인쇄되어 있어서 자와 눈금자의 기능을 모두 가지고 있어 그 차이를 알기 어렵다. 굳이 구별하자면 연필을 써서 직선을 그을 때는 그 도구를 자로 사용하고 있는 것이며, 물건에 대고 눈금을 읽어 길이를 측정할 때는 눈금자로 사용하고 있는 것이다. 말이나 사고방식이 서로 맞아떨어지지 않을 때 "모노사시가 다르다"라고 말한다. 그것은 눈금이 다르다고 하는 것이고, 척도나 기준이 다르다고 하는 비유다.

ㅁ ㅂ 열

문구 잡학 3 > 스테이플러 침 사이즈

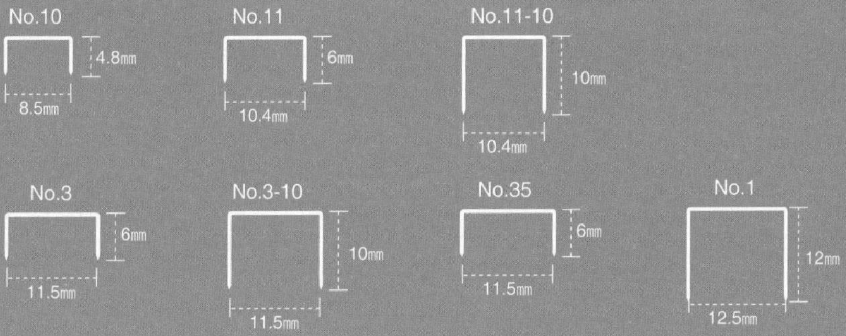

스테이플러 침 명칭 및 사이즈

명칭	횡폭mm	다리길이mm	철가능매수	대응기종
No.10	8.4	4.8	2매~32매	
No.11	10.4	6	2매~40매	Vaimo 11
No.11-10㎜	10.4	10	2매~80매	Vaimo 80
No.3	11.5	6	2매~30매	
No.3-10㎜	11.5	10	30매~75매	
No.35	11.5	6	2매~30매	
1210FA-H	11.5	10	30매~70매	
1213FA-H	11.5	13	50매~110매	
1217FA-H	11.5	17	110매~170매	
1224FA-H	11.5	24	150매~200매	
No.1	12.5	12		
2115 1/4L	10.5	6.3		펜치 타입 호치키스 (HP-50)
2115 5/16L	10.5	7.9		펜치 타입 호치키스 (HP-50)
2115 3/8L	10.5	9.5		펜치 타입 호치키스 (HP-50)

마그넷 [マグネット]

자석. 또는 자석을 내장하여 화이트보드나 냉장고 표면 등에 메모나 게시물 등의 종이를 고정하는 데 사용하는 것. 본래의 목적을 넘어 장식이 과다해지면서 그 자체가 오브제가 되는 것도 많다.

마니아 [マニア]

특정 분야에 열중하는 사람. 관련한 물건이나 정보수집을 하는 사람을 지칭하는 경우가 많다.

마닐라봉투 [マニラ封筒]

원래는 마닐라 삼베를 원료로 한 두껍고 튼튼한 다갈색 봉투를 가리켰으나 현재는 화학펄프로 대체되고 있다. 내구성이 높은 것이 특징으로 회람이나 서류의 이동 등 반복 개폐되는 용도로 많이 사용되기 때문에 원반형 끈걸이(→p116)나 걸쇠가 부착된 경우가 많다.

마루젠 [丸善]

도쿄에 본사를 둔 서점, 출판사, 무역회사. 문화시설 설계부터 도서관 업무 대행까지 사업 범위가 넓다. 1869년에 후쿠자와 유키치(福澤諭吉)의 문하생인 하야시 유테키(早矢仕有的 →p168)가 서양서적, 의약품, 의료기기 수입판매업으로 창업(마루야상사). 등기 때 대표자로 '마루야 젠파치'라는 가공의 인물을 기재한 데서 마루젠의 이름이 생겨났다. 문방구 취급도 많아 수입 만년필을 최초로 판매한 기업 중 하나로 많은 문인의 사랑을 받았다. 1912년『만년필의 인장과 도해 카탈로그』에는 나쓰메 소세키, 기타하라 하쿠슈 등이 기고하였다.

마블링 [マーブリング]

고무수지나 해초 등을 녹인 점성이 있는 수용액의 수면에 물에 반발하는 소의 담즙과 안료를 섞은 물감을 떨어뜨려 수면에 그려진 복잡한 무늬나 도안을 종이 등에 옮기는 기법. 그려진 모양이 대리석(marble) 모양을 닮았다고 해서 이렇게 불린다. 정확한 기원은 알 수 없으나 중근동(북아프리카와 서아시아)에서 개발되어 15세기에는 터키 등지에서 성행하여 캘리그래피(→p143)나 공문서 위변조 방지용 바탕이나 책 장식 등에 사용되었다.

마사키 니로쿠 [眞崎仁六]

(1848~1925) 미쓰비시연필 창업자. 1878년 파리만국박람회에 전시된 연필을 보고 귀국 후 혼자 힘으로

연필 제조법을 개발. 1887년 마사키연필제조소(현 미쓰비시연필)를 설립했다.

마스킹테이프 [マスキングテープ]

도장할 때 목적 범위 외에 도료가 칠해지는 것을 막기 위해 붙이는 재탈착이 가능한 접착테이프. 사용자 제안으로 2008년 카모이가공지(カモ井加工紙)가 장식용으로서 여러 색을 출시한 것을 계기로 인쇄나 모형 틀 등 다양한 가공이 가미된 제품으로 발전. 장식용 테이프로 인기를 끌면서 문구용품의 한 장르로 자리 잡았다.

마이네임 [マイネーム]

사쿠라크레파스에서 판매하는 유성 마킹펜. 주로 학생들의 소지품에 이름을 쓰는 용도로 사용되며, 천에 써도 잘 번지지 않고 세탁해도 잘 지워지지 않는 것이 특징이다. 이름 쓰기용 펜으로는 압도적으로 인지도가 높아 입학안내서 등에서 우수상품으로 지정하는 경우가 많다.

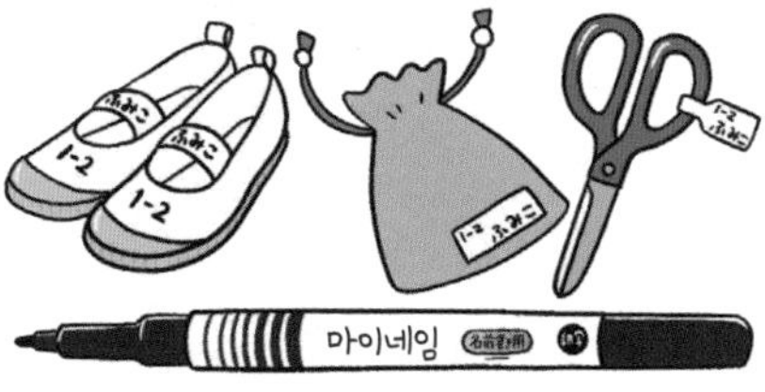

마커 [マーカー]

마킹펜과 같은 뜻. 마커펜이라고도 함.

마킹펜 [マーキングペン]

몸통 안에 저장한 잉크를 모세관현상으로 펜촉에 침투시켜 필기하는 필기구의 총칭. 펜촉에는 펠트나 합성섬유, 다공질 소재, 복잡한 단면의 수지 성형품 등 다양한 것이 사용되고, 용도도 방식도 여러 가지다.

막스 [マックス]

도쿄에 본사를 둔 기계 제조업체. 1942년 야마다 쇼타로(山田勝太郎)가 창업(야마다항공공업)하여 제로전투기의 꼬리 부분을 제조하다가 패전과 함께 민수품으로 전환했다. 오랫동안 스테이플러 제조에 종사했던 무카이노 미츠오(向野光雄)로부터 스테이플러 제조설비와 금형을 물려받아 1946년부터 제조를 시작했다. 스테이플러 일본 내 점유율 1위를 자랑한다.

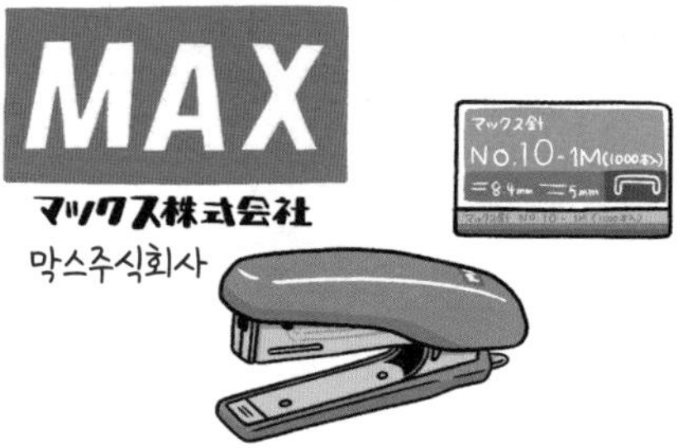

만년필 [万年筆]

끝이 갈라진 금속제 펜촉에 몸통의 좁은 틈새를 통해 보관했던 잉크를 공급하여 필기하는 필기구. 기원전 10세기 고대 이집트에서 잉크를 내장한 필기구가 만들어졌으며, 18세기 초까지 동종의 펜이 다수 존재했다는 것이 여러 문헌에 기록되어 있다. 특허로는 1809년 영국의 프레데릭 폴쉬(Frederick Folsch)가 취득한 공기밸브가 달린 잉크실에서 튜브를 통해 잉크를 공급하는 필기구가 최초다. 같은 해 영국의 조셉 브라머도 딥펜의 몸통에 손가락으로 압박하는 잉크실을 가진 필기구의 특허를 취득했다.

이후 많은 발명가가 잉크를 제어하는 방법을 고안했지만, 결정적인 발명은 1883년 미국의 루이스 워터맨(Lewis E. Waterman→p184)이 모세관현상을 응용해 잉크를 내보내는 가느다란 홈과 공기를 주입하는 두꺼운 홈을 결합한 심을 갖춘 만년필로, 이것이 현재 만년필의 기본구조다.

매저 [メジャー]

원래는 길이, 부피, 무게 등을 측정하는 기구의 총칭이지만, 일본에서는 주로 길이를 측정하기 위한 띠 모양의 측정기구, 즉 띠자나 줄자를 가리킨다.

매직잉크 [マジックインキ]

테라니시화학공업(寺西化学工業)이 판매하는 유성 마킹펜. 상표와 함께 '?'마크 디자인으로 유명. 1951년 미국 산업시찰단에 참가한 우치다요코(内田洋行) 사장 우치다 켄민(内田憲民)이 가져온 스피드라이사의 유성 마킹펜을 참고하여 테라니시화학공업이 개발, 1953년에 출시되었다. 출시 초기에는 우치다요코의 상품으로 판매되었고, 현재도 상표는 우치다요코가 보유하고 있다.

매카니카 [メカニカ]

펜텔이 1969년에 발매한 세계 최초의 0.3mm 심을 채택한 고급 제도용 샤프펜슬. 클립을 회전시키면 선단을 보호하기 위한 가드가 돌출되는 구조나 몸통에 폴리아세탈 수지를 채택한 것 등이 특징. 최근 마니아들 사이에서 인기를 끌면서 수만 엔의 가격으로 거래되는 단종 고액 샤프펜슬의 대명사.

매화접시 [梅皿]

주로 도기로 만들어진 매화와 닮은 형태의 그림물감 접시. 일곱 부분으로 구분되어 있고 물감을 옅게 하거나 섞기 위한 팔레트로 사용된다. 아홉 부분으로 구분된 '국화접시(菊皿)'도 있다.

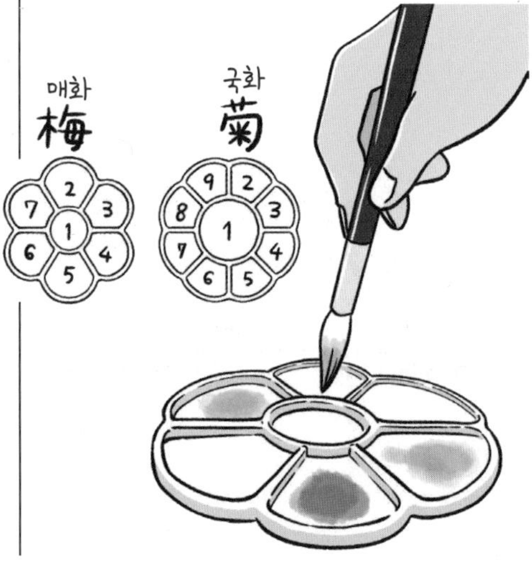

맵핀 [マップピン]

작은 구형 머리를 가진 가느다란 누름핀. 벽에 붙인 지도상의 위치를 나타내기 위해 사용한다.

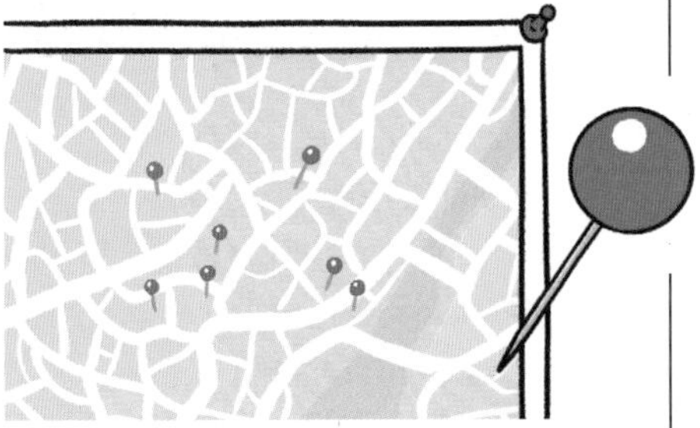

머리 로켓 [首チョンパ]

톰보연필의 MONO를 한 다스 사면 경품으로 주는 완구. 연질 수지로 만들어진 로켓과 같은 원통형의 본체에 당시 인기였던 '더드리프터즈(The Drifters)' 멤버들의 머리 모양을 본뜬 인형을 끼우고 본체를 누르면 머리 부분이 힘차게 날아간다. 엄청난 인기를 끌었지만, 교육상 문제가 있어 비판도 많았다.

먹 [墨]

주로 식물성기름을 연소하여 얻은 그을음과 아교(→p104)를 섞어서 건조시킨 고형 안료로, 벼루(→p76)에 갈아서 물에 녹인 후 붓으로 필기한다. 문방사우(→p76)의 하나. 채종유 등의 식물성기름을 원료로 하는 유연먹(油煙墨)과 송진이 많은 소나무 조각을 연소한 그을음으로 만들어지는 송연먹(松煙墨)으로 구별한다. 간단히 사용하기 위해 물에 녹인 액상으로 판매되는 먹물도 있다. 인쇄용어로서는 검은색을 의미한다.

먹물 [墨汁]

① 고체 먹을 갈아서 액체로 한 것. ② 처음부터 액체로 판매되는 먹. 먹과 아교 또는 합성풀 등을 혼합하여 물에 분산시켜 콜로이드상태(교질상태)로 한 것. ①과 구별하기 위해 액체 먹이라고 부르는 경우도 있다. 1898년 다구치 세이지(田口精爾)가 개발한 '카이메보쿠쥬(開明墨汁)'가 최초.

먹지 [カーボン紙]

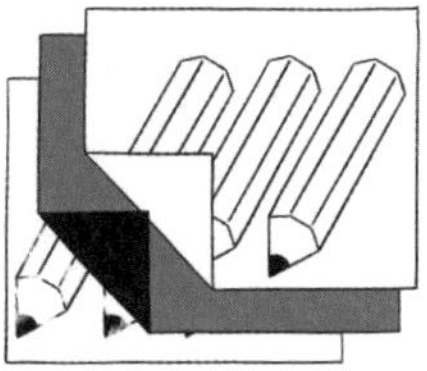

내구성이 있는 얇은 종이 뒷면에 밀랍 등과 혼합한 착색제를 바른 감압지로, 문자나 그림 등의 복사에 이용된다. 2매의 종이 사이에 끼여 넣고, 위의 종이에 필기하면 압력이 가해진 부분의 뒷면에 바른 착색제가 아래 종이에 달라붙어 내용이 복사된다.

메루카리 [メルカリ]

2013년부터 메루카리가 운영하는 스마트폰 앱을 이용한 벼룩시장. 등록이 간편해 이용자가 급증하고 있다. 불용품 처분에 이용되는 경우도 많고, 경매와 달리 가격을 판매자가 정하기 때문에 단종된 상품이나 골동품 문구 등을 저렴하게 구할 수도 있다.

메모 블록 [ブロックメモ]

제본한 소형 탁상용 메모지. 블록처럼 매수가 많다.

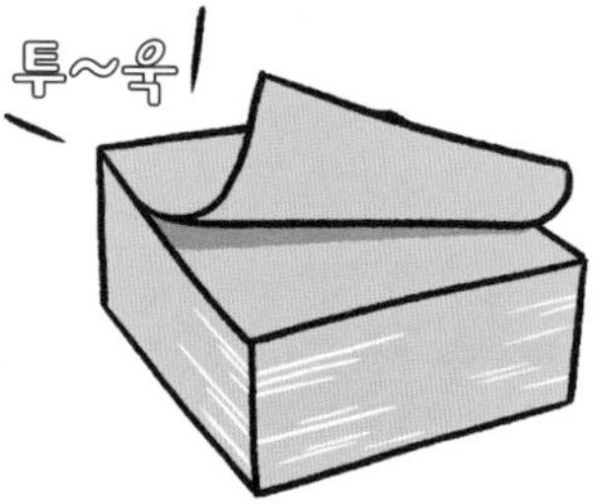

메모장 [ジョッター]

메모 카드를 끼워 넣어 고정한 후 쓰지 않은 필기면을 노출한 상태로 휴대하는 메모장. 대부분 주머니에 넣을 수 있는 손바닥만 한 크기의 가죽판으로 되어 있음. 5×3 카드(→p178)를 넣을 수 있는 것이 대부분.

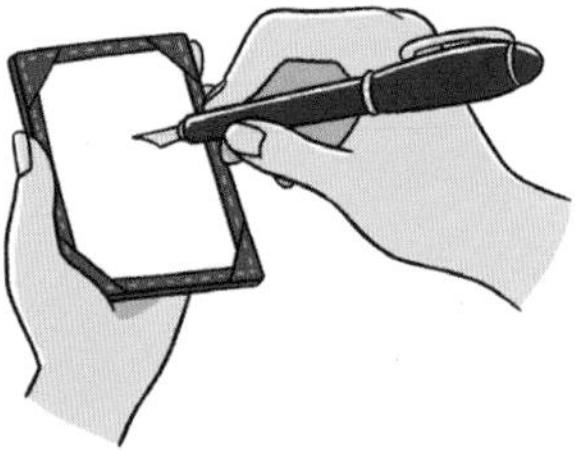

메타모잉크 [メタモインキ]

1975년 파일로트 잉크가 개발한 열변색 잉크(상표명은 메타모 칼라). 온도변화에 반응해 색이 없어지거나 변한다. 이 회사의 필기구 프릭션(→p167) 시리즈에 탑재된 것으로 유명하지만, 변색되는 온도와 색상이 다양해 필기 용도 외에도 음료를 마시기 적당한 온도 표시나 잡화, 장난감 등에 다양한 용도로 활용되고 있다.

멘딩테이프 [メンディングテープ]

1961년 미국 3M사가 개발한 아세테이트필름

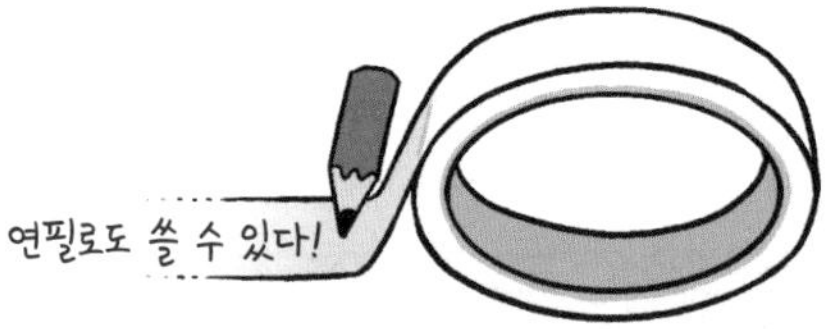

을 재료로 하여 아크릴계 접착제를 바른 접착테이프. 셀로판테이프에 비해 내후성이 높다. 투명하고 광택이 없어 종이에 붙이면 거의 보이지 않기 때문에 미국에서의 상표는 'Magic Tape'이지만, 일본에서는 쿠라레이가 '면패스너'라는 상표로 등록했기 때문에 멘딩테이프라고 불리며 동종 테이프의 일반명칭으로 사용되고 있다.

면종이 [コットンペーパー]

헝겁으로 만든 종이에서 유래. 면섬유를 원료로 한 부드럽고 부피가 큰 서양 종이를 지칭하지만, 현재는 화학 펄프를 원료로 한 것도 포함. 일반적으로 표면이 거칠고, 감촉이 부드럽고, 부피가 커서 서적용이나 필기용으로 사용된다.

명물 문구 [ご当地文具]

관광지 등에서 판매되는 지역 한정품 문구. 관광명소 등을 모티브로 디자인한 것이 많다. 소량으로 지역성을 나타내기 쉬운 것에서부터 종이 제품, 마스킹테이프(→p63) 등이 많지만, 레이저 가공 기술 등에 의해 잔손이 많이 가는 장식을 한 것도 증가했다.

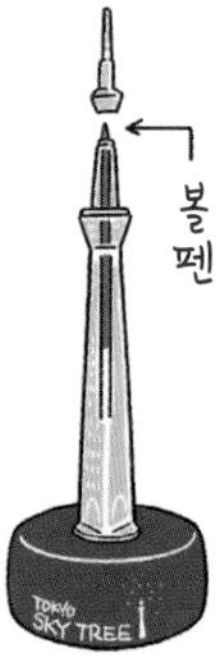

명물 잉크 [ご当地インク]

소매점이나 관광지 등에서 출시하는 특색있는 잉크. 판매지역이나 점포를 한정하거나, 지역 명소나 역사와 연관된 배색이나 색깔이 채택되는 경우가 많고, 수집가 아이템으로서 인기 상표도 많다. 그중에서도 고베(神戸)의 나가사와

문구센터(→p40)가 고베 풍경을 주제로 출시한 '고베 잉크 이야기'는 이미 70색이 넘고, 이 가게의 간판 상품의 하나가 되었다.

명함 [名刺]

처음 만난 사람에게 건네 자신의 이름과 연락처 등을 보관할 수 있게 해주는 두꺼운 종잇조각. 이메일과 SNS의 보급으로 실질적인 의미는 퇴색하고 있지만, 첫 만남의 매너로 교환하는 관습이 뿌리 깊게 자리 잡고 있다. 일본에서는 55×91mm가 표준이지만 서양에서는 89×51mm가 많다.

명함지갑 [名刺入れ]

명함을 수납, 휴대하기 위한 지갑. 명함을 가방이나 주머니 등에서 직접 꺼내는 것은 실례라고 여겨지므로 명함 교환 시 필수. 전달할 자신의 명함과 받은 상대방의 명함을 분리해서 보관할 수 있는 것이 일반적이다.

모눈종이 [グラフ用紙]

여러 수치로 이루어진 정보를 2차원 평면상에 배치하여 그 변화나 비교 등을 시각적으로 표현하기 위한 전용 괘선을 갖춘 용지. 눈금이 세밀한 모눈 괘선이 있는 종이를 가리키는 경우가

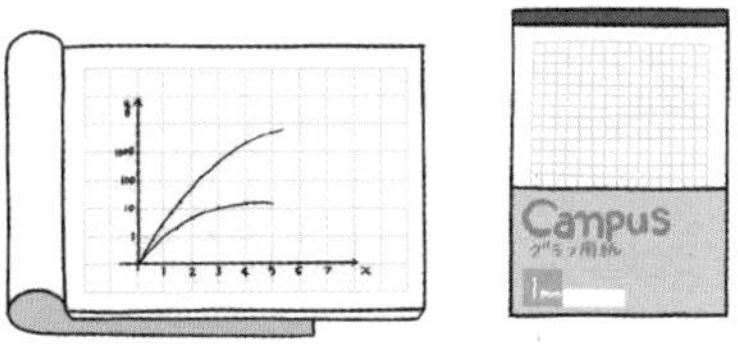

대부분이지만, 표현하고자 하는 정보에 따라 로그나 극좌표 등 다양한 좌표의 괘선이 준비되어 있다. 개인용 컴퓨터 보급으로 수요 격감.

모래지우개 [砂消しゴム]

규석 가루 등의 연마제가 포함된 지우개. 볼펜 등의 잉크로 쓴 글자를 연마제가 종이 표면을 긁어냄으로써 글씨를 지운다.

모서리지우개 [カドケシ]

10개의 정육면체를 입체적인 체크무늬 모양으로 배치하여 서로 접하는 변으로 결합한 고무지우개. 모서리가 28개 있다. 2003년 출시하여 히트상품이 되었다. 2002년 코쿠요 디자인상 가작(칸바라히데오, 神原秀夫) 작품의 상품화로 고무지우개의 디자인에 새로운 가능성을 열었다는 점에서 문구업계에 끼친 영향이 크고, 이후 각 문구업체가 디자인에 신경 쓴 지우개를 출시하는 계기가 되었다. 2003년 Good

Design상, 2005년 MOMA 디자인 컬렉션에 선정되었다.

모세관현상 [毛細管現象]

액체 속에 가는 관을 세우면 관 내부 액면이 외부보다 높거나 낮아지는 현상. 튜브 내 벽면에 대한 액체의 부착력과 표면장력의 작용에 의한 것으로, 액체가 관 안에서 아래로 볼록한 곡선을 만드는 경우 액면이 상승한다. 사인펜, 만년필, 붓 등에서 잉크를 유지하거나 펜촉으로 잉크를 유도하는 데 이용되는 기본 원리 중 하나.

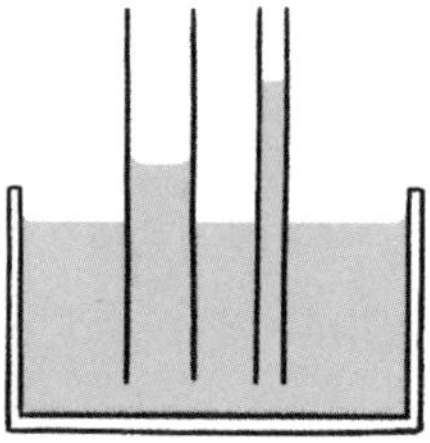

모조지 [模造紙]

화학펄프만으로 만든 서양 종이의 일종. 일본 재무성 인쇄국이 만든 지폐 등에 사용하는 고급 종이인 '재패니즈 벨럼'을 모방하여 오스트리아의 제지회사가 만든 양지 '시밀리 재패니즈 벨럼(simile Japanese vellum)'에서 유래했지만, 현재는 게시물이나 제도에 쓰이는 대형종이의 호칭으로 사용되고 있다.

목공용 본드 [木工用ボンド]

초산비닐과 물을 주성분으로 하는 접착제. 주로 나무, 종이, 천 등의 흡수면과 흡수면 사이의 접착용. 흰색의 액상으로 접착할 한쪽 면에 바른 후 압착한다. 수분이 빠져나가면서 경화되어 투명해진다. 양철 필통 등 흡수되지 않는 표면에 바른 것은 벗겨낼 수 있어서 그곳에 수성 마킹펜으로 그림을 그리고 그 위에 바른 후 투명 시트 형태로 건조된 본드를 벗겨내어 마스코트 등을 만드는 놀이도 있다.

몰스킨 [モレスキン]

이탈리아에 본사를 둔 노트, 문구, 잡화 제조업체. 1997년 마리아 세브레곤디가 밀라노의 문구업체와 함께 창업(Mode&Mode). 19세기 후반 프랑스에서 만들어져 반 고흐, 피카소, 브루스 채트윈 등이 애용했으나 제조사의 폐업으로 사라졌다고 전해지는 전설의 노트(채트윈의 저서『송라인(Songlines)』에 따르면 본문보다 조금 더 큰 검은색 양장 표지에 고무줄이 달려 있다)를 재현해 1998년 '몰스킨(MOLESKINE)'

MOLESKINE

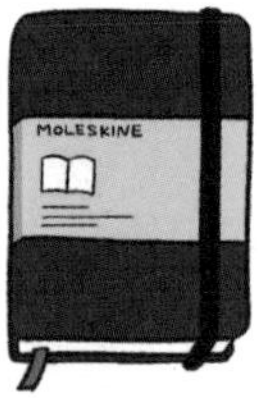

몰식자 [沒食子]

옻나무과 식물의 새싹이나 잎, 가지 등에 말벌류가 산란한 자극에 의한 방어반응으로써 조직

이 비대해져 생긴 벌레혹. 주성분은 탄닌으로 클래식 잉크(→p150)의 원료로 오래전부터 이용되었으며 천의 염료, 가죽을 무두질할 때 단백질을 제거하는 약품 등에 사용된다.

몰트 케이스 [モルトケース]

물에 담근 스펀지 모양의 것을 넣어두고 손가락이나 우표를 눌러 적시기 위한 용기. 몰트는 해면(海綿) 대용으로 사용된 스펀지 모양의 폴리우레탄 몰트프렌을 말한다.

몸통풀 [胴糊]

봉투의 봉함용 풀이 봉투 뚜껑이 아니라 봉투 몸통에 칠해져 있는 것. 뚜껑에 풀이 칠해져 있지 않으므로 상품을 빼거나 넣을 때 접착제가 상품에 들러붙는 일이 없다. 루스 리프 봉투 등에 필수.

몽블랑 [モンブラン]

독일에 본사를 둔 장식품 대기업 리슈몽그룹(Richemont Group)의 필기구 브랜드. 1906년 독일의 알프레드 네헤미아스(Alfred Nehemias)와 아우구스트 에버슈타인(August Eberstein)이 만년필을 제조하고, 1908년 클라우스 포스(Claus J. Voss)가 설립(Simplo Filler Pen Co.)한 브랜드. 이듬해 추가 참여한

크리스티안 로이센(Christian Lausen), 빌헬름 쟌보어(Wilhelm Dzianbor)와 함께 승계했다. 누구나 떠올리는 만년필의 원형이라고 할 수 있는 검은색 둥근 몸체, 캡 상단의 흰색 별, 펜촉에 새겨진 몽블랑의 높이 4810 등의 특색을 가진 '마이스터스튁' 등으로 유명.

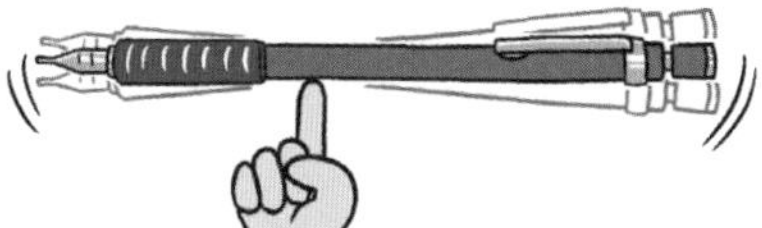

무게 중심 [重心位置]

앞뒤의 무게가 균형을 이루는 위치. 필기구의 사용 편이성의 지표 중 하나로 여겨지는 경우가 많으며, 중심이 약간 앞쪽에 가까울수록 다루기 쉽다고 알려졌지만, 선호도에는 개인차가 있다. 또한 같은 무게 중심이라도 질량 분포에 따라 관성 특성이 달라져 사용 편이성이 달라진다.

무늬 색종이 [千代紙]

① 다양한 무늬를 나무판에 색을 입혀 인쇄한 화지. 수공예 재료 외에 종이접기나 포장지로도 사용된다. ② 문양이 인쇄된 종이접기용 종이.

무선제본 [無線綴じ]

쌓아 올린 종이 묶음의 등 쪽에 접착제를 발라 표지를 붙이는, 실이나 철사 등을 사용하지 않는 제본 방식. 페이지 수가 많은 책자에 적용하기 쉽지만, 일반적으로 페이지가 잘 열리지 않아 필기용 노트나 수첩에는 적합하지 않다. 일명 떡제본

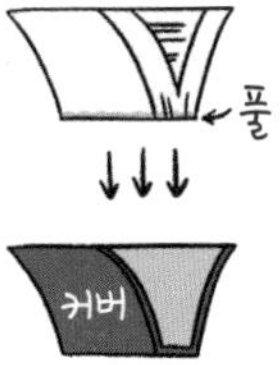

무인양품 [無印良品]

료힌케카쿠샤(良品計画社)의 가구, 의류, 생활잡화 등을 취급하는 브랜드 및 점포명(해외에서는 MUJI). 1980년 세유(西友)의 프라이빗브랜드(→p166)로 '이유 있어서 싸다'를 캐치프레이즈로 간소한 포장 등을 특징으로 시작했지만, 심플한 디자인 브랜드로 정착되었다. 라벨을 떼면, 상품 본체에 로고마크 등이 전혀 없어서 사진이나 영상을 찍을 때 문제가 되지 않고, 촬영용 소품으로도 매우 편리하다.

MUJI 無印良品 무인양품

문겔지수 [ブンゲル係数]

가계 소비지출에서 문구비가 차지하는 비율. 엥겔지수(식료품비 비율)에 빗댄 신조어로 생활수준의 척도가 되지는 않지만 지나치게 높은 문겔지수는 문구류가 수단을 넘어 취미화, 목적화되었을 가능성을 암시한다고 할 수 있다.

문구 도비라 [文具のとびら]

2017년 개설된 문구 정보 웹매거진. 문구 전문지「스테이셔너」(열흘 간격으로 출간)와 무료 잡지「Bun 2」를 발행하는 스테이셔너가 운영한다. 편집장은 문구왕 타카바타케 마사유키.

문구상품권 [文具券]

1978년 문구 관련 업계 15개 단체의 출자로 설립된 일본문구진흥주식회사가 발행한 문구류와 교환할 수 있는 액면 500엔의 유가증권. 2010년 종료되었다.

문구왕 [文具王]

→p154 타카바타케 마사유키(高畑正幸) 참조

문구의 날 [文具の日]

11월 3일. 문화의 날과 동일. 도쿄도 문구사무용품상업조합 등이 '문구와 문화는 역사적으로 볼 때 동의어'라는 취지로 1987년에 제정.

문구자료관 [文具資料館]

도쿄도 다이토구 '동경문구판매건강보험조합회관'에 있는 문구 자료관. 고대로부터 현대에 이르기까지의 필기구를 중심으로 한 문구가 전시되어 있다.

문구잼 [ブングジャム]

2007년 키다 테타구, 타카바타케 마사유키, 타

코 카베우지(他故壁氏) 3인으로 구성된 문구 계몽을 목적으로 하는 토크 유닛. 이벤트나 미디어 출연, 집필 등을 통하여 문구의 즐거움이나 심오함을 세상에 전하는 활동을 하고 있다.

문구지식능력검정 [文具知識能力検定]

2008년부터 실시되고 있는 문구류에 관한 지식검정으로, 웹사이트에서 등록하고 응시한다. 종이제품신문사, 전통, 일본문구신문사, 문연사 4개 기관이 공동주최하고 문방구닷컴(www.bunbouguyasan.com)이 운영한다.

문방사보 [文房四宝]

중국에서 문인이 서재에서 사용하는 도구 중 가장 중요한 붓, 먹, 벼루, 종이 4종을 지칭한다(문방사보를 처음으로 언급한 서적은 송나라의 『피서록화(避暑錄話)』). 한나라 무렵부터 시작된, 문구를 감상하고 애장하는 문화 '문방청완(文房淸玩)'에 근거를 둔 표현으로 원래는 실용보다는 취미 애장품으로서의 의미가 강하다. '문방사우'라고도 한다. '문방구' 어원 중 하나로 본다.

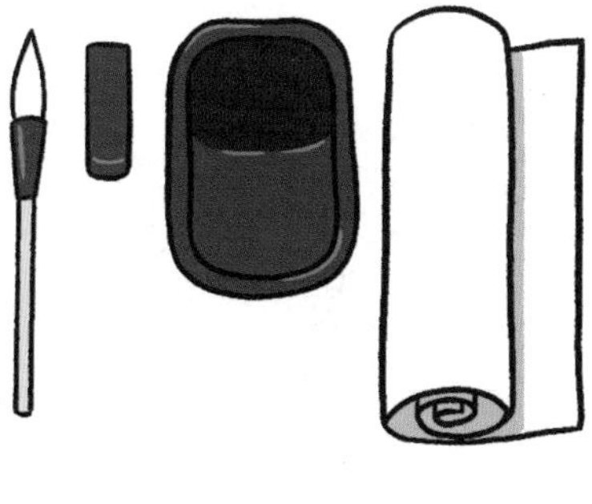

문진 [文鎮]

금속이나 돌, 유리 등 비중이 높은 소재의 덩어리를 종이나 서류 위에 올려 움직이지 않도록 하는 고정물의 총칭. 필기할 때 종이가 움직이지 않도록 고정하거나 서류가 바람에 날리는 것을 막기 위해 사용한다.

물붓펜 [水筆ペン]

잉크를 내장하지 않고 물을 넣어 사용하는 붓펜(→p80). 내장된 물로 붓끝을 적셔 수용성 휴대용 물감을 녹여 그리거나, 수용성 재료로 그린 후 도화지의 채색된 물감을 녹여 채도 조절 등의 표현을 하는 데 사용한다.

물풀 [水糊]

액체풀(→p106).

미끈미끈 [ぬらぬら]

만년필 필기감을 이야기할 때 잉크플로우(→p122)가 좋고, 매끄럽게 필기할 수 있는 상

태를 나타내는 의태어.

미쓰비시그룹과 관계없음

[財閥三菱と何等関係ありません]

제2차 세계대전 후 연합군최고사령부(GHQ)가 지시한 재벌해체 명령에 따라 미쓰비시그룹도 해체되었다. 그 틈에 미쓰비시연필(三菱鉛筆)은 미쓰비시그룹보다 10년 정도 더 빨리 로고(마름모 세 개)와 상표등록을 했고, 이 상표를 계속 사용하기 위해 '미쓰비시그룹과 관계없음'이라는 문구를 제품에 새겨넣었다. 요즘은 자사의 브랜드로 인기 있는 유니볼(Uni-Ball)의 Uni를 기업 로고로 사용하기도 한다.

미쓰비시연필 [三菱鉛筆]

일본 도쿄에 본사를 둔 연필, 볼펜 등을 중심으로 하는 필기구 제조업체. 1887년에 마사키 니로쿠(→p62)가 연필 제조업체로 창업(마사키연필제조소). 물레방아를 이용해 일본 최초로 연필을 양산했다. 연필 uni, 샤프펜슬 쿠르토가, 볼펜 제트스트림 등으로 유명하다. (바로 앞의 항목 '미쓰비시그룹과 관계없음' 참조)

미에루미에루(보인다 · 보인다)

[見える·見える]

1967년 방송된 제브라의 투명 몸통 볼펜 '크리스탈' 광고에서 재미있게 움직이는 눈알 애니메이션과 함께 잉크 잔량이 보인다는 점을 강하게 각인시킨 광고 카피.

미우라접기 [ミウラ折り]

미우라 코료(三浦公亮)가 고안한 종이접기 방법. 평행사변형의 면을 조합한 형태로 접은 상태에서 대각선에 해당하는 점을 벌리면 전면이 연동되어 펼쳐지고, 모아서 되돌리면 접힌다. 인공위성 태양전지판 전개 방법 연구 과정에서 생겨났지만, 휴대용 지도 등에 널리 응용되고 있다.

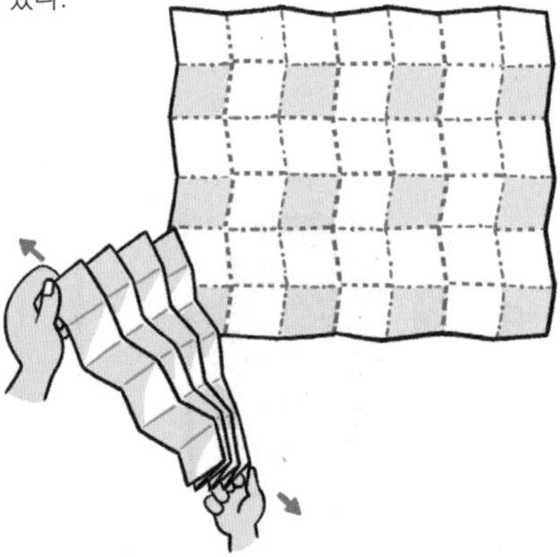

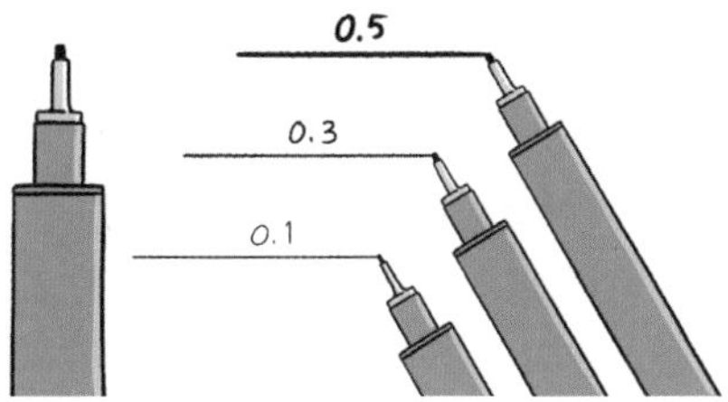

밀리펜 [ミリペン]

합성수지로 만든 아주 가늘고 딱딱한 펜촉을 가진 마킹펜. 일정한 선폭의 가는 선을 그릴 수 있으며, 숫자로 표현된 여러 가지 선폭이 있어 구분해서 사용할 수 있다. 간단한 제도용 펜으로 쓰이는 것 외에 만화나 일러스트 등의 그림 그리기에도 사용된다.

바이블사이즈 [バイブルサイズ]

시스템 수첩 용지 중 가장 널리 쓰이는 크기. 171×95mm에 6개 구멍. 성서 크기와 무관한 일본의 독자적인 호칭. 다른 나라에서는 퍼스널(personal)이라고 부른다.

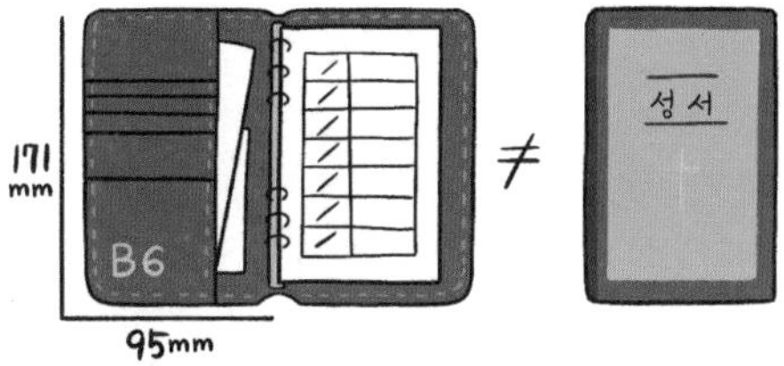

바인더 [バインダー]

Binder. 제본 구멍이 있는 용지를 자유롭게 탈

부착할 수 있고, 주로 루스리프나 장부 등을 제본할 수 있는 장치(→p159 '파일' 참조).

바인더클립 [バインダークリップ]

더블클립 (→p48).

박스 [カートン]

골판지를 의미하는 말에서 유래했고, 골판지나 마분지로 만든 상자를 뜻함. 제조나 물류 현장에서는 제품을 출하할 때 쓰는 상자나, 그런 상자 1개 분량의 의미로 사용된다.

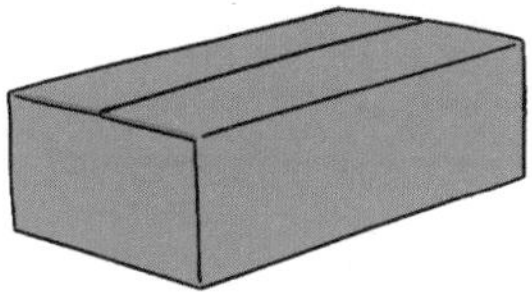

박스 파일 [ボックスファイル]

파일 등을 세워서 넣기 위한, 상단이 열려 있는 서류정리함. 파일박스라고도 한다.

반수질 [礬水引き]

화지(일본 종이)에 반수, 즉 아교와 명반을 바르는 작업. 먹물이나 안료가 번지는 것을 방지하는 가공. 반수질 한 종이는 반수지.

반지 [半紙]

화지 중 가장 널리 보급된 규격. 일반적으로 8촌×1척1치(242×333mm)를 말하며, 원래는 에도시대에 보급된 스기하라지(杉原紙) 촌연판(1척1치5분×1척7치)을 전지로 하여 그것을 반으로 자른 크기로 추정됨.

ㄱㄴ ㄷㄹ ㅁㅂ ㅅ ㅇ ㅈㅊㅋ ㅌㅍㅎ 0-9, A-Z

반짝 팬(니와카) [にわか]
오랜 팬들이 유행 등에 편승해 갑자기 팬을 자처하는 사람을 비하하는 말. 입문자에게 선행자의 우위를 과시하기 위해 사용되기도 한다.

방수지 [耐水紙]
물이 스며들지 않거나 물에 젖어도 변질되지 않는 종이. 유포지(→p117)로 대표되는 펄프가 아닌 수지로 만든 얇은 시트를 가리키는 경우가 많다. 종이 표면에 물을 통과시키지 않는 수지를 코팅한 것, 물을 튕겨내는 발수가공을 한 것, 유지를 침투시킨 것 등을 가리키기도 하며, 목적과 방수 성능에 따라 다양한 종류가 있다.

배틀연필 [バトエン]
1993년 에닉스(현 스퀘어에닉스)가 발매한 게임용 연필. 각 면에 놀이에 필요한 정보가 인쇄된 육각 연필. 참가자가 연필을 굴려서 위쪽 면에 적힌 기호, 숫자, 지시 등에 따라 승패를 결정한다.

백묵 [白墨]
① 분필(→p79)의 별칭. ② 조개껍데기를 구워서 분말 상태로 만든 탄산칼슘으로 이루어진 안료를 반죽한 흰색 물감.

백색도 [白色度]
JIS에서 규정된 종이의 흰색 정도를 나타내는 지표. 종이 표면에 빛을 비춰 반사된 빛의 비율(반사율)을 수치화한 것. 특히 재생지 등에서 일반적으로 백색도를 높이기 위한 표백이나 형광증백제 등의 사용이 주는 환경영향 때문에 각종 환경기준에서는 백색도 상한이 지정되는 경우가 많다.

백엔 균일 [百均]
100엔숍의 약칭. 모든 상품을 원칙적으로 100엔으로 판매하는 소매점. 당연히 문구류도 많이 취급하고 있어 매우 편리하지만, 품질이나 지적재산권 등에 문제가 있는 제품도 있어 주의가 필요하다. 일부 상품을 배수 가격(200엔, 300엔 등)으로 판매하는 가게도 있다.

백은비 [白銀比]
백은비는 두 종류가 있다. 하나는 일명 제2귀금속비라고 불리는 $1:1+\sqrt{2}$(1:2.4142…). 다른 하나는 일명 '대화비(大和比)'라 불리는 $1:\sqrt{2}$(1:1.4142…). 문구와 관계된 백은비는 일반적으로 대화비 쪽을 가리키며, 긴 변을 반으로 잘라 만든 직사각형의 긴 변과 짧은 변의 비가 원래의 직사각형과 같다. A4를 반으로 자르면 A5가 되는 것은 이 비율을 채용하고 있기 때문.

뱅커스박스 [バンカーズボックス]

Bankers box. 미국 펠로우즈에서 판매하는 골판지 수납 상자. 1917년 해리 펠로우즈가 이 회사의 전신인 뱅커스박스컴퍼니를 설립해 판매 개시. 단순한 사무용 수납 기본상품으로 인기.

버티컬 [バーチカル]

Vertical. 수첩 형식 중 하나(→p27 '수첩의 종류' 참조). 시간 축을 세로로 잡아 상세한 시간 관리나 배분이 쉽다.

베르누이 곡선 [ベルヌーイーカーブ]

대수나선, 등각나선. 중심으로부터 그어진 직선과 교차하는 각도가 항상 일정하다는 특징이 있다. 이 나선을 연구한 수학자 야콥 베르누이의 이름에서 유래했다. 푸라스(PLUS) 가위 '피트 커트 커브'의 뿌리부터 칼날 끝까지 칼날과 칼날이 닿는 각도가 일정하게 유지하는 형태에 적용했다.

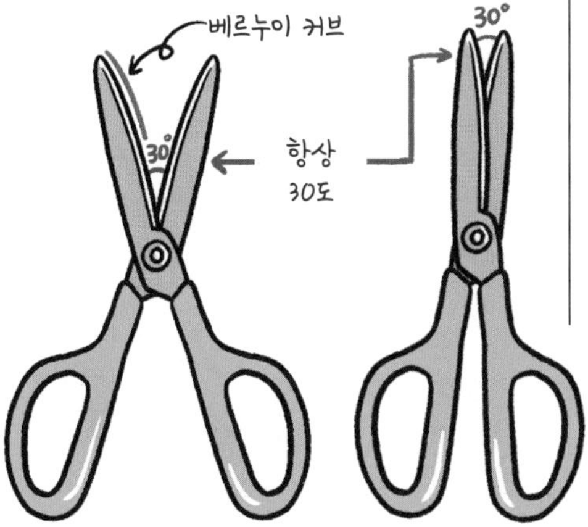

베이클라이트 [ベークライト]

Bakelite. 미국의 레오 헨드릭 베이클랜드(Leo Hendrik Baekeland)가 1907년 공업화한 페놀수지. 상표지만 거의 일반명사화되었다. 식물 이외의 원료로 인공 합성된 최초의 플라스틱. 열경화성 수지로 내열성, 난연성, 절연성이 뛰어나다. 만년필 등의 필기구 몸통 재료로도 사용된다.

베티 네스미스 그레이엄 [ベティネスミスグラハム]

(1924~1980) Bette Nesmith Graham. 비서로 일하던 중 타자기 오타를 수정하기 위해 수성 템페라 그림물감을 덧칠하는 방법을 고안하여 1951년 수정액(→p92) 특허 취득. 1956년 '미스테이크 아웃(Mistake Out, 이후 Liquid Paper)'이라는 상품명으로 판매했다.

벨럼 [ベラム]

Vellum. 양피지(parchment) 중 송아지, 새끼양, 새끼 염소 등의 가죽을 무두질하여 만든 고급 서화 재료. 그중에서도 송아지 가죽을 사용한 고급품을 가리키는 경우가 많다.

벨럼지 [ベラム紙]

밸럼과 같은 종이라는 뜻으로, 고급 종이의 호칭으로 다양하게 사용되었다. 옛날에는 18세기에 발명된 그물코종이(주름이 없고 섬세하고 매끄러운 종이)를 가리키기도 하고, 일본 재무성 인쇄국이 1877년 희귀한 기러기 가죽으로 만든 토리코시(鳥子紙)를 본떠 닥나무를 원료로 만든 고급 화지 '쿄쿠시(局紙)'를 'Japanese Vellum'이라고 부르기도 했다. 프랑스 클레르퐁텐사가 개발하여 노트 등에 채택하고 있는 매끄러운 고급 필기 용지의 상품명으로도 알려져 있다.

벼루 [硯]
먹을 가는 도구. 주로 돌로 만듦. 문방사보(→p71) 중 하나. 좋은 벼루는 퇴적암에 포함된 석영·운모·장석 등 경도가 높은 입자가 만드는 표면의 미세한 돌기가 균일하게 분포하고 있어 먹을 빠르고 균일하게 갈 수 있다. 중국 광둥성 단계(端渓)에서 채취한 돌로 만든 벼루가 최상급. 먹을 가는 부분을 땅(陸), 먹물 모으는 곳을 바다(海)라고 부른다. 현재 학교 교육에서는 먹보다는 먹물을 많이 사용하고 있어 플라스틱 제품을 주로 쓴다.

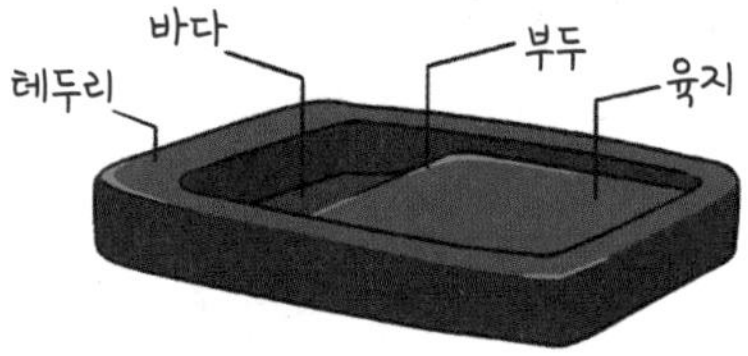

변형고무지우개 [ねりけし]
점토처럼 자유롭게 모양을 바꿀 수 있는 부드러운 지우개. 문지르는 것이 아니라 글씨에 눌러서 흑연을 흡착시켜 제거한다. 실용품으로서는 데생 등의 회화용으로 사용되지만, 재미있는 놀잇감이기도 해서 색이나 향을 추가한 것이 학생들에게 인기.

보강패치 [補給パッチ]
파일에 철하는 서류의 펀치구멍 주변이 찢어지는 것을 방지하기 위해 붙여 보강하는 중앙에 구멍이 뚫린 원형 접착 스티커. 펀치구멍 보강 스티커.

보드마커 [ホワイトボードマーカー]
화이트보드 필기 전용 마킹펜. 휘발성 용매와 안료를 주성분으로 하는 잉크에 수지와 이형제가 포함되어 있으며, 용매가 휘발할 때 안료가 수지와 결합하여 피막 형태로 이형제 위에 떠올라 닦아내면 쉽게 벗겨져서 지우기 쉽다.

보스톤 집게 [ボストンクリップ]
클립(→p151)과 비슷한 외관이지만 코일스프링이 아닌 C형으로 둥글게 말린 통 모양의 판 스프링에 지렛대를 통과시키는 구조의 클립. 파지 압력이 매우 강하고, 쉽게 망가지지 않는다.

보조 몸통 [補助軸]
짧아진 연필을 꽂아 고정하여 잡기 편하게 사용하는 통 모양의 문구. 지우개나 그립 등을 갖춘 것도 있다. 펜슬익스텐더라고도 한다.

복사 전표 [複写伝票]

카본 또는 노카본 복사가 되어있는 두 장 한 세트인 전표. 맨 위 용지에 볼펜 등으로 기입하면 그 필압에 의해 아래 용지에 같은 내용이 복사되는 전표.

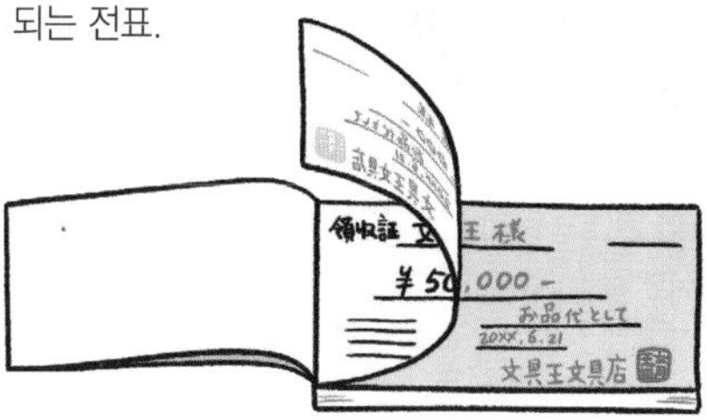

복주머니 [福袋]

연초 초특가 세일 등에서 원칙적으로 내용물을 공개하지 않고 판매하는 다수의 상품이 들어 있는 봉지 상품. 보통 판매가격보다 내용물의 총 가격이 더 높은 것이 보통이다. 재고 처분 목적으로 만들어지는 경우가 많기 때문에 비인기 상품이나 단종된 상품 등이 포함되는 경우가 많다. 요즘은 내용물을 명시해서 판매하는 것도 있다.

본나이프 [ボンナイフ]

1960년경 출시된 어린이를 위한 저렴한 휴대용 소형 칼. 안전면도기의 칼날처럼 얇은 강철 칼날을 가진 일회용 칼로 칼날 지지대가 접합 부분에서 회전하며, 칼날이 손잡이 안으로 수납된다. 어린이들이 연필을 깎거나 공작 등에 사용하는 일상적인 도구였다. 동일본에서는 이 '본나이프'가 , 서일본에서는 비슷한 구조를 가지는 '미키나이프'가 유명했다. 본나이프는 없어졌지만, 미키나이프는 현재에도 츠보요네제작소(坪米製作所)가 제조, 판매하고 있다.

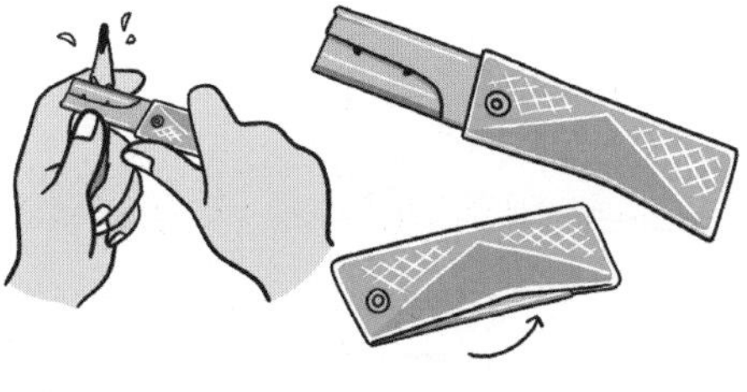

본드 [ボンド]

영어로는 접착제를 나타내는 보통명사지만, 일본에서는 코니시의 상표.

볼척 [ボールチャック]

샤프펜슬의 척(심을 꽉 잡는 기구, chuck)에 구(球)형 부품을 끼워 넣음으로써 심에 힘이 가해졌을 때, 심 이동 방향을 전진으로만 제한하는 것. 오토매틱 샤프펜슬의 자동 심 배출기구 등에 채택된다.

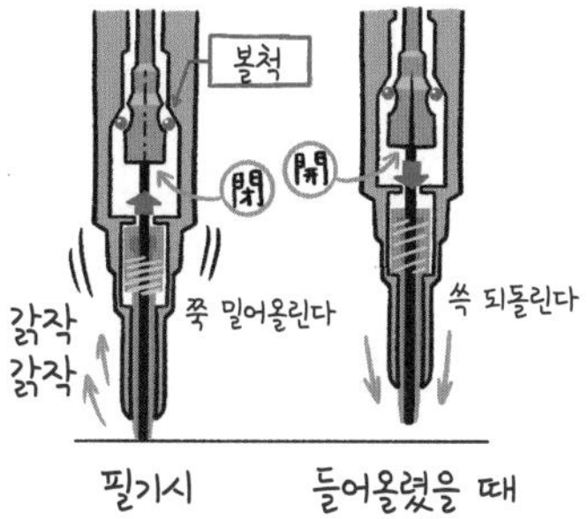

볼펜 [ボールペン]

끝부분에 작은 구체(볼)를 가지고 있으며, 볼의 회전에 의해 내장된 잉크를 종이에 스며들게 하여 필기하는 필기구. 잉크 종류에 따라 크게 유성, 수성, 젤로 나뉘며, 1888년 미국의 존 로드(John J. Loud)가 마킹용 필기구로 특허를 취득했으나 잉크누출을 억제하지 못해 실용화되지 못했고, 1938년 헝가리의 라슬로 비로(Laszlo Biro)가 모세관현상을 이용한 개량형으로 프랑스에서 특허를 취득했다. 1943년 아르헨티나에서 'Birome'을 출시한 것이 최초다.

볼펜심 지름 [ボール径]

볼펜심의 볼직경. 필기 선폭의 기준으로서 표시되지만, 볼이 접지하는 폭은 이것보다 작고, 또한 잉크 점도나 침투력, 펜촉과 지면 접촉에 의한 간섭 등에 따라 지면상에서의 잉크 확산은 다르므로, 실제 선폭을 나타내는 숫자는 아니다.

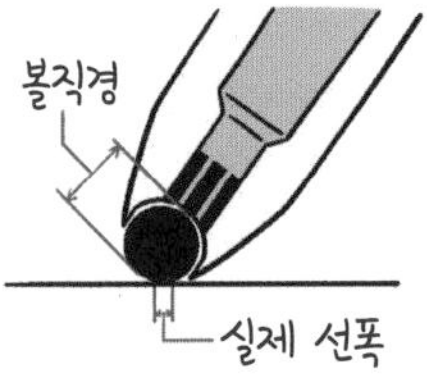

봉랍 [封蝋]

봉투나 편지, 용기 등의 밀봉을 고정하고 미개봉임을 증명하기 위해 열로 녹인 왁스를 늘어뜨려 굳힌 것. 또 거기에 쓰는 왁스. 실링 왁스(→p101 실링 스탬프 참조).

봉투 [封筒]

편지나 서류 외에 증권이나 사진 등의 종잇조각을 넣어 우편으로 보내거나 여러 장의 서류 등을 한꺼번에 넣어 보관할 때 사용하는 주로 종이로 만든 납작한 주머니. 정사각형, 직사각형, 서양형 등 정형화된 크기 외에도 용도에 따라 종류가 다양하다.

북다츠 [ブックダーツ]

미국 북다츠사가 제조 판매하는 책갈피. 얇은 금속판을 두 번 접어서 책 페이지 가장자리에 끼워 고정하는 책갈피. 한쪽 끝이 펜촉처럼 뾰족한 모양으로 되어있어 행 단위로 위치를 가리킬 수 있다.

북마크 [ブックマーク]

책갈피(→p137).

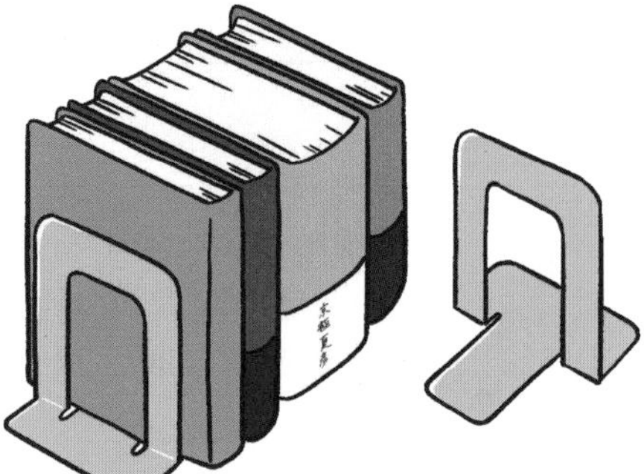

북엔드 [ブックエンド]

세워 놓은 책들이 쓰러지지 않도록 받치는 물건.

북커버 [ブックカバー]

주로 독서 중인 책 표지에 씌움으로써 오염이나 흠집을 막거나 표지 내용을 타인의 눈으로부터 숨기기 위한 보호 커버.

분류기 [ソーター]

① 다수의 서류를 순서대로 정렬하기 위해 사용하는 도구. 길이가 조금씩 다른 띠 모양의 시트 한쪽 끝을 고정하고 다른 쪽 끝에 제목을 붙인 것으로, 정리하고 싶은 서류를 해당 시트 아래에 넣는 동작을 반복하면 서류가 알파벳순, 숫

자 순 등으로 겹쳐지게 된다. ② 많은 선반이 있는 서류정리 선반.

분리배출 대응 제품
[分別廃棄対応製品]

해당 제품을 폐기할 때 소재별로 쉽게 분리할 수 있도록 설계에 반영된 제품.

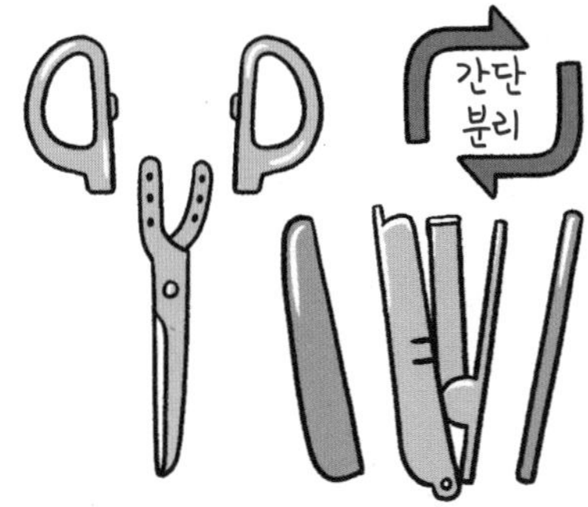

분마와시 [ぶんまわし]

컴퍼스 (→p145)

분필 [チョーク]

황산칼슘(석고) 또는 탄산칼슘(석회)을 굳힌 막대 모양의 필기구. 칠판 등에 필기할 때 사용한다. 전자는 부드럽고, 후자는 단단하고 가루가 잘 흩어지지 않는다. 현재는 후자가 주류를 이루고 있으며, 버려진 가리비껍데기나 달걀껍데기 등으로 만든다. 일명 백묵.

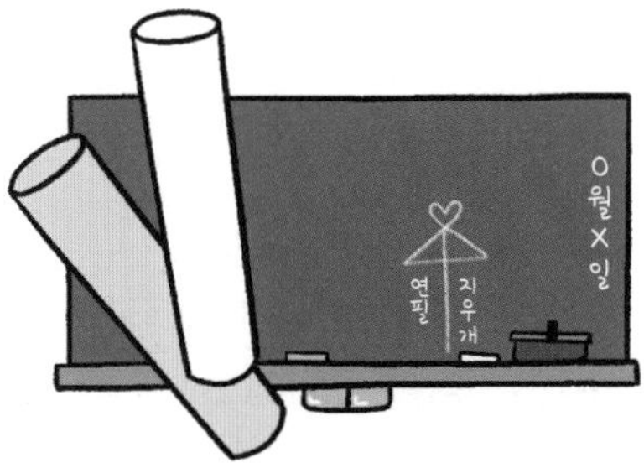

불릿저널 [バレットジャーナル]

2003년 미국의 라이더 캐롤(Ryder Carroll)이 발표한 수첩 사용 방법. 글머리에 치는 '•(불릿 포인트)'에서 유래했다. 노트에 페이지 번호를 매기고, 목차나 달력 등 필요한 항목을 직접 작성하고, 글머리 기호를 활용해 작업이나 일정, 메모 등을 관리하는 단순하고 자유도가 높은 수첩 사용 방법이다. 일본에서는 자작 수첩의 한 스타일로 유행하고 있으며, 본래의 목적을 넘어 수첩 만들기를 즐기는 사람들도 많다.

불소코팅 [フッ素コート]

불소수지로 금속 등의 표면을 덮어 각종 오염이나 접착제 등의 부착을 막거나 미끄러짐을 좋게 하는 효과를 얻는 표면 처리의 총칭. 가위 날 등에 적용된다. 불소수지는 1938년 미국 듀폰사의 로이 플렁켓이 발견한 불소를 함유한 올레핀을 중합하여 얻은 합성수지. 비접착성과 내마모성, 미끄럼 특성이 매우 높다.

붓 [筆]

주로 끝을 다듬지 않은 동물털을 묶은 '이삭(穗)' 모양의 것을 대나무나 나무통 끝에 꽂은 필기구. 문방사우(→p71) 중 하나. 이것에 먹물을 적셔 종이에 필기한다. 말, 사슴, 너구리, 토끼, 멧돼지, 고양이, 산양 등 여러 동물의 털이 쓰이는데 종류에 따라 딱딱함이나 휘어짐 등이 다르며, 용도에 따라 구분하여 사용한다. 동물 이외에는 식물섬유나 최근에는 나일론수지를 사용한 것도 있다.

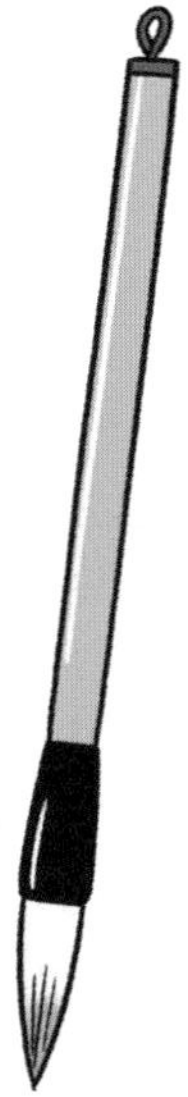

붓 세척통 [筆洗]
물이나 용매를 담아 붓끝을 씻는 용기

붓펜 [筆ペン]
붓끝을 모방한 다공성 수지나 인조털로 만든 유연한 펜촉을 사용해 붓으로 쓴 듯한 표현이 가능한 마킹펜. 1972년 세라만년필이 출시한 '후데펜'이 최초(만년필과 같은 몸통에 붓촉을 장착한 것은 1970년 카이메이가 출시했다). 1976년에는 펜텔이 인조털로 만든 붓 타입의 '펜텔후데'를 발매했다. 최근에는 그림 편지나 붓글씨 쓰기용 펜으로 다양한 색상의 제품도 늘고 있다.

뷰버 [ビュバー]
흡착지(→p175).

블로터 [ブロッター]
흡착지(→p175)를 고정하는 반원통형 본체에 손잡이가 달린 것으로, 만년필 등으로 필기한 필기면에 굴려서 마르지 않은 잉크를 빨아들이는 기구. 노트나 서류의 오염을 방지한다.

블루블랙 [ブルーブラック]
원래는 파란색에서 검은색으로 변하는 몰식자(말벌류 알이 부화할 때 생기는 벌레혹) 잉크를 가리켰으나, 현재 블루블랙으로 불리는 잉크 대부분은 암청색 잉크. 구분을 위해 전자를 클래식 잉크(→p150)라고 부른다.

블리스터팩 [ブリスターパック]
평평한 골판지 등의 받침대와 투명한 수지 재질의 커버로 내용물을 씌운 포장. 받침대에 커버를 부착한 것도 있지만, 최근에는 분리할 수 있는 슬라이드 타입이 많다. 내용물이 외부에서 보이고, 받침대의 디자인과 맞춰 배치도 고정할 수 있는 점 때문에 문구류 상품 포장에 많이 사용된다. 블리스터는 물집이라는 뜻.

비둘기눈 [鳩目]
끈을 통과시키기 위해 종이나 천에 뚫린 구멍을 보강할 목적으로 붙이는 고리 모양의 쇠붙이. 이 쇠붙이 모양이 비둘기 눈을 닮은 데서 유래. 이 쇠붙이를 붙이기 위한 전용 공구를 비둘기눈 펀치라고 부른다. 영어로 아일릿(eyelet).

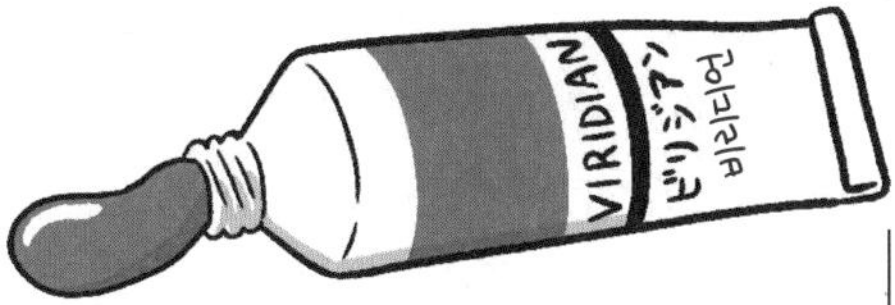

비리디언 [ビリジアン]
Viridian. 원래는 크롬화합물을 포함한 녹색 안료를 가리켰으나, 현재는 그 색에서 유래한 색명으로 널리 쓰인다. 짙은 청록색. 노란색과 섞으면 녹색이 되는데, 색 수가 적은 물감에는 녹색이 아닌 비리디언이 포함된 경우가 많다.

비침무늬 [透かし]
종이를 빛에 비춰봤을 때 나타나는 무늬. 종이의 품질보증이나 위조 방지, 브랜드 과시 등의 목적으로 회사명, 제품명, 브랜드 로고 등을 새겨 넣은 것. 일본 지폐에 사용되는 워터마크는 '흑수막'이라 부름. '워터마크종이제조단속법'에 의해 허가 없이 만드는 것은 금지되어 있다. 티켓 등의 위조 방지 목적으로 육안으로 인식하기 어려운 특수잉크를 사용해 정보를 인쇄한 것, 전자문서에 삽입된 변조 방지 정보 등도 워터마크라 부른다.

빅 [ビック]
Bic. 프랑스에 있는 필기구, 라이터, 면도기 제조업체로. 1945년 마르셀 비슈(Marcel Bich)와 에두아르 뷔파르(Edouard Buffard)가 필기구 부품 제조업체로 창업. 라슬로 비로(Laszlo Biro)로부터 특허를 사들여 1950년 투명 축의 일회용 볼펜 '빅크리스탈' 출시, 1961년 출시한 오렌지색 몸통에 검은색 뚜껑이 달린 '오렌지 빅'과 레이몽 사비냑(Raymond Savignac)이 캠페인용으로 디자인한 '빅보이' 등으로 유명.

빈곤 연필깎이 [びんぼう削り]
연필을 양쪽에서 깎아서 사용하는 것. 도둑 깎기라고도 부름.

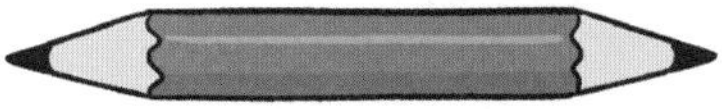

빈티지 [ビンテージ]
오래된 물건 중 세월이 지남에 따라 희소성이 높아지는 등 가치가 높아진 물건. 빈티지를 전문적으로 수집하는 문구류 수집가도 많다.

빵 [パン]
고무지우개가 보급되기 전 흑연으로 그린 선을 제거할 때 딱딱하게 된 빵을 사용했다. 현재도 목탄 데생 등을 지울 때 유분이 적은 빵을 사용하는 경우가 있다.

Stationery column 6

모나미 [モナミ]

한국 최대의 필기구 제작 업체로, 사명인 '모나미'는 내 친구를 뜻하는 프랑스어 몽아미(mon ami)에서 유래하였다. 1960년 송삼석이 광신화학공업사로 창업. 1963년 공장을 신축하고 유명한 '153 볼펜'을 비롯한 필기구를 생산하기 시작하였고, 이후 1974년 ㈜모나미(www.monami.com)로 상호를 변경하였다.
153 볼펜은 40여 년간 33억 자루가 팔린 것으로 추정됨. 이 볼펜 이름에 붙은 '153'이라는 숫자에 대해 ① 성서 유래설(베드로가 예수의 말을 듣고 그물을 던져 153마리의 물고기를 건짐), ② 15원에 판매하는 세 번째 제품이라는 설이 있음. 또 다른 의견은 ③ 출시일이었던 1963년 5월 1일을 뒤집어 153이 나왔다고도.
지금은 단종된 「왕자파스」란 상표의 크레파스도 모나미 대표 제품 중 하나. 나중에 왕자문구로 독립했다.

※ 역자 추가, 나무위키 참조

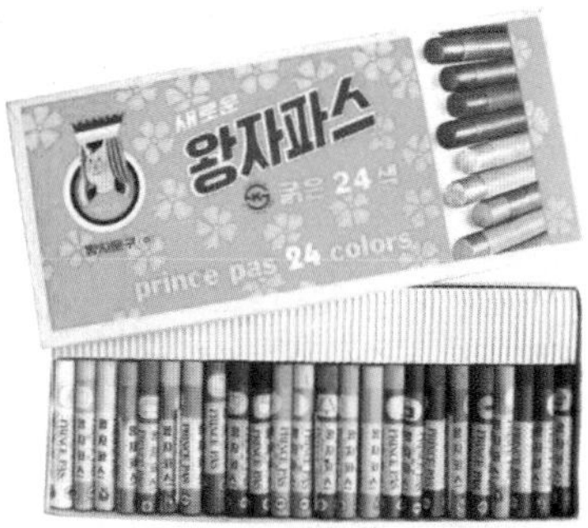

ㅅ 열

문구 잡학 4 > 노트 줄 유형

일반 노트 줄

호칭	줄폭
UL줄	10mm
U줄	8mm
A줄	7mm
B줄	6mm
C줄	5mm

기타 줄

- **방안지(모눈지) 줄**
- 도트방안지 줄
- 종방향 줄
- 원고지 줄
- 영어노트 줄
- 음악노트 줄
- 습자노트 줄

방안지 줄

도트방안지 줄

종방향 줄

원고지 줄

영어노트 줄

음악노트 줄

습자노트 줄

UL줄 (10㎜)

가나다라마
바사자차카

UL줄 (8㎜)

가나다라마
바사자차카

A줄 (7㎜)

가나다라마
바사자차카

B줄 (6㎜)

가나다라마
바사자차카

C줄 (5㎜)

가나다라마
바사자차카

사경 [写経]

주로 불교 경전을 필사하는 것을 말하며 서양의 사본과는 구별된다. 인쇄 기술이 보급되기 이전에는 포교에 필요한 경전을 필사하는 행위였으며, 필사 자체가 신앙이나 공양 실천의 하나였다. 현재는 신앙 유무와 관계없이 학습이나 수련으로써 행하는 경우도 많다. 특히 반야심경 필사를 많이 한다.

사인수첩 [サイン帳]

사인이나 메시지 등을 수집하기 위한 리프 바인더(leaf binder) 형태의 소형 노트. 졸업식 전에 동창생이나 선생님에게 사인을 받기 위한 용도로 1980년대에 유행했다. 이후 더 상세한 기입 항목이 준비된 프로필 수첩(→p167)으로 인기가 옮겨 졌다.

사인펜 [サインペン]

1963년 다이닛폰문구(大日本文具, 현재는 펜텔주식회사)가 출시한 마이네임(→p63). 출시 당시부터 잘 팔렸는데, 미국의 박람회에 출품한 것이 미국 대통령 린든 존슨에게 전달된 후 24다스나 주문을 받음으로써 시선을 끌었다. 중력에 영향받지 않는 필기구로 인정받아 1965~66년 미국의 유인우주비행계획에서 제미니 6호/7호의 필기구로 채택되어 일본에서 다시 큰 인기를 얻었다. 현재는 동종의 필기구를 지칭하는

일반명사가 되었다.

사쿠라크레파스 [サクラクレパス]

오사카에 본사를 둔 문구, 필기구, 그림 도구 업체. 1921년 사타케 린조(佐武林蔵)와 사사키 마사오키(佐々木昌興)가 공동으로 창업(일본크레용상회). 1925년 크레용과 파스텔의 장점을 합친 세계 최초의 오일파스텔 '크레파스'(→p149)를 출시. 1984년 세계 최초의 겔잉크 볼펜 '볼사인280'을 출시. 전심 색연필인 쿠피펜슬(クーピーペンシル, coupy pencil →p148) 등으로도 유명.

산리오 [サンリオ]

도쿄에 본사를 둔 기프트 잡화, 문구, 카드 등의 상품을 기획·판매하고 캐릭터 콘텐츠의 개발, 판권관리, 테마파크 운영까지 폭넓은 사업을 하는 기업. 1960년 츠지 신타로(辻信太郎)가 설립(야마나시실크센터). 헬로키티를 비롯해 수많은 오리지널 캐릭터를 탄생시켜 1980년대의 팬시문구(→p160) 붐을 견인. 현재도 이 회사의 콘텐츠는 일본을 대표하는 귀여운 캐릭터로서 세계적 사랑을 받고 있다.

산성지 [酸性紙]

산성 종이. 19세기 중반부터 20세기 중반까지의 목재를 원료로 한 종이의 대부분에 채택된 잉크의 번짐 방지제로 사용된 송진은 정착제로

서 황산밴드(황산알루미늄)가 필요했고, 이것 때문에 종이가 산성이 되었다. 황산밴드는 공기 중의 수분과 반응하여 종이를 산가수분해 해버리기 때문에 종이가 열화되기 쉽고 보존성이 떨어진다.

살색 [肌色]

과거 크레용이나 색연필 등 어린이용 그림 재료를 중심으로 사용되던 색상 이름. 인종차별 등에 대한 문제의식에서 비니&스미스컴퍼니(현재의 크레용사)가 1962년 자체적으로 피부색을 뜻하는 프레시(flesh)를 피치(peach)로 변경했다. 일본에서는 복숭아색이 분홍색이기 때문에 연살구색 혹은 패일오렌지색 등으로 대체됐다.

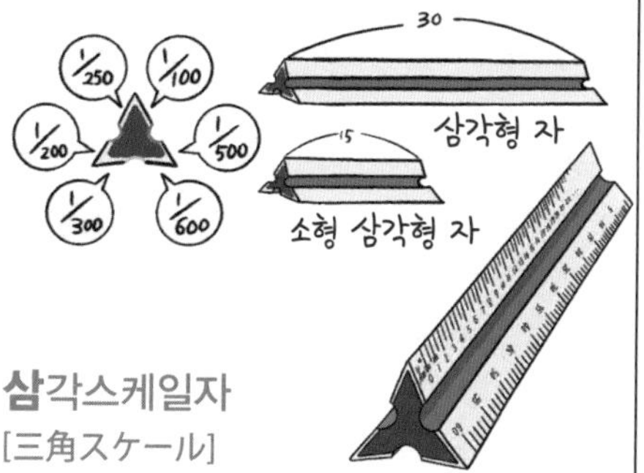

삼각스케일자
[三角スケール]

지도나 건축 도면 등 축척 도면상에서 사용하기 위한 자. 단면이 삼각형으로 각 면의 양쪽에 각각 다른 축척의 눈금이 있어 총 6종류의 축척에 대응할 수 있다. 채택된 축척은 업종이나 용도에 따라 다르므로 구매할 때 주의가 필요하다.

삼각자 [三角定規]

제도에 사용되는 2매 1조의 직각삼각형 자. 하나는 30도, 60도, 90도의 각을 가진 직각삼각형이고, 또 하나는 45도, 45도, 90도의 각을 가진 직각이등변삼각형. 통상 전자의 제일 긴 변 길이는 후자의 빗변 길이와 같다. 등각투영법이나 경사투영법에서 빈번히 사용되는 30도, 45도, 60도, 90도를 포함, 2매를 조합하여 미끄러

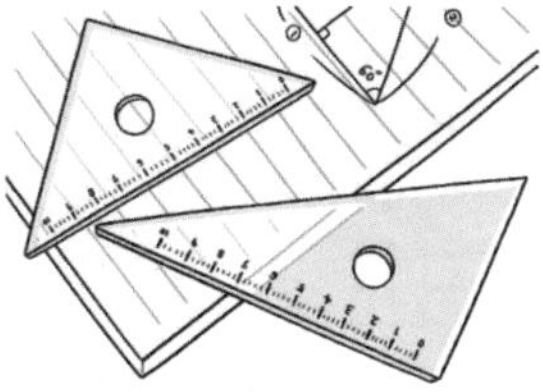

지게 함으로써 평행선을 그을 수 있다.

삼킴방지 [誤飮防止]

유아가 삼킬 것에 대비하기 위해 필기구 뚜껑 등에는 만일 삼켜서 목에 걸리더라도 기도를 확보할 수 있도록 공기구멍을 만들어놓는다. 이외에도 입에 넣었을 때 강한 쓴맛을 내어 삼키지 못하게 하는 방법도 있다. 여기에 사용되는 것은 세계에서 가장 쓴 성분으로 알려진 데나토니움벤조에이트(denatonium benzoate)라는 물질로 독성은 없지만, 극히 미량으로도 불쾌한 고통을 느끼기 때문에 유아용 완구나 문구 등에 발라서 사용한다.

상표 [商標]

사업자가 자기 상품이나 서비스를 타인의 것과 구별하기 위해 사용하는 문자, 도형, 기호 또는 그 조합으로 이루어진 마크. 등록하면 타인의 사용을 배제하는 상표권이 생긴다. 1997년 입체형상으로 이루어진 상표, 2015년 색채만으로 이루어진 상표도 추가되었다.

상품번호 [品番]

상품의 종류나 색상 등을 구별하여 관리하기 위한 기호나 번호. JAN 등 공통규격과 달리 각 업

체의 사내 기준에 따라 부여된다. 이 때문에 단순한 일련번호가 있는가 하면, 숫자나 기호에 종별이나 가격 등의 의미를 읽을 수 있는 것도 있다. 특히 고쿠요의 옛 상품번호는 상품을 나타내는 두 글자의 가나로 의미를 쉽게 알 수 있고, 기억하기도 쉬웠다.

색연필 [色鉛筆]

주로 염료를 밀랍 등으로 굳힌 심을 나무 또는 종이 타래 같은 축에 넣은 화방 도구. 연필심과는 심의 제조법이나 조성이 다르다. 일반적으로 연질의 심이 굵고, 한때는 가공이나 품질의 안정성 측면에서 육각이 아니라 둥근 형태가 주류였다.

색지 [色紙]

와카(和歌), 하이쿠, 서화 등을 쓰기 위한 사각형의 두꺼운 종이. 유명인의 사인이나 스모선수의 손 모양을 받을 때 사용하기도 하고, 송별/졸업/은퇴 등으로 공동체를 떠나는 사람에게 선물하는 엽서 등에 많이 사용된다. 일반적으로 큰 것이 19.4×17cm, 작은 것이 18.2×16cm의 두 종이지만, 최근에는 엽서 등의 경우 크기나 모양에 얽매이지 않고 여러 형태로 출시되고 있다.

색칠하기 [塗り絵]

그림 재료 등을 사용하여 채색하면서 즐기기 위한 윤곽만 있는 그림, 또는 그것을 철한 책자.

샌포드 [サンフォード]

Sanford. 1857년 창업한 미국 소재 세계 최대 필기구업체. 뉴웰브랜즈(Newell Brands)의 자회사로 많은 업체를 흡수합병 샤피(Sharpie), 페이퍼메이트(Paper Mate), 프리즈마컬러(Prismacolor) 외에도 워터맨(Waterman), 파커(Parker), 로트링(Rotring), 리킷페이퍼(Liquid Paper), 베롤(Berol), 롤로덱스(Rolodex), 다이모(Dymo) 등 많은 브랜드를 보유했다. 북미에서의 미쓰비시연필 전속 대리점 역할도 한다.

생분해성 플라스틱 [生分解性プラスティック]

자연환경에서 미생물에 의해 분해되는 고분자물질. 미생물이 분비하는 분해효소에 의해 저분자화되고(1차 분해 과정), 미생물이 체내에 흡수하여 에너지 생산에 사용함으로써 탄산가스로 전환된다(완전 분해 과정). 폐기되었을 때 환경 부담을 줄이는 효과를 기대할 수 있다. 문구류 자체나 포장재 등에 사용되기도 한다. 외관상으로는 거의 구분할 수 없지만, 자연적으로 분해되기 때문에 열화 진행이 빠른 경우가 있다.

생활수첩 [暮しの手帳]

1948년 창간된 생활종합지. 창간 당시는 『아름다운 생활수첩』. 1956년부터 시작된 독자 기준에서 행해지는 철저한 상품테스트에 의한 평가기사로 유명(상품테스트 기사는 2007년 종료). 볼펜, 고무지우개 등 많은 문구도 테스트 대상이 되었다.

샤보 [シャーボ]
1977년 제브라가 출시한 복합필기구로 돌리는 방향에 따라 샤프도 되고 볼펜도 된다. "오른쪽으로 돌리면 샤프, 왼쪽으로 돌리면 볼펜"이라는 TV 광고로 회사를 대표하는 인기 상품이 됨. 라인업에는 애플의 디자이너로 유명한 조너선 아이브(Jonathan Ive)가 학생 시절 런던의 디자인회사 RWG에서 인턴으로 일할 때 디자인한 모델(TX-2 1988)도 포함돼 있다. 현재는 샤보X 시리즈 등 다양한 모델로 발전.

샤프심 [シャー芯]
→ 샤프펜슬용 연필심

샤프펜슬 [シャープペンシル]
주로 흑연을 주성분으로 하는 막대 모양의 연필심을 선단에서 돌출시켜 사용하는 필기구. 특히 심을 필기에 적당한 길이만큼 밀어내어 고정하는 메커니즘을 가진 필기구. 현존하는 가장 오래된 것은 1791년 침몰한 프리깃함 HMS 판도라에서 발견된 것으로 알려져 있으나 (심을 밀어내는 메커니즘이 있었는지는 모르겠다) 특허상으로는 1822년 영국의 존 호킨스(John Isaac Hawkins)와 샘슨 모던(Sampson Mordan)이 최초.

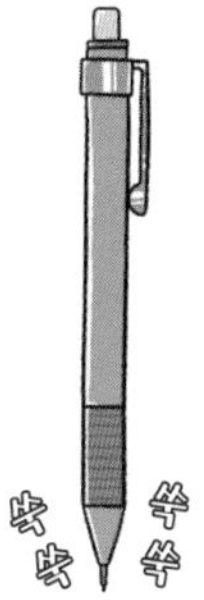

샤프펜슬 금지 [シャープペンシル禁止]
주로 초등학교에서의 일이지만 연필 사용을 권장하고, 샤프 사용을 금지하는 경우가 종종 있다. 그 이유는 적절한 필압을 가할 수 없어서, 바르게 쥐는 법을 익힐 수 없어서, 분해조립에 정신을 빼앗겨 수업에 집중하지 못해서, 도난이나 왕따의 원인이 될 수 있어서, 빈부격차에 대한 배려 등 여러 설이 있지만 확실치는 않다. 다만 학교 측으로서는 금지하는 것이 타당하다는 대체적인 입장이다.

샤프펜슬용 연필심 [シャープペンシル用芯]
샤프펜슬에 사용하는 심. 주로 검은색 폴리머심이지만, 점토심이나 칼라심도 있다. 0.3, 0.5, 0.7, 0.9, 2mm에 대해서는 JIS S 6005에 규정되어 있지만, 특히 직경은 제품이 보급된 후 규격이 현실에 맞게 제정되었기 때문에 부르는 치수와 실제 치수 사이에 오차가 생긴다(예를 들어, 부르는 치수 0.5mm 심의 실제 직경은 0.55~0.58mm). 길이는 60mm가 일반적.

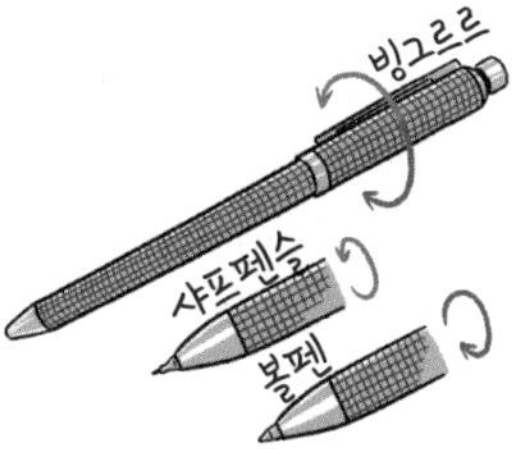

서 있는 필통 [立つペンケース]
펼치면 책상 위에 세워 둘 수 있는 필통. 점유 면적이 작고, 열어두면 탁상필통처럼 사용할 수 있어 외출한 곳에서도 내 책상에서 작업하는 것 같은 느낌을 살릴 수 있다. 2015년경부터 인기가 상승했다.

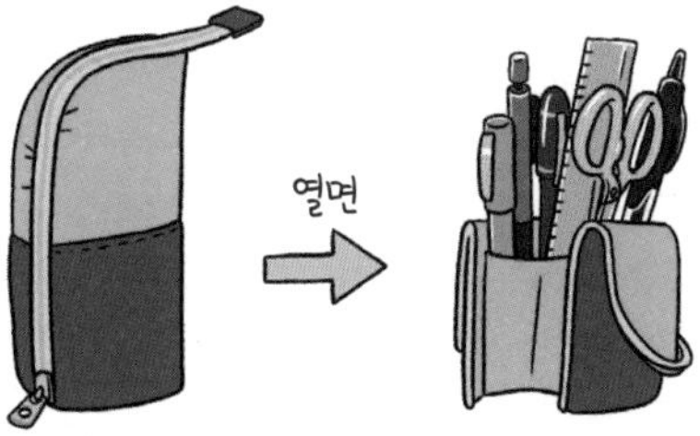

서류꽂이 [状差し]
① 끝이 뾰족한 금속 막대를 수직으로 고정한

받침대를 책상 위나 벽면에 설치하여 처리 중인 전표 등의 종잇조각을 꽂아 일시적으로 보관하는 것. ② 주로 우편물 등을 넣어두기 위해 벽면이나 기둥에 설치하는 주머니 모양의 수납함. 편지함이라고도 한다.

서류함 [レターケース]

서류 등을 넣을 수 있는 평평한 서랍이 있는 다단식 수납함. 서랍의 개수는 3단부터 10단 이상의 서랍이 있는 것까지 다양하며, 서류 분류나 정형 용지 보관 등에 편리하다. 소품을 넣는 깊고 길쭉한 서랍을 카세트라고 한다.

서양종이 [洋紙]

화지(→p173)와 달리 메이지 시대 이후에 구미로부터 일본에 수입된 종이 및 그 제조법으로 만들어진 종이의 총칭. 목재펄프나 목면 등을 원료로 하여, 기계로 뜬 종이를 지칭하고, 요즘 이용되는 대부분의 종이를 포함한다.

서예 [書道]

붓을 사용하여 글씨를 쓰는 동양미술의 한 양식. 특히 예술로 발달한 독자적인 체계. 그밖에 글자 쓰는 법을 배운다는 뜻의 습자(習字), 필법(筆法), 수습(手習)과 글자를 베낀다는 뜻의 서사(書寫)가 있지만, 현재 학교 교육에서는 글자를 아름답게 쓰는 수련의 의미와 같은 뜻으로 쓰는 경우가 많다.

석반 [石盤]

점판암 등을 얇은 판 모양으로 가공한 것에 나무 틀을 붙인 것. 석필로 필기하고 천이나 스펀지(→p98) 등으로 만든 지우개로 지운다. 정확한 기원은 불분명하지만 14세기경의 기록에 이미 존재하며, 18세기 말부터 20세기까지 주로 교육용으로 보급되었다. 일본에는 메이지 초기에 저학년용 학용품으로 도입되어 메이지부터 다이쇼(大正) 시대까지 널리 사용되었다.

선폭 [線幅]

필기구 등으로 그은 선의 굵기. 제도에서는 선폭 차이에 의미가 크다. 따라서 제도펜(→p130)에 표기되는 경우가 많다. 볼펜 등에 표시되는

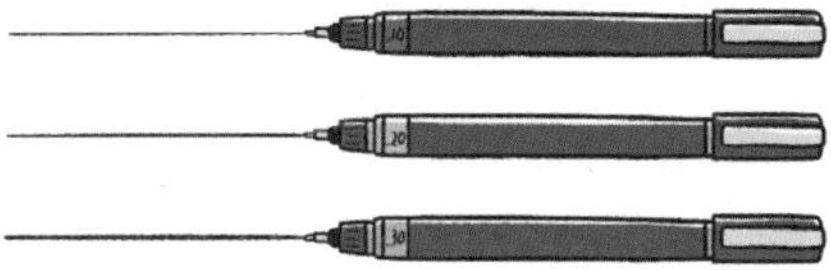

볼의 지름과는 다르다.

선행판매 [先行販売]

제조사가 공표한 출시일 전에 일부 한정된 매장 등에서 상품을 판매하는 것. 시장 반응을 미리 파악하기 위한 시험 판매, 소매점에 대한 인센티브 등 그 이유는 다양하다. 마니아들에게는 화제의 신제품을 남들보다 먼저 입수할 기회.

세라만년필 [セーラー万年筆]

도쿄에 본사를 둔 필기구 제조업체. 사카타 큐고로(阪田久五郎)가 형인 사이지로(斎次郎)와 함께 일본산 금촉을 개발한 후, 1911년 독립하여 히로시마현 쿠레시에 창업(사카타제작소). 쿠레시가 군항인 관계로 세라만년필을 상표로 했다. 만년필 '프로핏'이나 '장도연마' 등 독특한 펜촉으로 유명. 만년필 부품성형 자동화를 위하여 쌓은 기술을 사용하여 산업용 로봇 생산도 하고 있다.

SAILOR

세라믹 [セラミック]

비금속 무기 재료를 고온에서 구워 굳힌 것. 일반적인 도자기도 포함되지만, 문구 소재 용어로 쓰일 때는 공업적으로 제조공정을 정밀하게 제어하여 제작한 파인세라믹(fine ceramic)을 지칭하는 경우가 많다. 일반적으로 금속에 비해 단단하고, 가볍고, 녹슬지 않는 장점이 있다. 세라믹 중에서도 인장강도가 높은 지르코니아(zirconia)계 세라믹은 가위나 1매 절단 칼날 등

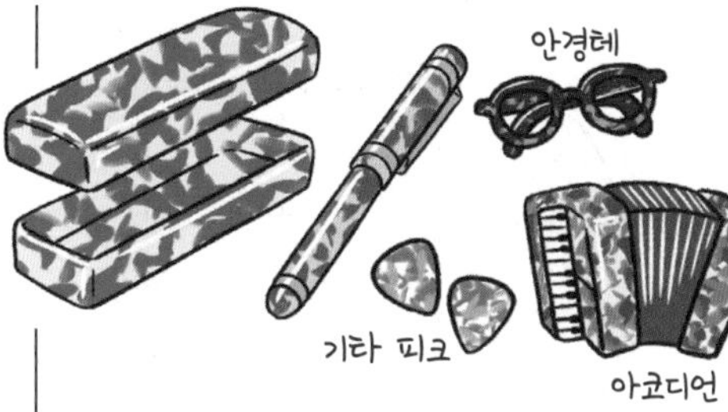

내마모성이 요구되는 것에 사용된다.

세렌디피티 [セレンディピティ]

Serendipity. 우연한 기회에 뜻밖의 일을 만난 사람의 총명함이 원래 찾지 못했던 다른 가치를 발견하는 행운. 영국의 소설가 호러스 월폴(Horace Walpole)의 「세렌디피티의 왕자들」이라는 동화와 관련해 생겨난 조어. 이에 대한 설명으로 원래 개발목적과 다르게 쉽게 떨어지는 접착제의 우연한 개발이 '포스트잇'을 탄생시킨 3M의 사례가 자주 인용된다.

세메다인 [セメダイン]

도쿄에 본사를 둔 접착제 제조업체. 1923년 이마무라 젠지로(今村善次郎)가 합성 접착제를 개발, '세메다인'이라 명명한 후 접착제 제조업으로 창업. 이후 이 상품명이 사명이 되었다. 상품평의 유래는 시멘트(CEMENT)와 힘의 단위를 나타내는 다인(DYNE)의 합성어로 '강한 접합, 접착'이라는 뜻으로 통용되지만, 개발 당시에는 영국산 접착제 '멘다인'을 시장에서 퇴출시키겠다(세메루[攻める, 공격하다]+멘다인)는 의미였다고. 1938년 출시된 범용 접착제 세메다인 C 등이 유명하다.

세미 B5 [セミB5]

179×252mm. 주로 노트에 사용되는 규격으로 JIS S 5504에서 6호(또는 학생용 3호)라고 부른다. 통상 B5 노트는 거의 이 치수. 정식 B5(182×257)보다 가로세로 모두 약간 작다. 예전에는 4×6판 전지(788×1091)에서 정식 B5를 8장 뽑아냈는데, 세미 B5로 규격을 바꾼 후 B0 전지(765×1085)에 9장을 뽑아낼 수 있어서 생산성이 높아졌다. 이런 이유로 1965년부터 B5 노트에 한정해 세미 치수가 표준이 되었다.

세스키 탄산소다 [セスキ炭酸ソーダ]

탄산나트륨과 베이킹소다의 복염(複鹽). 이 수용액을 가정청소용 세정제로 사용한다. 약알카리성으로 손때나 기름때 등이 잘 지워지고, 닦은 후 들러붙지 않아 더러워진 문구를 간단하게 청소할 때 편리하다(얼룩의 종류나 표면 소재에 따라 사용할 수 없는 경우도 있다).

세카이도 [世界堂]

1940년 도쿄 신주쿠에 본점을 오픈한 그림 도구, 디자인 용품, 문구, 액자, 회화 관련 전문점. 매우 풍부한 제품 구색에 더하여 대부분의 상품이 상시 저가격이며, 회원가입 하면 더 할인된다. 곳곳에 게시되어 있는 "모나리자도 앗 하고 놀랄 이 제품 구색, 이 가격!"이라는 광고 문구와 함께 입을 크게 벌리고 놀라는 모나리자 그림으로 유명.

세탁용지 [耐洗紙]

물에 젖어도 잘 찢어지지 않는 특수지. 물과 열에 강하고 색이 잘 빠지지 않아 의류의 세탁 관리 태그에 사용되며, 일부 방수 메모지 등에 사용된다. 수지 시트인 유포지(→p117)에 비해 일반 종이에 가까운 표면은 대부분의 필기구로 필기가 가능하다.

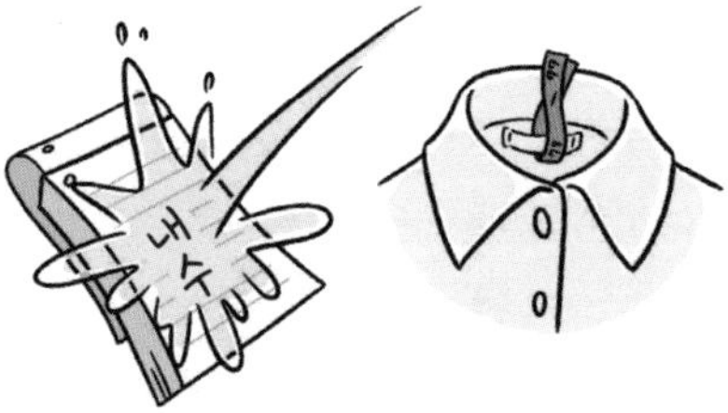

세퍼레이터 [セパレーター]

① 사용하지 않는 접착테이프나 스티커의 접착면을 덮어서 보호하고, 사용할 때 떼어버리는 종이나 필름. 접착면과 접하는 면은 접착재료가 쉽게 떨어질 수 있도록 실리콘수지 등에 의한 박리제로 코팅하는 경우가 많다. ② 전술한 종이나 필름, 롤

형태의 접착테이프 등의 접착면과 접하는 코팅된 박리제의 층.

세피아 [セピア]

Sepia. 오징어 먹물을 원료로 하는 잉크 및 그 색. 어두운 회갈색. 오래된 흑백사진의 색이 이 색에 가까워 오래된 사진의 색을 나타내는 색명으로 정착되었다. 따라서 이 색명 자체가 향수를 불러일으키는 이미지로 쓰이는 경우가 많다.

셀로판테이프 [セロハンテープ]

셀로판을 주재료로 고무계 접착제를 바른 접착테이프. 쓰임새가 넓어 가장 널리 보급된 접착테이프. 보통은 약간 누런색에 투명. 시간이 지나면 열화되므로 장기 보존에는 적합하지 않음. 1930년에 미국 3M의 리처드 드루가 개발. 일본에서는 전후 미군의 요청에 의해 니치반(日絆工業)이 제조한 것이 처음. '셀로테이프'는 니치반의 상표.

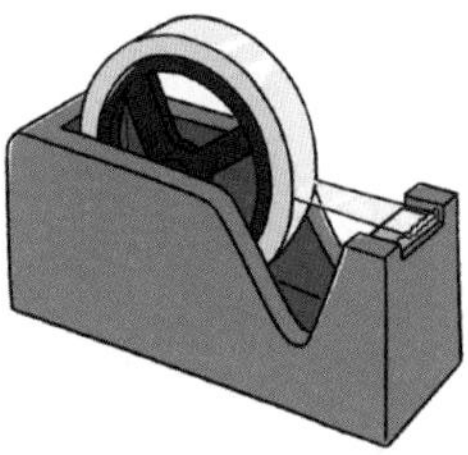

셀로판테이프 아트 [セロテープアート]

작가인 세하타 료(瀬畑亮)가 2008년 발표한 셀로판테이프를 조형 재료로 한 예술작품.

셀룰로스 나노섬유 [セルロースナノファイバー]

목재에서 얻은 섬유를 더 잘게 쪼개어 섬유 폭을 수 나노미터까지 미세화한 섬유. 미쓰비시 연필 '유니볼 시그노 307'의 젤 잉크 증점제로 사용되었다. 신소재로 기대를 모으고 있지만 용도는 아직 개발 중.

셀룰로이드 [セルロイド]

니트로셀룰로스(nitrocellulose)와 장뇌(樟脳) 등으로 만들어진 합성수지로, 인공물질로서는 가장 오래된 열가소성 수지. 성형이 쉬워 필통, 만년필 등 문구 외에도 많은 생활용품에 사용되었으나 발화성이 높고 위험(제5류 위험물)하기 때문에 대부분은 다른 플라스틱으로 대체되었다. 독특한 감촉으로 현재도 일부 필기구 등에 사용된다.

소매점 [小売店]

제조업체나 도매업자로부터 구매한 상품을 소비자에게 직접 판매하는 점포.

소자율 [消字率]

지우개의 능력을 수치화한 것. 100에 가까울수록 소자율이 높다. JIS S 6050에 규정된 절차에 따라 HB의 연필로 착색한 고급 종이의 표면에 시료인 지우개를 직접 마찰하여 착색 부분의 농도 C와 제거 부분의 농도 M의 비율, 즉 소자율 $E=(1-M/C)\times100$으로 표시된다.

손필통 [アームふでいれ]

1965년 선스타문구가 출시한 필통. 재료로 당시 진기했던 고강도 플라스틱 폴리카보네이트(polycarbonate)를 사용하여, 일반적인 필통과 비교해서 매우 단단했다. 1967년 "코끼리가 밟아도 부서지지 않는다"라는 카피로 TV 광고가 나가자 폭발적인 히트상품이 되었다. 후속 모델은 현재도 스테디셀러로서 판매되고 있다.

솔벤트 [ソルベント]

후쿠오카공업(福岡工業)이 판매하는 종이시멘트(→p134) 전용 용제. 원래는 종이시멘트로 붙인 것을 떼거나 종이시멘트 농도를 조절하는 것이지만 인쇄된 내용이나 대부분의 필기구 잉크는 그대로 둔 채 많은 접착제를 녹여서 떼는 것이 가능하다. 따라서 스티커나 테이프 이형제로서 매우 편리. 휘발성이 높아서 화기엄금.

수동계산기 [手動計算機]

톱니바퀴 등의 기계 부품을 사용하여 연산하는 기계식 디지털계산기. 1623년 빌헬름 시카르트(Wilhelm Schickard)가 최초로 발명했고, 가장 오래된 것은 1642년 파스칼(Blaise Pascal)이 제작한 것. 일본에서는 1901년 야즈 료이치(矢頭良一)가 제작한 것이 최초이며, 오모토 토라지로(大本寅次郎)가 만든 타이거계산기는 매우 신뢰성이 높아 가장 널리 보급된 상품으로 유명. 탁상용 전자계산기가 보급된 1970년대까지 널리 사용되었다.

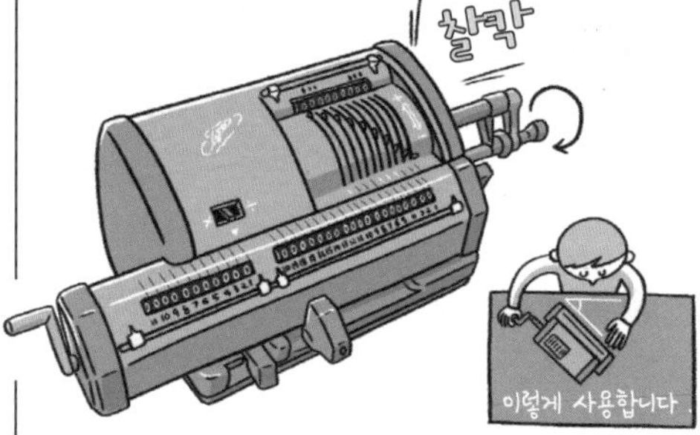

수성 [水性]

액상 물질의 용매 주성분이 물인 것, 또는 고체 물질이 수용성인 것. 필기구나 그림 재료는 물론 접착제 등에도 해당된다.

수정액 [修正液]

서류 등의 오타 수정을 위해 오타 위에 발라서 가리는 백색 안료를 포함한 액체. 1951년 미국의 베티 그레이엄(Bette N. Graham)이 타자기 오타 수정을 목적으로 고안, 1956년 미스테이

크 아웃(Mistake Out)으로 판매한 것이 최초. 처음에는 붓으로 발랐지만 1983년에 펜텔이 끝에 펜 타입의 노즐이 달린 안약 용기 형태로 출시. 이후 펜 타입으로 발전. 우리나라에선 흔히 화이트라 부름.

수정테이프 [修正テープ]

서류 등의 오타 수정을 위해 은폐력이 좋은 백색 안료와 접착제가 발라진 분리막을 종이에 누르면서 감아올려 종이에 안료를 전사하여 오타를 은폐하는 도구. 1984년 시드(Seed)가 세계 최초로 고안해 특허를 출원했지만, 제품으로는 1989년 펠리칸이 출시한 '롤픽스(Rollfix)'가 세계 최초. 시드는 같은 해 '케시워드'를 발표한 후 이듬해 출시했다.

수정펜 [修正ペン]

펜 모양의 용기에 수정액을 넣어서 필기하는 것처럼 수정액을 바르는 도구. 직접 바를 수 있는 펜촉을 갖춘 수정펜은 펜텔이 1983년 출시한 안약 용기형 펜텔 수정펜이 세계 최초이고, 이후 완전한 펜 모양의 몸통이나 볼펜형 펜촉 등으로 개량되었다.

수지심 [樹脂芯]

폴리머심(→p165)

수지심 보호구슬 [樹脂玉]

젤 잉크 볼펜이나 그 교체용 심에 제조 후 사용하기 전까지 잉크가 공기에 닿아 변질되거나 흘러나오는 것을 방지하기 위해 펜촉을 덮어 감싸는 구슬 모양의 수지. 처음 사용할 때 손톱 등으로 제거한다.

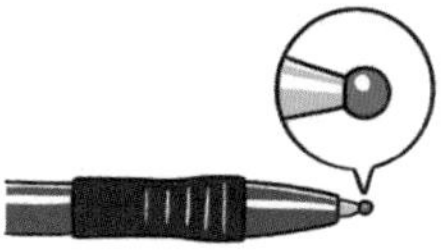

수채색연필 [水彩色鉛筆]

물에 적신 붓으로 덧칠하면 수채화 효과를 낼 수 있는 색연필. 친수성이 없는 심에 유화제를 첨가함으로써 수용성을 갖게 했다.

수채화 종이 [水彩紙]

수채화물감 등 수분이 많은 재료로 그리기에 적합한 두꺼운 도화지. 일반 도화지보다 표면에 강한 번짐 방지 처리가 되어 있어 흡수가 어렵고 안료가 섬유 내로 침투하기 어렵기 때문에 물감의 발색이 좋고, 물감을 칠한 후에도 흐릿하게 하거나 덧칠 등의 기법을 사용할 수 있는 특징이 있다.

수첩 [手帳, てちょう]

① 휴대용 소형 노트의 총칭. 달력과 예정 관리 기능을 가진 것을 가리키는 경우가 많다. 일본에 소개된 것은 후쿠자와 유키치(福沢諭吉)가 1862년 프랑스에서 가져온 백지 수첩이 최초. 날짜가 인쇄된 것은 대장성 인쇄국이 1879년에 발행한 「회중일기(懐中日記)」가 최초(→p120 일기장). ② 소지자의 신분이나 경력정보를 기록, 증명할 목적으로 발행되는 책자. 경찰수첩, 연금수첩, PD수첩 등. ③ 용도에 특화된 참고

정보를 정리한 책자.

순간접착제 [瞬間接着剤]
시아노아크릴레이트를 주성분으로 하는 접착제. 대상물 사이에 끼워 압력을 주면 표면적이 넓어지고 주위의 수분과 반응하여 단위체(monomer) 상태였던 시아노아크릴레이트가 순간적으로 중합(重合)됨으로써 경화된다. 미국 해리 쿠버(Harry Coover)가 발명해 1958년 출시한 이스트먼 #910이 세계 최초.

숨겨진 비법 [裏技]
일상의 도구를 비공식, 또는 본래의 사용 방법이 아닌 방법으로 사용함으로써 생활을 편리하게 하는 지혜의 총칭. 1997~2007년 방송된 인기 TV 프로그램「이토가의 식탁(伊東家の食卓)」에 의해 붐이 일어났다. 문구에 관해서도 쓸 수 없게 된 필기구를 다시 살리는 방법이나 지워지지 않는 잉크를 지우는 방법 등이 소개된 적이 있지만, 효과가 불확실한 속설에 지나지 않을 수 있기 때문에 주의가 필요. 많은 숨겨진 비법은 폭넓게 발표되면, 곧이어 그 비법이 적용된 아이디어 상품이 출시되어 숨겨진 비법으로서의 의미를 상실한다.

슈에츠체 [修悦体]
경비원인 사토 슈에츠(佐藤修悦) 씨가 2003년 공사 중인 JR 신주쿠역의 가설 벽면에 천테이프(→p138)를 사용하여 쓴 안내표시에서 시작된 사토 슈에츠 씨의 글자체. 천테이프를 사용한 매우 굵은 선과 모서리를 둥글게 잘라낸 독특하고 힘 있는 문자가 SNS 등에서 화제가 되었다.

슈퍼카 지우개 [スーパーカー消しゴム]
1975년 연재를 시작한「서킷의 늑대」에서 촉발된 슈퍼카 붐을 타고 1977년부터 여러 업체에서 캡슐토이의 경품으로 출시되어 큰 인기를 끌었던 미니어처 자동차. 지우는 능력은 거의 없지만, 어린이들은 지우개라고 주장하며 학교에 가지고 가서 다양한 놀이를 만들어냈다. 예를 들자면 미쓰비시연필의 볼펜 BOXY(→p178)로 튕겨서 달리게 했다.

스마스테이션!! [スマステーション]
「SmaSTATION!!」. TV 아사히계열에서 2001~2017년 방송된 교양·정보 버라이어티 프로그램. 문구가 특집으로 다루어졌던 경우는 매회 큰 반향이 있었고, 소개상품에 대한 문의가 쇄도하고 품절이 속출하는 등 문구 업계에 미친 영향도 컸다.

스매쉬 [スマシュ]
Smash. 펜텔이 1986년부터 판매한 샤프펜슬. 제도용 그래프 1000을 기반으로 만들어진 일반 필기용으로, 긴 가이드 파이프와 원뿔형 펜촉을 가지고 있다. 펜촉 끝에서 이음새가 없는 그립을 둘러싼 작은 정방형 돌출 고무가 특징이며, 독특한 그립감 때문에 팬도 많다. 2014년 유튜버 하지메샤초(はじめしゃちょー)가 소개하여 주목을 받았고, 중고생을 중심으로 폭발적인 인

기를 끌었다.

스완스타빌로 [スワンスタビロ]

Schwan-STABILO. 독일에 본사를 둔 필기구 브랜드. 1855년 게오프 그로스베르거(Geoff Grossberger)와 헤르만 쿠르츠(Hermann Kurz)가 뉘른베르크에서 연필제조업체로 창업, 10년 후 구스타프 아담 슈반호이져(Gustav Adam Schwanhausser)가 매수. 연필, 색연필 외에 1971년 출시한 세계 최초의 형광펜 '스타빌로 보스'(→p96)로도 유명

스카치테이프 [スコッチテープ]

1930년대 미국 3M이 개발한 마스킹용 테이프 상품명이었지만 지금은 같은 형태의 투명 테이프를 가리키는 보통명사. 미국에서는 셀로판테이프라고 부른다.

스캔 [自炊]

책 등의 문서를 스캐너로 전자화하는 것의 속칭. 효율적인 스캔을 위해 책자를 한 장 한 장 분해하여 연속 급지형 스캐너에 넣는 등 다양한 방법이 있다. 또 이러한 행위를 적극적으로 하는 사람들을 '스캔파'라고 부르기도 한다. 저작권 등의 문제가 있기 때문에 어디까지나 책 소유자 본인의 개인적인 행위에 그쳐야 하며, 작성한 전자데이터의 열람 이용은 본인으로만 제한된다.

스케부 [スケブ]

① 스케치북의 약칭. ② 동인지 즉석 판매회 등에 스케치북을 가져가서, 출품한 작가에게 기념으로 일러스트를 그려 달라고 부탁하는 것.

스케치북 [スケッチブック]

두꺼운 도화지나 수채화 종이, 켄트지 등을 제본한 화첩의 총칭. 딱딱하고 두꺼운 표지에 스프링제본 된 것이 많지만, 무선 제본한 제품도 있다.

스크랩북 [スクラップブック]

신문 잡지 등에서 오려낸 종잇조각을 붙이는 대지를 제본한 책자. 튼튼하고 질긴 크라프트지가 많이 사용된다. 종이를 붙여서 페이지가 두꺼워지는 것을 전제로 하기 때문에 책 두께에 여유가 있도록 제본하는 것이 특징. 만화가 미우라

준(三浦純)이 애용하는 것으로 유명.

스크랩북킹 [スクラップブッキング]
앨범이나 대지(두꺼운 종이)에 사진 등을 배치하거나 종이공예의 각종 기법을 구사하여 꾸미는 예술 취미의 하나.

스크린톤 [スクリーントーン]
Screen tone. 뒷면에 접착성이 있는 투명 필름에 망점이나 연속무늬 등의 패턴이 인쇄된 것. 흑백 만화나 일러스트레이션 등의 원고를 작성할 때, 필요한 형태로 오려 붙인다. 수작업으로는 어려운 균질한 계조(그러데이션) 표현이나 손이 많이 가는 배경 등에 사용한다.

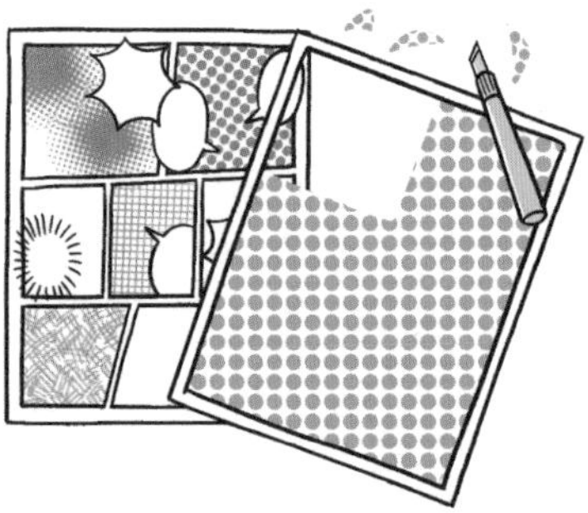

스타빌로 보스 [スタビロボス]
Stabilo Boss. 1971년 독일 스완스타빌로(→p95)가 세계 최초로 출시한 형광펜(→p172). 끌 모양의 펜촉과 평평한 몸체가 특징.

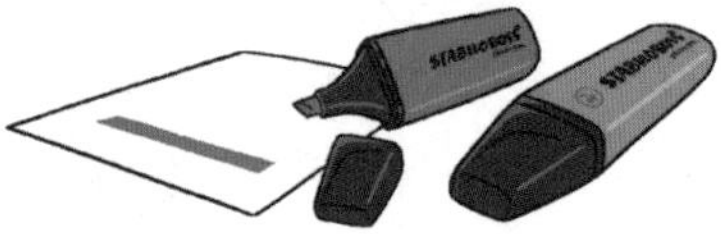

스타일러스 [スタイラス]
Stylus. ① 왁스판(→p114)에 필기하는 데 쓰는 끝이 뾰족한 막대 모양의 필기구. ② 전자기기 입력에 사용하는 전용 필기구

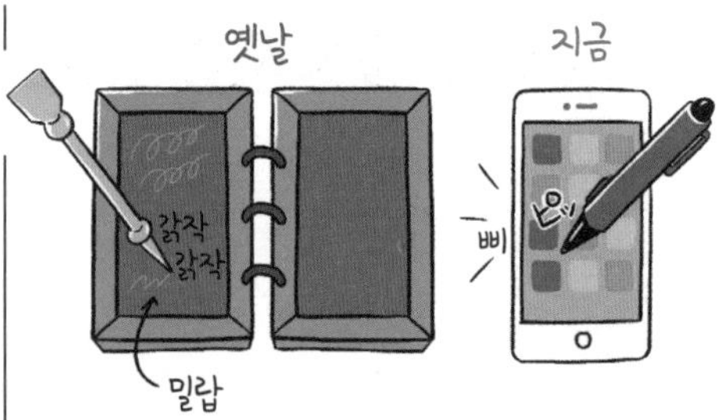

스탬프 [スタンプ]
Stamp. 넓은 의미에선 도장 전반을 가리키지만, 개인이나 단체의 인감 외에 주로 정보를 복제·표시하는 목적의 도장, 특히 고무도장이나 침투도장 등을 가리키는 경우가 많다.

스탬프 패드 [スタンプパッド]
고무도장 등에 묻힐 잉크가 스며든 패드를 뚜껑이 달린 케이스에 보관한 것.

스터디 플래너 [スタディプランナー]
중고등학생이 학습계획을 세우고 진척 상황을 기록하기 위한 수첩. 오늘 공부할 목표를 구체

적으로 적고, 공부한 시간을 그래프로 작성하는 형식이 많다. 사진 게시형 SNS로 학습 상황을 공유하는 유행(→p36 공부계정)에 영향을 받아 많은 제품이 등장했다.

스테노 패드 [ステノパッド]
속기용 링 노트. 딱딱한 뒤표지를 가진 세로형 단면 제본으로 가로줄 중앙에 세로줄이 하나 그려져 있다. 행이 짧아서 속기가 가능하다는 장점이 있다.

스테들러 [ステッドラー]
독일에 본사를 둔 문구업체. 1662년 프리드리히 스테들러(Friedrich Staedtler)가 연필 생산 시작. 1835년 요한 스테들러(Johann S. Staedtler)가 J. S. Staedtler를 등기. 1900년 상표 등록된 군신( ) 마르스의 마크와 진청색 연필 루모그라프(Lumograph) 등으로 유명.

스테디셀러 [定番品]
지속적으로 생산, 공급되는 상품. 재고가 떨어지면 기본적으로 동일 사양의 제품이 추가 생산된다. (→p99 스폿상품)

스테쇼 [ステショ]
스테셔너리(문구)의 약자. 학생용 문구 전반을 지칭한다.

스테이플러 [ステープラー]
금속으로 만든 ㄷ자형 바늘(스테이플)의 양쪽 끝을 종이에 관통시켜 구부러지게 함으로써 종이를 제본하는 사무용품. 일명 호치키스(→p172). 18세기 프랑스 루이 15세의 요청으로 황금 스테이플러가 만들어졌다는 설이 있으나 확실하지 않으며, 실제로는 19세기 후반에 발명·개량되었다. 그 이전에도 핀이나 클립으로 종이를 고정하는 일은 있었지만, 1866년 조지 W. 맥길(George W. McGill)이 분할핀 모양의 철물을 끼우는 구멍을 뚫고 그 철물을 바깥쪽으로 펼치는 도구를 발명했고, 1868년에는 A. J. 크레츠커(A. J. Kretzker)가 ㄷ자 모양의 바늘을 종이에 관통시켜 안쪽으로 접을 수 있는 도구를 발명했다. 그 후 1877년 헨리 하일(Henry Hail)은 바늘 관통과 접힘을 동시에 할 수 있는 것이 발명했고, 1879년 앞서 언급한 맥길에 의해 현재의 스테이플러에 가까운 구조의 단발식 스테이플러가 완성되었다.

스티커 메모지 [付箋]
주로 서적이나 서류 등에 참고할 내용을 첨가하거나 중요 표시를 위해 붙이는 소형 종잇조각을 가리킨다. 1980년 미국 3M이 개발한 '포스트잇'(→p164) 이후, 그 용도는 다양한 것에 붙일 수 있는 의사소통 도구로, 또 다양한 방법과 함

께 아이디어·사고를 보조하는 도구로 발전했다. 현재는 떼었다 붙일 수 있는 종잇조각이면 용도에 관계 없이 스티커 메모지라 부른다.

스틱풀 [スティック糊]

회전 배출방식의 용기에 들어 있는 고체 접착제. 원통형이 많지만 타원형, 삼각형, 사각형, 막대기 모양도 있다. 수분 함량이 적어서 빨리 마르고 종이에 주름이 잘 생기지 않는다. 1969년 독일 헨켈(Henkel)이 출시한 프리트 스틱(Pritt Stick)이 최초다.

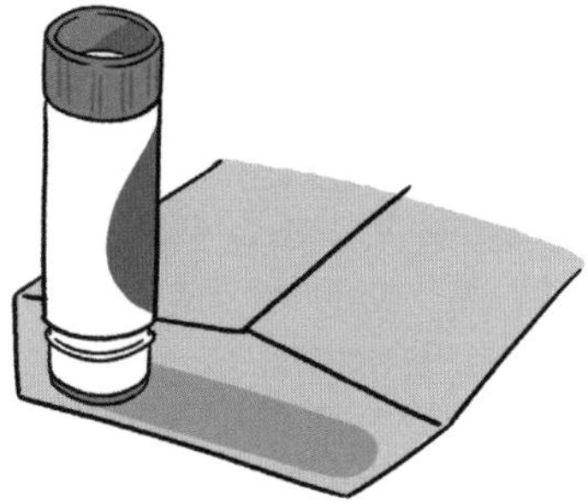

스파이 수첩 [スパイメモ]

1969년 선스타문구에서 출시한 어린이용 수첩 장난감 시리즈. 스파이에 대한 토막상식, 암호 작성법 같은 정보와 함께 물에 녹는 메모, 변장 스티커 등의 부록이 들어있다. 1967년 방영된 TV 드라마 「스파이 대작전」의 영향을 받은 어린이들에게 폭발적인 인기를 끌었다.

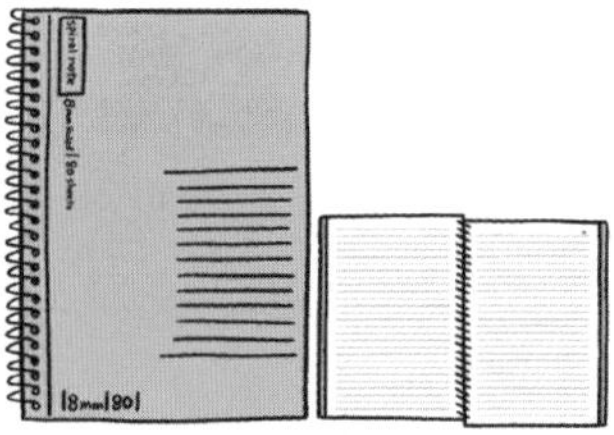

스파이럴 노트 [スパイラルノート]

같은 간격으로 구멍이 뚫린 종이를 나선형의 철사로 철한 노트. 더블링(→p48)과 비교해 싱글링이라 부르기도.

스펀지(해면) [海綿]

주로 해면동물문(門) 심상해면강(綱) 각질해면목(目) 목욕해면과(科)[학명 Spongia Offocinalis]의 바다생물을 부패시켜 부드럽고 탄력이 풍부한 해면질 섬유 골격을 빼서 표백한 것. 고대 그리스시대부터 몸을 씻는 스펀지 등으로 하여 사용되었지만, 문구로서는 몰트케이스(→p69)를 위한 보습재나 아라비아풀(→p104)의 바르는 부분(塗り口) 등에 사용되었다. 현재는 거의 폴리우레탄 등의 합성수지를 발포성형하여 만들어진 합성스펀지로 대체되고 있다.

스페이스펜 [スペースペン]

미국 피셔스페이스펜(Fisher Space Pen)이 판매하는 가압식 볼펜. 폴 피셔(Paul C. Fisher)가 1966년 특허를 취득한 후 NASA에 제안한

모델 Anti-Gravity 7(#AG7)이 1968년 아폴로 7호 계획에 채택됨으로써 유명해졌다. (애초 특허는 가압 카트리지가 아니고 피스톤에 의한 노크 가압식. 현재는 잉크 탱크에 들어간 질소가스가 잉크 격벽을 누르는 상시 가압식 카트리지) 상품명처럼 무중력상태에서도 필기 가능. 참고로 가압식 볼펜 특허는 그 이전부터 다수 존재했다. 또한 이 상품은 피셔가 독자 개발한 것으로 NASA로부터 개발의뢰나 지원이 있었던 것은 아니다.

스폿상품 [スポット商品]

상품이 지속적으로 공급되는 스테디셀러(→p97)와 달리 처음부터 생산 수량과 기간이 한정된 상품. 보통 재고가 소진되는 대로 판매가 종료된다. 문구류의 경우 팬시 캐릭터 상품이나 계절상품, 디자인 라이프사이클이 짧은 상품이 많다.

스피로그래프 [スピログラフ]

플라스틱판의 내부 톱니가 있는 큰 구멍에 작은 톱니바퀴를 내접시켜, 이 톱니바퀴에 있는 작은 구멍에 필기구를 꽂아서 회전시킴으로써 종이에 기하학적 무늬를 그리는 문구. 톱니의 크기나 펜을 꽂는 구멍 위치에 따라 그려지는 모양이 달라진다. 1965년 영국의 데니스 피셔(Dennis Fisher)가 고안하여 폭발적 히트상품

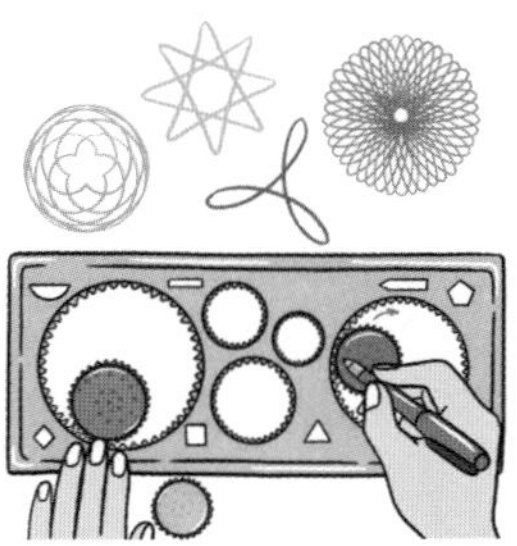

이 되었다. 일본에는 1967년 출시되었다. 출시 당시 고가의 디자인 문구였지만, 이후 저렴한 어린이용 모델과 모조품 등도 다수 판매되었다.

슬리브 [スリーブ]

Sleeve. 소매라는 뜻으로, 넓게는 통 형태로 된 것을 가리킨다. ① 한 자루씩 꽂는 원통형 펜 케이스. ② 고무지우개의 겉 포장. 지우개의 오염을 방지함과 동시에 플라스틱 지우개에 포함된 가소제가 펜 케이스나 서랍 등의 수지 때문에 녹아버리는 것을 방지한다. ③ 슬라이드하여 씌우는 통 모양의 외부 상자, 필기구의 선물상자 등에 자주 사용된다.

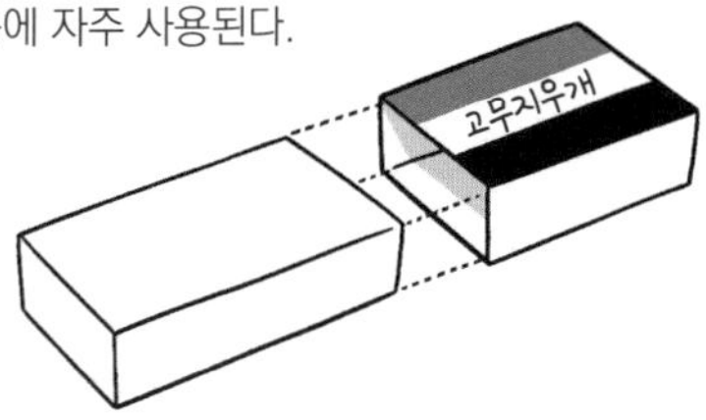

시드 [シード]

Seed. 오사카에 본사를 둔 고무지우개, 수정테이프 업체. 1915년 미키 코사쿠(三木康作)가 창업(미키코사쿠고무제조소). 1958년 플라스틱 고무지우개를 세계 최초로 생산한 업체 중 하나로, 1968년 출시한 레다(レーダー)가 1970년 '생활수첩(→p86)'에서 호평받은 것을 계기로 인기를 모

았다. 1984년 세계 최초의 수정테이프 특허를 출원, 1989년 출시했다.

시부사와 에이치 [澁澤栄一]

(1840~1931) 기업인. 2024년부터 발행되는 신규 1만 엔 지폐의 초상. 대장성(재무부) 관리를 거쳐 제1 국립은행 설립 외에 메이지 시대 일본의 많은 기업 설립에 관여해 설립 육성한 기업 수가 약 500개에 이른다. 그중에는 메이지 초기에 설립된 후 일본 최대의 제지회사가 된 오지제지(王子製紙)도 포함된다.

시스템 수첩 [システム手帳]

링 바인더 식으로 본문을 교체할 수 있는 수첩의 총칭. 1984년 영국의 파일로팩스가 일본에서 판매를 시작하면서 붐을 일으켰고, 아직 휴대전화나 노트북이 보급되기 전인 1980~90년대에는 개인용 정보 관리 도구로 인기를 끌었다. 가장 많이 보급된 사이즈는 95×171mm의 바이블 사이즈(→p73)로 불리는 6개 구멍 타입이지만, 큰 것은 A5부터 작은 것은 미니 6홀, 마이크로 5까지 몇 가지 공통규격이 있어 여러 업체가 판매하는 본문을 조합하는 등 사용 방법이 다양하다.

시야치하타 [シヤチハタ]

아이치현에 본사를 둔 문구업체. 1925년 후나바시 긴조(舟橋金造)와 동생 다카시(高次)가 '만년스탬프'를 개발하여 창업(후나바시상회). 1965년 독자 개발한 다공성 고무를 도장에 사용한 침투도장(X 스탬퍼) 출시, 1968년 막도장에 응용한 '시야치하타 네임' 출시. 회사 이름인 '시야치하타'가 침투식 막도장의 대명사가 되었다.

Shachihata

시카고 타자기 [シカゴタイプライター]

미국의 존 T. 톰슨(John Taliaferro Thompson)이 설립한 오토오드난스(Auto-Ordnance)가 1919년 개발한 기관단총 '톰슨 서브 머신건'을 지칭. 간헐적 총성이 타자기 조작음과 비슷해 붙여진 속칭. 금주법 시대, 시카고 마피아들이 전투에 사용한 것으로 유명해짐.

시필 [試筆]

새해에 처음 쓰는 붓글씨 또는 처음 쓴 글. 최근에는 시험 삼아 쓰기란 뜻으로 많이 사용되지만, 본뜻의 오용임.

시험 쓰기, 시필 [試し書き]

구입 전 필기구를 실제로 써보고 확인하는 행위. '시필 수집가'인 테라이 히로키(→p155)에 의하면, 시험 쓰기의 목적이나 쓰는 내용은 나라나 지역에 따라 다르고, 개도국에서는 해당 제품이 불량품이 아닌 것을 확인하기 위해서 실시하지만, 선진국에서는 그 제품의 필기감이나 선폭, 잉크의 색 등을 알기 위해서 실시한다고. 필기구매장에는 전용 시필지가 준비된 경우가 많고 만년필의 경우 전용 카운터에서 펜촉에 잉크를 묻혀 시필한다. 시필(試筆)의 원래 뜻은 81쪽 참조.

식각 [食刻]

대상물 표면의 불필요한 부분을 화학적 또는 전기화학적으로 용해시켜 제거하는 가공법. 비가공부에 녹 방지 처리를 한 금속 소재를 부식액에 넣음으로써 각인 장식을 하거나 인쇄판 등을 만들 수 있다. 사진과 유사한 방법으로 녹 방지막을 형성할 수 있어서 복잡한 패턴 가공이 가능. 영어로 에칭(etching).

실 [シール]

Seal. 장식, 표시, 봉함 등에 사용되는 뒷면에 미리 접착제를 바른 종잇조각의 총칭. 원래는 문서발행자를 증명하는 도장류(봉랍 포함)를 가리켰으나, 봉랍에 봉인 기능이 있으므로 봉인의 의미도 갖게 되었고, 도장이 아니더라도 봉함용의 풀칠한 종잇조각도 포함하게 되었다. 더 나아가 접착제가 칠해진 종잇조각 전반에도 쓰이게 되었다. 현재는 스티커나 라벨과 거의 동의어로 사용된다.

실 제본 [糸かがり綴じ]

여러 개의 접지를 실을 사용하여 가장자리를 누비는 식으로 연결하는 제본 방법. 두꺼운 책자에 적합하며, 책장을 펼치기가 쉬워서 하드커버로 된 노트나 수첩 등에도 사용된다.

실링 스탬프 [シーリングスタンプ]

봉투나 용기 등을 밀봉과 함께 미공개 상태라는 것을 증명하기 위한 봉랍(→p78)에 찍어 발신인을 증명하는 도장. 도장면은 금속이며 녹인 봉랍을 봉투 등에 떨어뜨린 후 위에서 눌러 각인을 표시한다.

실링 왁스 [シーリングワックス]

봉랍(→p137).

심 [芯]

사물 안쪽에 들어있는 것을 총칭하는데, 연필이나 샤프 등의 필기구에 내장된 흑연이나 볼펜의 리필 용품 등을 가리킨다.

심 홀더 [芯ホルダー]

주로 흑연을 주성분으로 하는 막대 모양의 심을 내장하는 부분. 이 자체에는 심을 배출하는 기능이 없다.

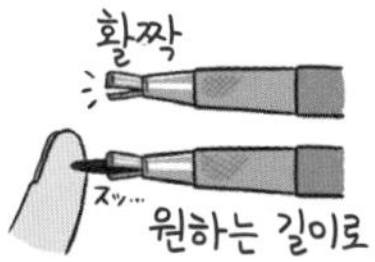

심깎기 [芯研器]

연필이나 샤프심 등을 뾰족하게 연마하는 도구. 납작한 줄에 심을 손으로 문질러 깎는 것과 나선형 칼날에 심을 회전시켜 원뿔 모양으로 깎는 것 등이 있다.

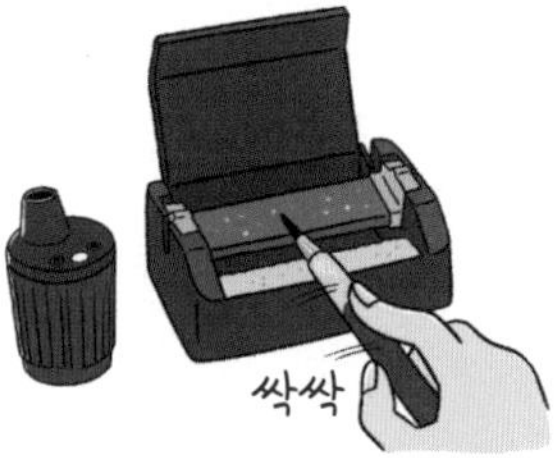

Stationery column 3

샤프심 직경은 0.5mm가 아니다?

샤프펜슬에 0.5mm나 0.3mm라는 표시. 이것은 무엇을 나타내는 숫자일까? 보통 심의 직경이라고 생각한다. 반은 정답이고 반은 틀리다. 정확히는 이 숫자는 '표시 직경'이다. JIS나 ISO에서는 표시 직경 0.5mm인 경우 실제 치수는 0.55~0.58mm로 규정되어 있다. 실제 판매되는 제품을 측정해보면 0.57mm 전후가 된다. 표시 직경 0.3mm인 경우 실제 치수는 0.37~0.39mm이고, '부르는 치수'는 0.35mm인데 실제로 그릴 수 있는 선폭에 가까운 숫자다(해외의 제도용 샤프펜슬에는 0.35mm로 표시되어 있기도). 표시 직경과 실제 치수가 다른 이유는 JIS나 ISO가 규격을 정하기도 전에 0.5mm나 0.3mm라고 표시된 상품이 이미 유통되고 있었기 때문이다. 반면 제도펜은 도면 규격이 이미 만들어져 있어서 필기 선폭을 표시하고 있다. 마찬가지로 마킹펜도 선폭을 표시하고 있지만, 종이질이나 필압 등에 의한 변화가 커서 기준 정도. 또한 볼펜의 경우는 볼 직경을 표시하고 있고, 선폭은 유성이나 수성 등 잉크 종류나 점성 등에 의해 크게 달라진다. 이렇듯 같은 0.5mm로 표시되는 필기구라도 측정한 부분이나 규격에 대한 규칙이 달라서 실제로 써보면 그 굵기가 다르다.

ㅇ 열

문구 잡학 5 > 봉투 사이즈

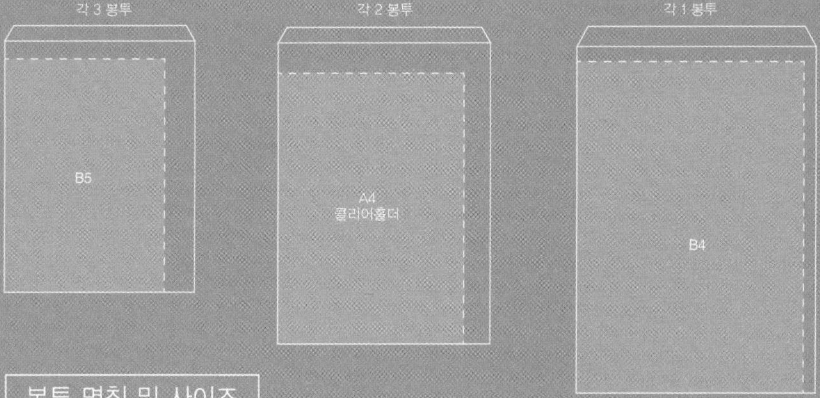

봉투 명칭 및 사이즈

호칭	횡	종	용도	우편
각형 1호	270	382	B4	정형외
각형 2호	240	332	A4 클리어홀더	정형외
각형 20호	229	324	A4	정형외
각형 3호	216	227	B5	정형외
각형 6호	162	229	A5, A4 2절	정형외
장형 3호	120	235	A4 3절, 정형 최대크기	정형
장형 30호	90	235	A4 4절	정형
장형 40호	90	225	A4 4절	정형
장형 4호	90	205	B5 3절	정형
양형 2호	162	114	엽서, A4 종횡4절	정형
양형 4호	235	105	A4 3절	정형
양형장 3호	235	120	A4 3절, 정형 최대크기	정형

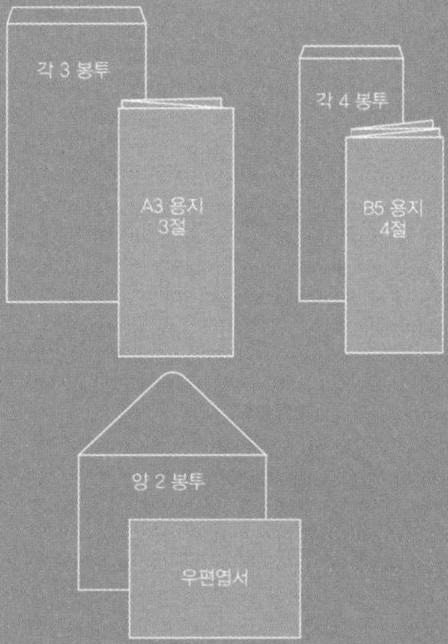

아교 [膠]

동물의 뼈, 가죽 등에서 추출한 섬유질 단백질(콜라겐)로 순도가 낮은 젤라틴. 가열하면 젤(고체)에서 졸(액체)로 변했다가 되돌아오는 성질을 이용해 고대부터 세계 각지에서 접착제로 사용되어왔다. 또한 수중에서 보호 콜로이드 역할을 하는 등 다양한 특성이 있어 목재 등의 접착부터 안료의 고착제, 먹물 제조, 반수질(→p73) 등 그 응용범위가 넓다.

아라비아 풀 [アラビア糊]

아라비아 고무나무 수액을 주성분으로 한 담황색 투명 액체풀. 작은 용기의 머리 부분에 붙은 스펀지를 통하여 풀을 바르는 형태로써 사무용으로 메이지 시대부터 1980년대까지 널리 사용되었다. 현재는 합성 액체풀(→p106)로 대체되었지만, 한 면에 풀을 바르고 건조한 후 그곳에 물을 묻히면 접착할 수 있어 봉투 봉함용으로도 사용된다.

아론알파 [アロンアルファ]

1963년 토가고세(東亜合成)가 출시한 시아노아크릴레이트(cyanoacrylate)계 순간접착제. 강도 증명을 위한 기발한 실험 형태의 TV 광고가 인상적이며, 순간접착제의 대명사적 상품이다. 현재는 '본드아론알파(ボンドアロンアルファ)'로서 코니시(コニシ)가 판매.

아스컬 [アスクル]

도쿄에 본사를 둔 통신판매회사. 주로 B2B 형태로 사무용품 판매. 회사명은 당시 획기적인 익일배송 서비스에서 유래. 1993년 서비스 개시가 문구 유통에 미친 충격은 크다. 현재는 B2C 통신판매도 하고 있다.

아일릿 [eyelet]

비둘기눈(鳩目→p81).

안료 [顔料]

그리기나 채색에 사용하는, 용매에 녹지 않고 색깔이 있는 불투명물질.

안료계 [顔料系]

색제로서 안료를 사용한 잉크나 물감, 또는 그것을 사용한 필기구 등의 것. 일반적으로 내수성이 있고, 염료에 비해 은폐력이 좋고, 종이 등 바탕색과 관계없이 선명하게 발색한다. 마킹펜 등은 안료의 침전을 막기 위하여 뉘어서 보관하는 것이 좋다.

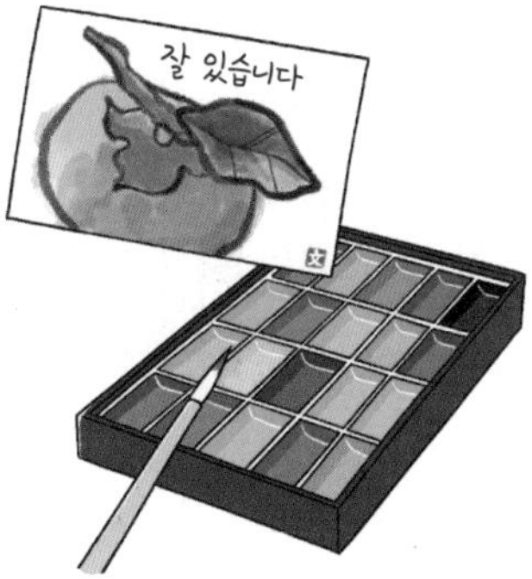

안채 [顔彩]

일본화에서 사용하는 물감(안료를 아교나 전분 등으로 반죽한 것)을 작은 도기에 넣어 응고한 고형 물감. 물을 머금은 붓으로 녹이기만 하면 간단히 사용할 수 있다.

알렉스 사무용 가위 [ALLEX事務用はさみ]

하야시하모노(林刃物)가 1973년부터 제조하기 시작한 사무용 가위. 2매의 스테인리스 강판으로 구성된 단순한 형태로서 손가락을 넣는 부분의 화려한 수지링이 특징. 강판을 프레스 가공하여, 대량 생산의 포문을 연 획기적인 가위이며, 와타나베 토쿠지(渡辺篤治)가 디자인한 그 형태는 누구든지 알 수 있는 양산 사무용 가위의 원형이면서도 지금도 구식이라는 느낌을 주지 않는다. 'ALLEX'는 ALL EXPAND(전부 발전해가다)를 의미하는 조어.

알루마이트 [アルマイト]

알루미늄 표면에 두꺼운 양극 산화피막을 형성함으로써 알루미늄 표면의 경도, 내식성, 내마모성을 향상시키는 처리. 피막 표면에는 규칙적으로 배열된 미세한 구멍이 있어서 염료를 침투시키면 금속광택을 가진 체로 착색을 할 수 있다. 필기구의 몸통 등에 자주 사용된다.

알림장 [連絡帳]

① 초등교육 과정에서 교사와 학부모가 서로 연락할 사항을 적어서 통학하는 학생을 통해 주고받는 노트. ② 업무 교대 시 전임자로부터 후임자에게 상황이나 정보를 전달하기 위한 연락 수첩.

암기펜 [暗記ペン]

효과적으로 암기학습을 하기 위한 라인마커와 투명 컬러시트가 한 세트. 마커와 시트의 색은 서로 보색관계라서, 겹치면 검게 보이기 때문에, 교과서 등의 문자열 위에 마커로 덧칠을 하고, 시트를 위에 올리면 마커 덧칠 부분을 일시적으로 가릴 수 있다. 1982년 제브라(ゼブラ) '체크펜(チェクペン)'이 출시되어, 학생의 학습 스타일에 큰 영향을 미쳤다. 당초는 '적색 마커+녹색 시트'의 조합이었지만, '녹색 마커+적색 시트' 등도 등장. 현재는 적색 볼펜으로 쓴 문자나 처음부터 적색 문자로 인쇄된 참고서 등을 적색 시트로 가리는 방법이 주류.

압정 [画鋲]

그림을 벽면이나 책상에 고정하기 위해 사용하는 원반형 금속판의 중앙에 수직으로 짧은 침을 붙여 놓은 것. 기원은 명확하지 않지만 17세기 중반에 이미 사용하고 있었다. '이중압정'이란 호칭이 일반적이지만, 이것은 전쟁 중에 레코드판 등을 대체재료로 하여 압정을 만들 때, 두 장의 원반에 침을 끼워 넣어 만든 것에 유래한다. 현재 원반은 한 장이지만 빼기 쉽도록 원주를 따라 두 장처럼 처리가 되어 있는 것이 많다. (플라스틱으로 만든 머리 부분을 가진 것은 p165 '푸시 핀' 참조.)

액체풀 [液体糊]

사무용 액체 접착제의 총칭. 대부분은 폴리비닐알콜과 물을 주성분으로 한다. 페이스트 형태의 전분풀(澱粉糊→p127)이나 고형의 스틱풀(→p98) 등과도 구분하여 사용한다.

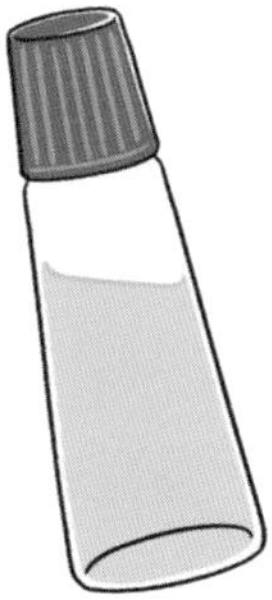

야마네식 봉투 파일링 [山根式袋ファイリング]

야마네 카즈마(山根一眞)가 1986년에 저서『슈퍼 서재의 업무 기술』(비즈니스·아스키)에서 제안한 저렴하고 실천적인 개인용 서류정리법. 상단을 잘라낸 각형 2호 봉투에 온갖 서류를 던져

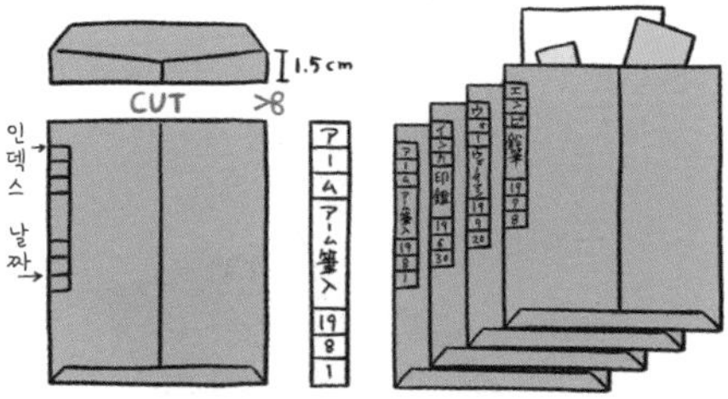

넣고, 옆면에 제목을 쓰고, 내용과 관계없이 50음 순으로 나란히 정리하는 것을 특징으로 한다(→p139 초정리법 참조).

야마다 고로 [山田五郎]

편집자, 평론가. 고단샤 재직 당시「Hot-Dog PRESS」편집부에 있던 샤프펜슬(몽블랑 Pix75)의 주인이 나타나지 않아 자기가 쓰려고 했는데, 그 샤프에 'M. Yamada'라는 각인이 있어서 자신의 필명을 '야마다'로 정했다고. 샤프펜슬과 만년필에 대한 애착이 강하고 조예가 깊다.

야마토 [ヤマト]

도쿄에 본사를 둔 풀, 접착제, 문구 제조업체. 1899년에 기우치 야키치(木内弥吉)가 창업. 상품을 담는 봉지를 만들기 위한 풀이 금방 썩는 것에 착안, 풀에 방부제 및 그 자극적 냄새를 없애기 위해 향료를 첨가하여 일명 '썩지 않는 풀'을 병에 담아 판매했다. 사업 성공을 기원하면서 표적을 관통한 화살 마크를 붙여 야마토라고 했다. 1975년 발매된 액체풀 '아라빅야마토' 등

YAMATO
ヤマト株式会社
야마토주식회사

으로 유명.

양면테이프 [両面テープ]
물건을 서로 붙일 때 사용하는 기본재료의 양면에 접착재 층이 있는 접착테이프. 보통 한쪽 면에는 이형지가 붙어 있으며, 한쪽 면을 붙인 후 이형지를 떼어내고 다른 쪽 면을 붙인다. 용도에 따라 접착력도 재료도 다양한 종류가 있다.

양생 테이프 [養生テープ]
건축이나 도장, 수송 등의 작업에서 작업 대상의 주변을 파손이나 오염으로부터 지키기 위해 시트 등을 덮어서 보호하는 것을 양생이라고 하고, 주로 그 시트 등을 고정하기 위해 사용되는 재탈착이 가능한 수지 필름으로 만든 테이프.

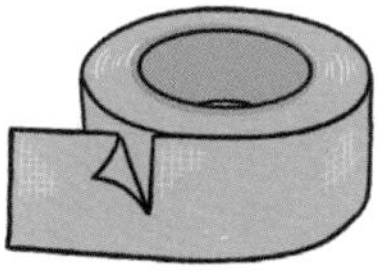

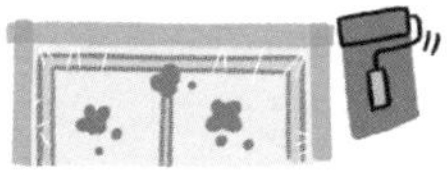

양피지 [羊皮紙, ようひし]
양가죽으로 만든 글쓰기 재료의 의미이지만 산양, 소 등을 포함한 동물 가죽을 무두질하여 만든 수피지(獸皮紙) 전체를 지칭하는 경우가 많다.

어살매기 [あじろ綴じ]
무선 제본의 일종. 접지(보통 16페이지 단위로 포개어진 상태의 본문)의 철하는 부분에 재봉틀 박음질 형태의 절취선 구멍을 내고, 그 틈새에 접착제를 투입하여 제본하는 방법. 한 쌍이 되는 본문이 연결되어 있는 것과 틈새에 접착제가 깊숙이 투입되어 있는 것으로 인해, 종이를 겹쳐서 접착하여 무선 제본보다 견고하다.

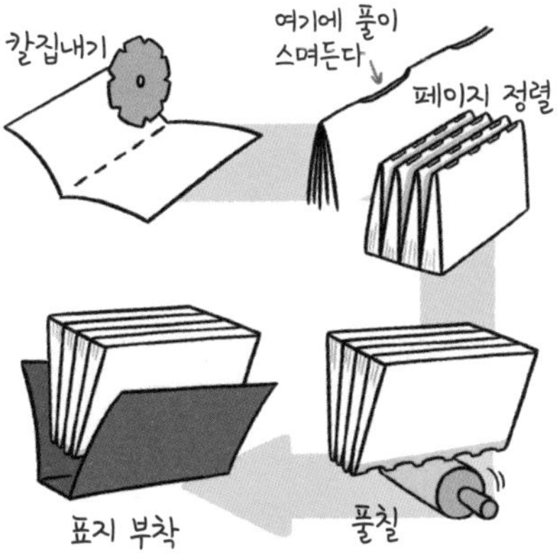

언박싱 [開封の儀]
Unboxing. 구매한 문구를 포장부터 순서대로 개봉하는 행위. 흔히 SNS 등에 개봉행위 자체를 수록한 동영상이나 이미지를 올려서 다른 사람과 공유하는 것까지 포함한다.

에라스토마 [エラストマー]
'elastic(탄력이 있는)'과 'polymer(중합체)'를

조합한 조어로, 고무탄성을 가진 고분자재료의 총칭. 넓은 의미로는 천연고무(가황고무)나 실리콘고무(열경화성 에라스토마) 등도 포함하지만 좁은 의미로는 스틸렌(stylene)계나 올레핀(olefin)계 등의 열가소성 에라스토마를 지칭한다. 후자의 의미로 사용되는 경우가 많다.

에멀션 [エマルジョン]

Emulsion. 물과 기름처럼 서로 섞이지 않는 액체의 한쪽에 다른 한쪽을 방울 형태로 분산시킨 상태. 양쪽에 친화성이 있는 물질(유화제)을 첨가함으로써 유화제가 방울을 감싸듯이 둘러싸 분산상태를 안정시킨다. 물에 기름을 분산시킨 '수중유적형(水中油滴型)'에는 우유와 마요네즈가 있고, 역으로 기름에 물을 분산시킨 '유중수적형(油中水滴型)'에는 마가린과 버터 등이 있다. 제브라(ゼブラ)가 처음으로 '스라리(スラリ)' 볼펜 잉크에 유중수적형 에멀션을 적용. 단단한 필기감과 부드러운 필기감을 모두 잡았다고 한다.

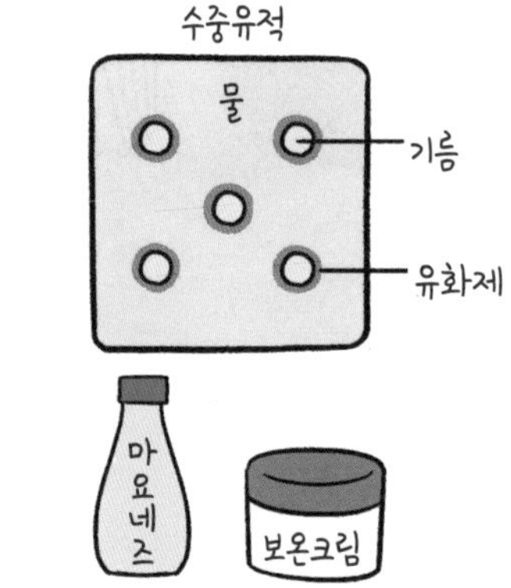

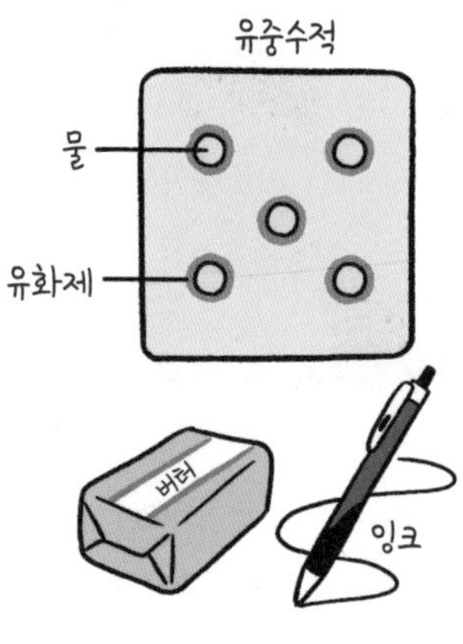

에보나이트 [エボナイト]

Ebonite. 고무에 다량의 유황을 첨가하여 만든 단단한 재료. 만년필의 배럴, 담배 파이프나 악기의 마우스피스 등에 사용된다. 1839년 찰스 굿이어(Charles Goodyear)에 의해 발명된 것으로, 내후성(耐候性), 내약품성, 기계가공성, 절연성이 좋고, 석유에서 추출한 플라스틱이 보급되기 이전에는 많은 용도로 사용되었지만, 현재 대부분의 용도에서 플라스틱 등 다른 소재로 바뀌고 있다. 다른 소재와 마찰시키면 음전하를 띠는 성질이 강해 과학 교과서에서는 정전기 소재로 소개되는 경우가 많다.

에스케이유 [エスケーユー]

Stock Keeping Unit의 약어. 상품 종류를 구분하는 유통상의 최소단위. 바코드별로 하나라고 간주하면 알기 쉽다. 동일 상품이라도 패키지나 포함 개수가 다르면 구별하여 취급한다. 같은 품목의 볼펜이라도 볼펜 심 굵기가 3가지이고 색깔이 5가지, 포장 판매와 벌크 판매가 있다면, 3×5×2=30 SKU. 40종의 고무지우개

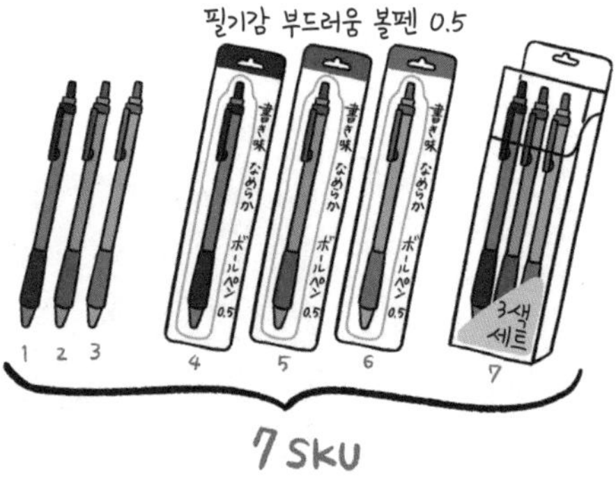

라도 바코드가 모두 동일하다면 1SKU.

에이징 [エイジング]

물건의 사용과 시간 경과로 인한 변화. 혹은 외관을 시간이 흐른 것처럼 보이도록 하는 가공.

엔딩노트 [エンディングノート]

사후 지인들에게 읽게 하려고 생전에 기록한 노트. 사전연명의료나 사후 신변 정리와 관련하여 재산, 각종 계약 등 유족에게 필요한 정보 또는 개인의 삶의 기록 등을 적는다. 기록내용은 다양하지만, 죽음을 의식하면서 인생을 돌아보는 의미로 비교적 일찍부터 쓰기 시작하는 사람도 많다. 유서와 같은 법적 효력은 없다.

엠보서 [エンボッサー]

종이 등에 엠보스가공을 하는 장치 또는 기구. 사명이나 브랜드명, 단체명 등을 엠보싱하는 것으로 서류 등의 위조 방지 외에도 의장적인 효과나 브랜드 과시 등의 목적으로 사용된다.

엠보스가공 [エンボス加工]

Embossing. 문자, 도형, 모양 등을 요철로 표현한 형태를 종이나 가죽 등에 뒷면으로부터 강하게 눌러 종이 등에 두드러진 모양을 만드는 가공법. 들어간 모양으로 표현하는 경우는 '디보스(空押し, からおし)'라고 한다. 의장 효과로 사용되는 경우가 많지만, 인쇄 대용이나 위조 방지 외에도 기능적인 목적으로 사용하는 경우도 있다.

여행자노트 [トラベラーズノート]

데자인휘루가 2006년부터 판매하고 있는 여행을 콘셉트로 디자인한 시스템 노트. 직사각형의 가죽 커버에 중철 제본 리필용 본문을 고무밴드로 고정하는 간단한 구조. 다양한 리필용 본문과 부품을 따로 구매할 수 있어 맞춤 디자인을 즐길 수 있다. 가죽 커버는 사용할수록 느낌이 달라진다.

연간 업무수첩 [年玉手帳]

기업이나 기관이 연초 사원이나 거래처에 무상

배포하는 수첩. 1879년 대장성 인쇄국이 발행한 회중일기가 시초.

연량 [連量]

규정된 치수의 종이 1,000장(1연)의 중량. 종이 두께의 기준으로 사용된다. 단위는 kg. 같은 종이라도 규정 치수에 따라 수치가 다르지만, 비교를 위해 종이 종류가 많은 사육(4×6)판을 기준으로 환산한 값을 사용하는 경우가 많다.

연사식 클립 [連射式クリップ]

본체에 여러 개 장착된 금속제의 강력한 클립을 슬라이더로 밀어내어 종이를 철하는 도구. 클립을 빼서 반복 사용할 수 있다. 1979년 사토 히사오(佐藤久夫)가 발명하고, 1980년 오토(OHTO)가 '가챠쿠(ガチャク)'라는 이름으로 상품화했다.

연적 [水滴]

먹을 갈 때 벼루에 적당량의 물을 떨어뜨리기 위해 사용하는 용기.

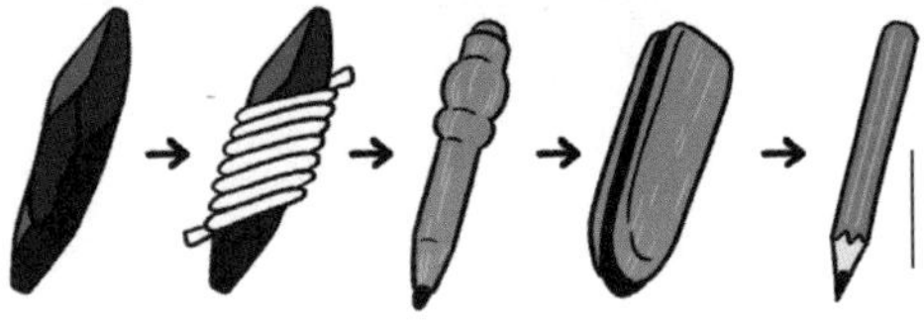

연필 [鉛筆]

흑연을 주원료로 하는 막대 모양의 재료(흑연심)를 나무 축에 고정하여 잡기 쉽게 한 필기구. 흑연심을 종이에 마찰시키면서 필기한다. 지금은 심을 끼워 넣은 나무 축을 깎은 후 심을 드러내서 사용하는 것이 일반적이지만, 초기에는 축 끝에 흑연 덩어리를 끼워 넣어 사용하였다. 관련한 가장 오래된 기록은 스위스 콘라드 게스너(Conrad Gesner)의 1565년 저서에 등장한다. 16세기 후반에 영국의 케스윅(Keswick)의 소목장이가 흑연심을 목재에 끼워 넣었다고 한다(몇 가지 설이 있다). 1794년 프랑스의 니콜라 자크 콩테(Nicolas Jacques Conte→p44)가 흑연과 점토를 혼합하여 구운 심을 발명하면서 현재 제조법의 기초가 확립되었다.

연필깎이 [鉛筆削器]

연필 한쪽을 깎아 심을 노출해 필기가 가능한 상태로 만드는 도구. 용도에 맞추어 구조나 형태도 다양. 일본에는 메이지 시대에 소개되었지만, 1960년 아사누마 이네지로(浅沼稲次郎, 일본사회당 위원장)가 연설 중 17세 소년에게 칼로 저격당한 사건 이후 총검법 개정이나 학생의 칼 소지를 금지하는 운동이 일어나, 휴대용 접

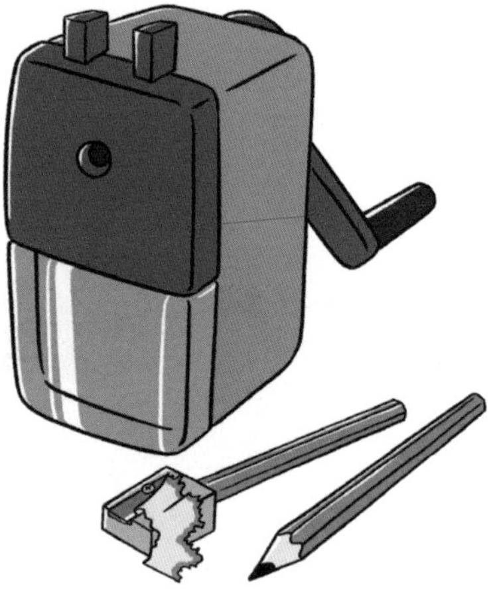

이식 칼(肥後守→p174) 등을 대체하며 급격히 보급되었다.

연필조각 [鉛筆彫刻]
연필이나 연필심을 소재로 한 조각. 일본에서는 야마자키 토시유키(山崎利幸)가 프로 연필 조각가로 활동하고 있다.

염료 [染料]
그리기나 채색에 사용하는, 용매에 녹는 유색 물질.

염료계 [染料系]
염료를 재료로 사용한 잉크와 그것을 사용한 필기구 등을 말한다. 균질하고 유동성이 높아 문제 발생이 적어 쓰기 편한 필기구를 만들기 쉽지만, 용매가 물인 경우 일반적으로 내수성이 없고, 안료에 비해 은폐력이나 내광성이 떨어지는 등의 약점이 있다.

염화비닐수지 [塩化ビニル樹脂]
클로로에틸렌(염화비닐)을 중합한 것(폴리염화비닐)에 가소제 등의 첨가제를 넣은 열가소성 수지. 현재, 가장 소자율(消字率)이 높은 플라스틱 지우개 재료이기도 하지만, 배어 나온 가소제가 다른 수지로 옮겨 그것을 녹이는 등의 문제가 있다. 값이 싸면서 가소제의 양에 따라 경도를 자유자재로 조절할 수 있어서 용도도 다양하고, 문구나 완구 등에도 널리 사용되었다. 쓰레기 소각 때 다이옥신이 발생하는 것으로 알려져 있고, 가소제로 사용되는 프탈산에스테르(phthalate ester)가 인체에 주는 영향이 문제가 되어 현재는 많은 상품이 다른 열가소성 에라스토마를 사용하고 있다.

영 [永]
필기에 필요한 8종의 기법 전부가 '영(永)'이라는 글자에 포함되어 있다는 의미의 '영자팔법(永字八法)'이라는 말이 있는데, 필법의 다양한 변화를 포함하기 때문에 만년필 등의 시필 등에서 자주 쓰이는 글자. 해서(楷書)를 의식하지 않는다면 이 문자에 집착할 이유는 그다지 없다.

영수증 [領收書]
금전을 수령했음을 증명하는 서류.

옅은 먹 [薄墨]
옅게 찍히는 먹. 먹으로 쓴 글씨 색이 옅은 것. 일본은 장례 부조금 봉투에 글씨를 쓸 때 "눈물이 벼루에 떨어져 먹이 옅어졌다", "급한 일로 먹을 갈 시간도 없이 급히 써서 달려왔다"라는 등의 의미로 옅은 먹을 사용하는 것이 관례다. 붓펜에도 옅은 먹이 들어간 제품이 판매되된다.

예쁜 글씨 [美文字]

주로 손 글씨가 아름답게 보이는 것을 가리킨다. 전통적인 서예와는 다른 맥락에서 사용한다.

오가와 하루노스케 [小川春之助]

(1885~1957) 톰보연필(トンボ鉛筆) 창업자. 1913년 문구상으로서 오가와하루노스케상점을 개업. 그 후 연필 제조판매로 업종을 바꾸어 양아버지 오가와 사쿠타로(小川作太郎)가 근무했던 다이닛폰연필(大日本鉛筆)이 고안하여 등록이 만료된 톰보(잠자리) 마크를 상표로 하여 현재의 기초를 닦았다.

오구 [烏口]

새 부리 모양으로 배치된 끝이 뾰족한 두 장의 금속판 사이에서 표면장력으로 유지된 잉크를 평행하게 이동시킴으로써 균일한 폭의 선을 정확하게 그을 수 있는 제도용 필기구. 판의 간격을 나사로 조정함으로써 선폭을 조절하는 것이 가능.

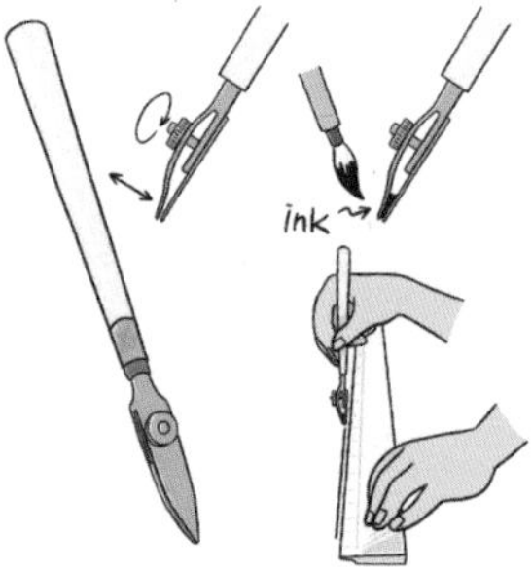

오렌지빅 [オレンジビック]

Orange Bic. 1961년 출시된 프랑스 빅(Bic)사의 유성 볼펜. 오렌지색 몸통과 검은색 캡이 세계적으로 유명. 볼펜에 매우 견고한 금속, 텅스텐카바이드를 사용함으로써 0.8mm의 가는 펜촉을 실현하고 기존 상품과 차별화하기 위하여 몸통 색을 당시 채택되기 시작한 기업상징색인 오렌지색으로 했다.

오무카에스루(맞이하다) [お迎えする]

갖고 싶은 것을 구매하여 자신의 것으로 맞이하는 것. 구매한 것을 의인화한 표현. 문구에 국한하지 않고 인터넷을 중심으로 때때로 보이는 표현이지만, 문구의 경우는 특히 만년필에 주로 하는 표현이다.

오배자 [五倍子]

옻나무과 붉나무속의 잎 겨드랑이에 붉나무 진딧물이 기생하면 그 자극에 대한 방어반응으로 조직이 비대해져 생긴 벌레혹(충영)이다. 주성분은 타닌으로 클래식 잉크(→p150)의 원료나 천의 염료, 가죽을 무두질할 때 단백질을 제거하는 약품으로 쓰인다. 일본에서는 검게 물들이는 원료로도 쓰였다.

오에스테회 [オエステかい]

서일본의 문구전문점 네트워크. 2009년 발족(2019년 현재, 12개 회사가 참가). '오에스테(Oeste)'는 스페인어로 '서(西)'를 의미한다. 각종 정보공유 외에도, 일본 내 업체와 콜라보한 오리지널 상품의 개발 등을 수행한다.

오토매틱 개폐 [オートマチック開閉]

수첩이나 노트의 페이지 모서리에 미리 절취선을 뚫어 놓아, 이미 사용한 페이지의 모서리를 잘라내어 모서리에 손가락을 대고 열면, 잘라내지 않은 첫 번째 페이지, 즉 현재 사용 중인 페이지가 바로 열리는 구조. 쿼바디스(クオバティス)의 수첩에 적용된 것으로 유명. 이 회사 제품의 영어식 표기는 'Tear-off Corner'이지만 일본어로는 '오토매틱 개폐'. 다른 문구사들도 같은 형태의 수첩을 판매하고 있지만, '코너 컷', '코너 절취선 컷' 등 통일된 호칭은 없다.

마지막으로 쓴 페이지를 금방 찾는다!

오픈가격 [オープン価格]

제조업체가 상품의 희망 소비자가격을 정하지 않은 것, 또한 그 경우의 소매 가격. 매장 내 표시가격은 판매점이 결정한다. 제조사의 희망 소비자가격보다 대폭 할인된 가격표시가 가열되고 상습화되면서 주로 가전제품에 대해 공정거래위원회로부터 이중가격 문제로 지적을 받아 2000년경부터 늘어난 가격 제시 방식. 문구류에서도 고가 제품이나 전자문구 등을 중심으로 채택하는 업체가 늘고 있다.

옥션 [オークション]

거래장소에 출품된 물품에 대하여 판매가격을 구매 희망자 간에 경쟁하도록 하는 판매방식. 가장 높은 가격을 제시한 사람이 구매하는 것이 일반적. 문구 팬들 사이에서는 '야후 옥션'이나 'eBay' 등의 인터넷 옥션을 지칭하는 경우가 많다. 골동품, 단종품, 희소품 등을 구하는 방법의 하나로서는 유효하지만, 인기 상품이나 한정상품의 고가 재판매 등이 문제가 되기도 한다.

올레핀 [オレフィン]

Olefin. 폴리프로필렌(PP)과 폴리에틸렌(PE) 등 구조 내에 탄소의 이중결합을 가지는 불포화탄화수소의 총칭. 폴리올레핀. 특히 고무탄성을 가지는 올레핀계 에라스토마는 환경 호르몬으로서 유해하다고 추정되는 가소제를 포함하지 않고, 연소시에 유해한 염소가스 등을 발생시키지 않기 때문에, 폴리 염화비닐의 대체재료로써 문구에도 흔히 사용되게 되었다.

올파 [オルファ]

OLFA. 일본 오사카에 본사를 둔 칼 제조업체. 1956년 세계 최초로 절단식 커터를 발명한 오카다 료시오(岡田良夫)가 니혼텐샤시(日本転写紙, 현재의 NT주식회사)에 재직한 후, 1967년 니혼텐샤시와 특허를 공유하는 상태로 독립

하여 설립(오카다공업, 岡田工業). 기업 상징색이기도 한 노란색은 커터칼이 눈에 띄도록 하기 위한 색이기도 하다. 1979년 세계 최초의 원반형 칼을 밀어서 자르는 로터리 커터를 출시.

옵셋인쇄 [オフセット印刷]

현재 가장 널리 보급된 인쇄방식의 하나로, 먼저 인쇄판에서 중간 전사체(轉寫體)로 잉크를 옮기고서 그것을 다시 종이에 전사하기 때문에 옵셋이라고 부른다. 감광제를 바른 얇은 알루미늄판에 빛을 비추어 제판하고 수분이 묻기 쉬운 부분과 그렇지 않은 부분을 만든다. 판면을 축축하게 하면 잉크는 수분이 없는 부분에만 묻으므로 그것을 전사한다. 서적이나 광고지 등의 인쇄뿐만 아니라 노트나 수첩의 인쇄에도 자주 사용되고 있다.

와다 테츠야 [和田哲哉]

신라이붕구호(信頼文具舗) 대표. 문구 저널리스트. 1999년 수입 문구를 중심으로 한 판매 사이트 '신라이붕구호(신뢰문구점)'를 개설, 해외 디자인 문구 수입 판매 사이트의 선구적 존재. 블로그나 토크 이벤트 등 문구의 사용법이나 즐기는 방법을 널리 알리는 활동을 계속하고 있다. 저서로 『문방구를 즐겁게 사용하다』 시리즈(早川書房) 등이 있다.

왁스판 [蝋板]

테두리가 있는 나무판자에 왁스를 부어 넣은 것. 스타일러스(→p96)로 필기하고 왁스를 녹여 다시 당기거나 쓰다듬어 평평하게 함으로써 반복 사용할 수 있다. 고대 로마에서 발명되어 중세까지 사용되었다.

외래품 [舶来品]

해외에서 수입된 것. 주로 에도시대 말기 개국 직후부터 전후 일본제품의 성능이나 품질이 서양을 따라잡을 때까지 해외에서 들어온 고성능 고품질의 공산품에 대한 동경의 뉘앙스가 담긴 표현.

왼손잡이용 [左利き用]

많은 문구가 오른손잡이를 전제로 설계되었는데, 가위 등 일부 도구는 왼손잡이가 사용하기에 인체공학적으로 불편하다. 이런 이유로 왼손잡이용 제품이 만들어지는 경우가 있다. 다만 왼손으로 오른손잡이용 도구를 사용하는 것에 익숙해져 있는 경우 왼손잡이용 도구가 오히려 사용하기 어렵게 느껴질 수도 있다.

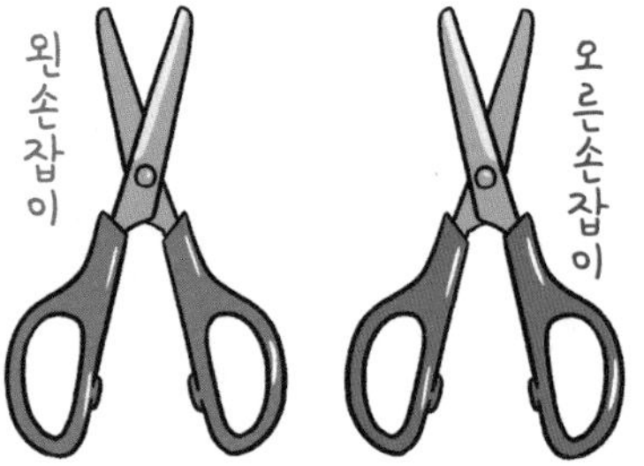

요크 [ヨーク]

자석이 가진 흡착력을 증폭시키기 위해 자석에 붙여서 자력선의 흐름을 바꾸기 위한 연철판의 총칭. 게시용 페라이트자석이나 필통 뚜껑을 고정하는 자석 등에 붙인다.

용기포장 재활용법
[容器包装リサイクル法]

1995년에 제정되어 1997년부터 시행된 법률. 용기나 포장을 이용해 내용물을 판매하거나 용기 자체를 제조하는 특정 사업자는 용기포장을 재활용할 의무가 있으며, 소비자의 분리배출을 쉽게 하기 위해 판매하는 상품의 용기에는 일본 용기포장재재활용협회가 정한 식별마크를 부착할 의무가 있다. 패키지류는 물론 접착제나 잉크병 등은 용기·포장에 해당하지만, 라벨 스티커나 태그는 용기나 포장이 아니기 때문에 대상에서 제외된다. 가위의 뚜껑이나 케이스류는 분류해도 재활용되지 않기 때문에 용기에 해당하지 않아 이 역시 대상에서 제외.

용제 [溶剤]

목적하는 물질을 녹이기 위한 액체. 용매. 각종 필기구의 잉크나 접착제 등, 그리고 스티커 떼기나 각종 세정액 등에 포함되어 있으며, 용질(녹이는 물질)을 잘 녹이지만 그 물질과 화학반응을 일으키지 않고 농도를 조절하거나 제거하기 쉽다는 특징이 있다. 휘발성, 가연성, 독성이 높은 것도 많다.

우메사오 타다오 [梅棹忠夫]

(1920~2010)
생태학자, 민족학자, 정보학자, 미래학자. 현장 업무나 연구의 경험으로부터 엮어 낸 정보카드(→p36 교다이식정보카드(京大式情報カード)를 사용하는 실천적 정보처리 지침서 『지적생산의 기술(知的生産の技術)』은 아직도 정보처리의 기본으로서 읽히는 롱셀러. 이후 지적 활동에 큰 영향을 끼쳤다.

우치다요코 [内田洋行]

일본 도쿄에 본사를 둔 정보시스템, 오피스 구축 등을 취급하는 전문업체. 1910년 우치다 코타로(内田小太郎)가 만주 다롄시에서 측량제도기기, 문구, 사무용품 등을 만주철도에 납품하는 어용상인으로서 설립. 일본에 미국과 유럽의 다양한 문구를 소개하고, 국산화를 추진했다. 1951년 미국 산업시찰단에 참가한 우치다 켄민(内田憲民) 사장이 가지고 귀국하여, 일본 업체에 연구개발시킴으로써 테라니시(寺西)화학공업의 매직잉크나, MAX의 'SYC10(소형 호치키스)' 등이 탄생한 것으로도 유명하다.

운형자 [雲形定規]

다양한 모양의 곡선 그리기용 자. 그리고 싶은 곡선에 딱 맞는 부분을 찾아서 사용한다.

워드프로세서 [ワードプロセッサー]

키보드, 화면, 저장매체, 프린터를 갖추고 내장된 컴퓨터를 이용해 문서를 작성/편집하는 전용기기. 줄여서 워프로. 영문용은 미국 IBM사가 1964년에 만들었지만, 일본어는 글자 수가 많고 모양이 복잡해 입력과 출력 모두 개발이 어

려웠는데 1978년 도시바 JW-10이 최초다. 가나 한자 변환 기술 발명으로 실현됨. 1980년대에는 많은 사무실과 가정에 보급되었지만 1990년대에 들어서면서 범용 PC와 워드프로세서 소프트웨어, 프린터의 저가와 고성능화가 되면서 대체되었다.

워터마크 [ウォーターマーク]

워터마크(비침무늬→p81).

워터맨 [ウォーターマン]

Waterman. 프랑스 만년필 회사. 1883년 미국의 루이스 에드슨 워터맨(Lewis Edson Waterman)이 세계 최초로 모세관현상을 이용해 잉크를 펜촉으로 보내면서 동시에 같은 양의 공기를 빨아들이는, 현재의 만년필의 기본구조를 갖춘 '더레귤러(The Regular)'를 개발하고, 이듬해 창업(Ideal Pen Company)했다. 1904년 클립이 달린 캡을 개발. 1926년 프랑스에 '지프-워터맨(Jif-Watermann)'이 설립되었고, 1954년 미국법인이 도산한 후 지프-워터맨이 브랜드를 승계했다.

원고지 [原稿用紙]

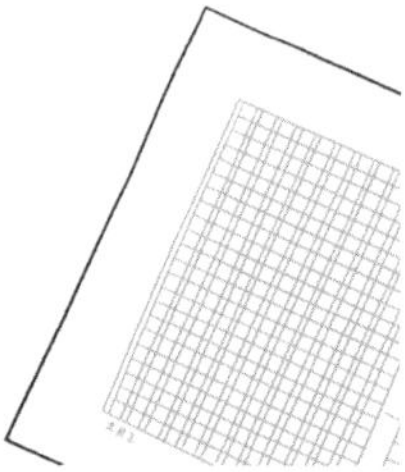

한 글자씩 쓰기 위해 칸이 구분된 종이. 20칸×10행의 200자가 표준. 일본에선 이것이 좌우로 배치된 400자가 표준. 가운데 빈 행에 물고기 꼬리(魚尾)라고 불리는 기호가 있는 것은 중앙에서 바깥쪽으로 접는 일본식 제본의 잔재. 그 양식의 기원에는 여러 가지 설이 있지만, 1681년 황벽종의 선승, 테츠간도코(鉄眼道光)가 대장경을 판각한 「황벽판철안일절경」으로부터 유래한다고. 옛날에는 한문의 필기나 판각을 위한 용지로 에도 중기의 핫토리 난카쿠(服部南郭)가 '매은변(寐隱弁)'에 이미 사용했다. 메이지에 들어서 한자 훈독체 문장의 필기에 사용되게 되었고, 메이지 중기 이후에는 활판인쇄의 보급에 따라 글자 수를 파악하는 것이 필요했기 때문에 기자나 작가를 중심으로 활판인쇄의 초고용으로 현재의 원고지가 보급되었다. 서양 종이로 만든 원고지는 아사쿠사의 소마야(相馬屋)가 오자키 고요(尾崎紅葉)에게 제안하여 만든 것이 최초라고 한다.

원반형 끈걸이 [玉紐]

두꺼운 종이나 수지로 된 동전 크기의 원반 두 장을 한 쌍으로 하여 서로 끈으로 묶어서 고정하는 봉투의 간이 봉함 도구. 두 장의 원반을 봉투 뚜껑과 몸통 각각에 비둘기눈(아일릿) 등으로 붙이고 한쪽에는 끈을 달아 놓았다. 봉함할 때는 끈을 번갈아 양쪽 원반에 걸어 묶는다. 봉투 외에 스케치북이나 수첩 등에도 쓰인다. 원반을 붙일 때 아일릿을 사용하지 않고 접착테이프로 간단하게 장착하는 것도 있다.

원산지표시 [原産国表示]

제품을 제조한 나라. 일본에서는 경품표시법에 의해 '상품 내용에 대하여 실질적인 변경을 초래하는 행위가 행해진 나라'로 정의하고 있다. 요컨대 그 제품에 가장 중요한 가공이 행해진 나라. 예를 들면 외국제의 재료나 부품을 사용하더라도 일본에서 중요한 가공이나 조립을 했다면 일본제(Made in Japan)가 된다. 제조지가 국외더라도 설계나 디자인이 일본인 것을 과시하고 싶은 경우는 'Designed in Japan' 등의 표기를 하는 경우도 있다.

유니 [ユニ]

① 미쓰비시연필이 1958년 출시한 고급 연필. 'unique(유일한)'에서 이름을 붙였다. 1966년에는 더 높은 등급의 '하이 유니'가 등장. HB, F를 포함한 10B~10H의 합계 22경도를 갖추고 있다. ② 미쓰비시연필이 판매하는 상품 전체의 브랜드명. 특히 해외에서는 본래의 사명 이상으로 이 브랜드명이 기업명으로서 널리 인지되고 있다.

유니버설 디자인 [ユニバーサルデザイン]

나이, 체격, 능력, 장애 유무와 관계없이 모든 사람이 최대한 이용할 수 있도록 하는 디자인. 미국의 로널드 메이스(Ronald Mace)가 1985년에 제창한 개념. 약칭 UD.

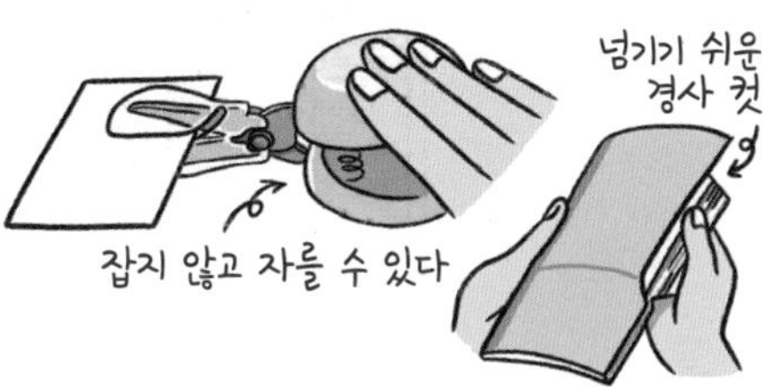

유성 [油性]

물질의 용매 주성분이 유기화합물인 것. 잉크나 물감에서는 물에 녹지 않는 착색제나 고착제를 함유하고 있어 필기된 선에 내수성이 있는 경우가 많다.

유통재고 [流通在庫]

도매업자, 소매업자 등 유통업체가 보유하고 있는 재고. 제조업체가 보유하고 있는 재고와 달리 보유자가 흩어져 있어 파악이 어렵다. 출시 후 품절된 상품이나 제조업체에서는 판매가 종료되어 재고가 없는 상품이 어떤 매장에서는 여전히 판매되고 있는 상황이 발생한다.

유튜버 [ユーチューバー]

동영상 공유서비스 YouTube에 제작한 영상을 공개하는 사람. 좁은 의미로는 동영상을 공유하여 광고 수입을 얻는 것을 생업으로 하는 사람. 젊은 층에게 TV 이상으로 친근한 인기를 누리고 있으며, 직업으로서도 꾸준한 인기를 얻고 있다. 소지한 문구에 대한 동영상을 공유하는 중고생 유튜버도 나타나고 있다.

유포지 [ユポ]

유포코퍼레이션이 생산하는 폴리프로필렌을 주원료로 한 합성지(종이와 같은 특성을 가진 필름). 중심의 견고한 기반 층과 그 양면에 연신 가공에 의한 표면에 미세한 균열(마리크로보이드)이 있는 종이 형태 층으로 구성된다. 표면층의 마이크로보이드에 의해 종이와 유사한 인쇄 및 필기감이 있고, 높은 백색도를 가진다. 물에 강해 방수 노트나 메모에 활용되며, 잘 찢어지지 않고 접어도 복원력이 좋아 선거용 투표용지에 쓰이는 것으로 유명하다.

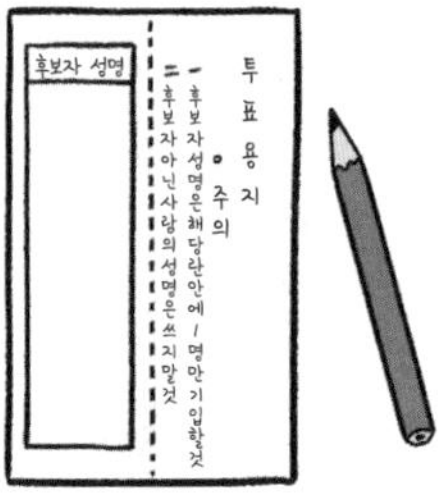

의장권 [意匠権]

지적재산권 중에서도 대표적인 산업재산권(공업소유권)의 하나. 상품 외관의 형상, 모양, 색채 등 공업상 이용 가능한 디자인의 창작에 대해서 특허청 심사에 의하여 신규성, 창작 비용이성 등이 인정되는 것에 부여되는 권리. '의장 등록'이라고 칭하는 경우가 많음. 의장은 어디까지나 미적 감각을 불러일으키는 외관에 대한 것으로 기능을 만족하기 위해 필요한 디자인은 포함되지 않는다.

이구치 나오키 [井口直樹]

(생몰불명) 1873년 일본 정부 연수생으로서 후지야마 타네히로(藤山種広→p174)와 함께 빈만국박람회에 파견되어, 독일 연필 제조기를 보고 귀국. 1874년 창업하고, 유럽의 기계를 간소화한 기계를 고안하여 코이케 우하치로(小池卯八郎→p145)에게 기술을 전수. 일본 연필 개발의 출발점이 되었다.

이로분 [イロブン]

문구 저술가인 키다테 타쿠(きだてだく→p151)가 명명한 문구 카테고리 '이로모노분보구(色物文房具, 만물문방구)'의 약어. 본래의 목적 달성에는 전혀 불필요한 기능이나 이상한 외관, 과잉 장식 등을 갖추고, 도구로서의 존재를 도외시하고 웃음을 유발하는 문구의 총칭. 키다테 타쿠가 명명한 카테고리에는 청소년의 건전한 성장에 유해한 문구 '에로분(エロブン)'도 있다.

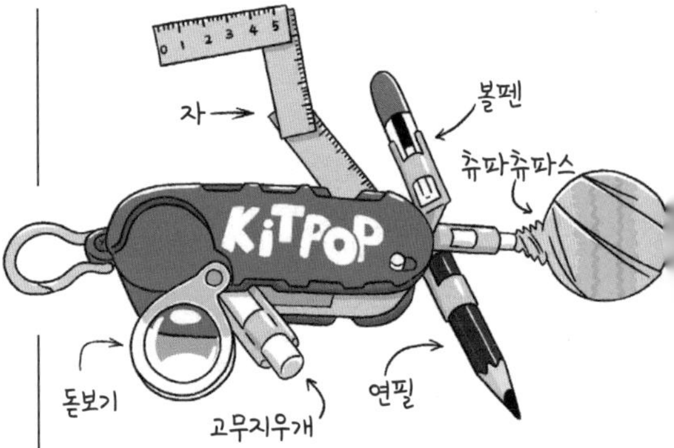

이름 각인 [名入れ]

① 노벨티(→p42)로 배포하는 제품에 홍보하고자 하는 기업명이나 상품명 등을 인쇄, 각인하는 것. ② 소매점 등이 판매상품에 대하여 구매자가 원하는 이름(본인이나 선물 받을 사람 등)을 인쇄, 각인하는 것.

이리도스민 [イリドスミン]

iridosmine. 이리듐(iridium)과 오스미움(osmium)의 합금. 매우 딱딱하여 잘 마모되지 않으며 내식성이 좋은 점 때문에 만년필 펜촉(nib)의 포인트(point)에 사용되는 고가의 희귀금속. 매우 딱딱하고 융점이 섭씨 3,000도에 가

까우므로 가공이 어렵다. 분말 소재를 플라즈마로 녹여, 방울지게 하여 공 형태로 굳은 것을 펜촉 끝에 전기 용접한다.

이면지 [裏紙]

사용한 복사용지나 단면 인쇄물 등의 미사용 부분을 필기 용지 등으로 재사용하는 종이의 총칭. 한때는 생태학의 관점에서 권장되었지만, 정보 유출 등의 위험성 때문에 금지되는 경우도 많다.

이시마루 오사무 [石丸治]

세라만년필(セーラー万年筆) 사원. 잉크 블렌더. 2005년부터 일본 전국의 소매점이나 행사에 잉크 공방(工房)으로 활동. 바텐더처럼 셰이커를 흔들고, 고객 주문에 따라 독창적인 색을 조합하는 것으로 인기.

이치우라 준 [市浦潤]

주식회사 라카(ラカ) 대표. 저술가. 일본에 미국 문구를 소개하고 평론하는 선구자. 유소년기에 미국 문화를 접하고, 미국에 유학 후, 기업 컨설팅 업무를 수행하면서 미국 문구의 수입 판매나 평론을 한다. 저서에 『문구-지식과 사용 방법』(新潮文庫)이 있다.

이토야 [伊東屋]

1904년 창업. 도쿄 긴자에 있는 문구전문점. 점포 앞에 장식되어 있는 심볼인 거대한 적색 클립과 함께, 일본을 대표하는 유서 깊은 문구 전문점으로 유명. 본점은 2015년 리뉴얼되어 'G.Itoya'로 불린다.

인감 [印鑑]

도장의 진위를 증명하기 위하여 미리 관청이나 은행 등에 신고해 둔 특정 인영. 도장 자체를 지칭하는 경우가 많은데 이것은 오용이다.

인덱스 라벨 [インデックスラベル]

Index label. 서류의 색인, 견출 목적으로 붙이는 라벨. 중앙에 접는 선이 있는 나비 모양으로 되어 있으며, 문자를 기입하여 점착면을 안쪽으로 하고 접어서 페이지 모서리에 돌출하는 식으로 붙이는 것이 일반적. 기입면을 보호하기 위해 코팅 필름을 붙인 것이나 프린터 전용 등 다양한 타입이 있다.

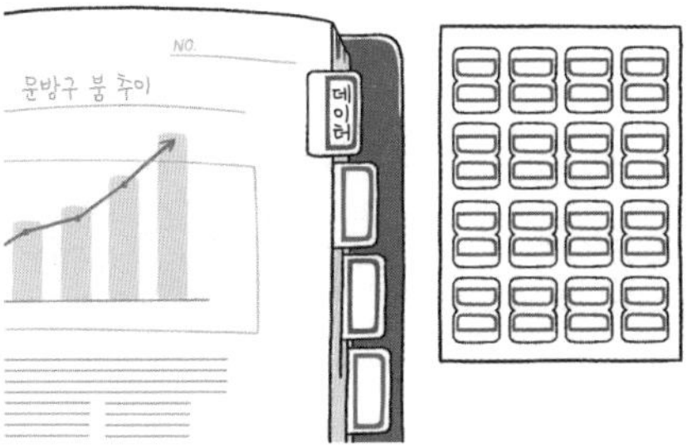

인스턴트레터링 [インスタントレタリング]

Instant lettering. 투명 필름의 뒷면에 특수 점착 처리한 문자나 기호를 인쇄한 것으로, 종이 등에 올려놓고 문질러주면 문자나 기호만 옮겨

진다. 1961년 영국의 레트라세트(Letraset)사가 출시. 손쉽게 고품질의 서체를 표현할 수 있어서 워드프로세서가 일반화하기 이전에 디자인업계뿐만 아니라 일반가정에서도 카세트테이프의 라벨이나 인덱스카드 작성 등에 자주 사용되었다. 전자 라벨 라이터나 가정용 프린터의 보급으로 쇠퇴했다.

인영 [印影]

종이에 찍힌 도장(→p50)의 문자나 도안.

인주 [印肉]

도장을 찍기 위해 사용하는 안료와 식물유에 쑥 등의 식물섬유를 섞어서 만든 빨간색 재료.

인주 [朱肉]

도장을 찍기 위해 사용하는 빨간색 안료. 옛날에는 황화수은 광석으로 만

들어진 빨간색 안료와 식물성기름을 쑥 등의 식물섬유에 넣어서 반죽한 것을 사용했으나 수은을 포함하기 있어서 최근에는 다른 안료로 바뀌고 있다. 현재는 스펀지 등에 안료를 넣어 대체하는 간편한 것이 많다.

인체공학 [人間工学]

인간을 물리적, 신체적, 생리적, 심리적 측면에서 관찰·측정하여 얻은 지식을 인간이 다루는 물건이나 환경의 설계에 활용하는 학문. 문구류 개발에서는 근전도, 뇌파, 사용 시 체표 온도 분포 등을 측정하여 사용할 때 피로감이 적다는 것을 어필하는 경우가 많다.

일기장 [日記帳]

① 매일 일어난 일을 기록하는 노트. 일기라는 기록 자체는 고대부터 있었지만, 일자가 미리 인쇄된 노트는 1812년 영국의 존 레츠(John Letts)가 만든 '레츠 다이어리'가 최초. 일본에서는 1879년 대장성 초대 인쇄국장인 도쿠노 료스케(得能良輔)가 만든 1880년용 회중일기가 최초(→p93 수첩 참조). ② 거래 개요를 발생순으로 정리하는 장부.

일본PTA전국협의회 추천 [日本PTA全国協議会推薦]

공익사단법인 일본PTA전국협의회가 기업으로부터 추천의뢰가 있었던 제품을 심사하여 합격한 것. 추천을 나타내는 정해진 양식은 없고, 각 기업이 포장지나 표지에 독자적으로 만들어 표시한다.

일본문구대상 [日本文具大賞]

리드엑시비션스 재팬이 주최하는 ISOT(국제문구종이제품전시회→p179)에서 기능 및 디자인이 우수한 문구류에 수여하는 상이다.

일본어 타자기 [和文タイプライター]

1915년 스기모토 쿄타(杉本京太)가 발명한 것이 최초. 영문 타자기가 알파벳 26글자와 숫자나 기호를 포함해도 50개가 되지 않는 자판으로 문자를 망라할 수 있는 데 반해 일본어는 히라가나 가타카나에 더해 방대한 한자가 있기 때문에 영문 타자기와는 전혀 다른 구조로 1,000~4,000개 정도의 활자를 갖추고 필요한 문자를 선택하여 치는 구조이다. 1980년대부터 급격히 보급된 워드프로세서로 대체됐다.

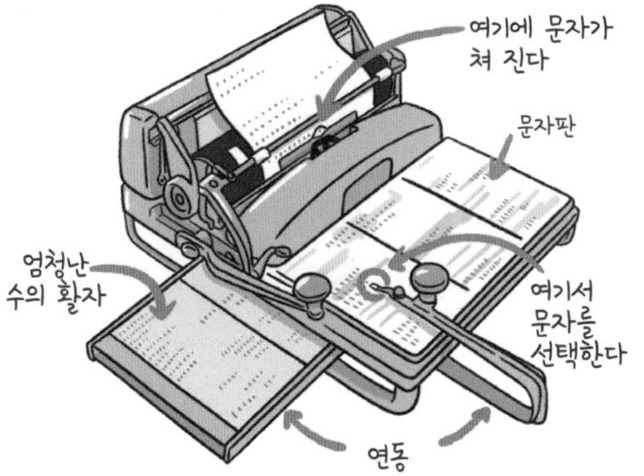

일정표 [スケジュール帳]

달력을 갖추고 일정 관리 기능을 가진 노트의 총칭. '수첩'(→p93)과 동의어로 사용된다.

일필 편지지 [一筆箋]

주로 물건을 보낼 때 첨부하는 약식편지로 인사나 감사 등 간단한 메시지를 쓰기 위해서 이용하는 소형 편지지. 폭이 좁고 길쭉한 형태로, 편지 봉투에 접지 않고 들어가는 사이즈가 일반적이다.

잇칸사이쿠니 토모토베에 [一貫斉国友藤兵衛]

(1778~1840) 오미노쿠니쿠니토모손(近江国国友村)의 조총 제조/발명가. 1828년 자루에 먹물을 담은 '회중붓(御懐中筆)'을 발명했다.

잉크 [インク]
필기, 그리기, 착색, 인쇄 등에 사용되는 안료, 염료 등을 포함하는 유색의 액체 또는 거기에 준하는 상태의 물질.

잉크 똥 [ボテ]
볼펜으로 필기할 때 나오는 잉크 중 남은 잉크가 덩어리가 되어 뭉친 것.

잉크 뭉침 [泣き出し]
볼펜 볼이 회전할 때 배출된 잉크 중 글씨로 써지지 않고 남은 잉크가 서서히 모여 잉크 덩어리를 형성하는 것. 속칭 잉크 똥.

잉크 블렌더 [インクブレンダー]
잉크를 조합하는 사람(→p119 이시마루 오사무).

잉크 지우개 [インキ消し]
필기구의 필적을 화학적으로 지우는, 주로 2종 1세트의 액체. 보통 만년필용(수성염료 및 블루블랙 잉크용)을 지칭하지만, 볼펜용(유성염료 잉크용)도 있다. 만년필용 첫 번째 물약은 옥살산 수용액이며, 블루블랙 잉크의 산화철을 환원시켜 지우고, 두 번째 물약은 하이포염소산 나

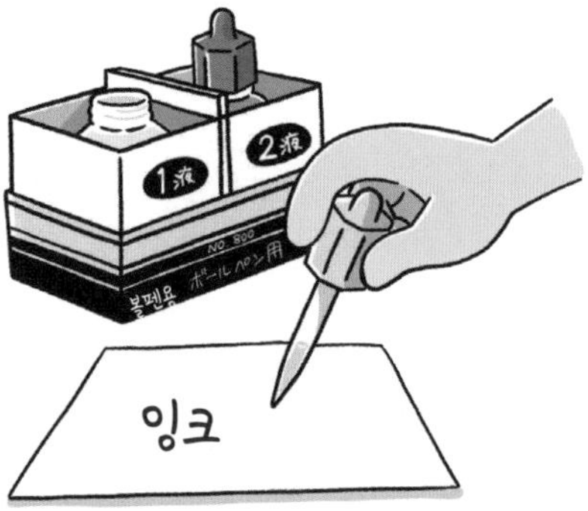

트륨 수용액으로 염료의 색소를 산화 표백한다. 볼펜용의 첫 번째 물약은 하이포염소산 나트륨 용액으로 색소를 산화표백하고, 두 번째 액체는 유용성 잉크의 용제로 잉크를 녹인다. 어느 쪽도 안료계 잉크에는 효과가 없다.

잉크 플로우 [インクフロー]
필기구 잉크의 흐름이나 배출 정도. 만년필 등 필기구의 잉크 배출량의 많고 적음을 표현하는 데 사용.

잉크병 [インク壺]
딥펜용 잉크를 책상에 두기 위해 유리나 자기로 만든 작은 용기.

잉크젯 전용지 [インクゼット対応]
표면을 특수처리하여 잉크젯 프린터의 발색이나 정착성 등을 향상시킨 인쇄용지. 엽서 등도 있다. 프린터 용지로 적합하지만, 수성 필기구 등에서는 잉크를 과잉흡수 하거나, 스탬프는 건조가 잘 안되므로 주의가 필요.

ㅈ ㅊ ㅋ 열

문구 잡학 6 > 다양한 마크

※ 아래 마크는 이미지

JIS마크

공업표준화법에 의거, 장관이 정하는 광공업품 종류·형상·치수 등에 관한 규격.
경제산업성 인정.

ST마크

'Safety Toy'의 약칭으로, 일본완구협회의 안전기준에 합격한 상품에 붙이는 완구 마크. 완구로서 취급되는 문구에도 부착하는 경우가 있다.

에코마크

공익재단법인 일본환경협회가 인정한 환경보전에 기여하는 '환경보전형상품'에 표시.

재생지사용(R)마크

'쓰레기감량화추진국민회의'가 정한, 폐지펄프 배합률을 표시한 마크. 신청 또는 신고 불필요.

그린마크

공익재단법인 폐지재생촉진센터가 정한, 폐지를 원칙적으로 40% 이상 원료로 사용한 제품에 표시할 수 있는 마크. 표시에는 승인절차 필요.

FSC마크

'Forest Stewardship Council(삼림관리협의회)'가 인정하는 환경이나 지역사회를 배려하여 삼림 관리나 벌채가 행해지고 있는 삼림으로부터 생산된 목재(종이)제품에 붙이는 마크.

벨마크

공익재단법인 벨마크교육 조성재단'이 주최하는 운동.
벨마크가 붙은 것을 구입, 모아서 보내면 교육설비품을 받을 수 있다.

클린마크

일본지쇼공업회(日本字消工業会) 안전관리 자율규제에 부합되는 것을 표시하는 마크.
번호는 일본지쇼공업회 소속 제조업자를 표시한다.

G마크 (Good Design상)

경제산업성이 공업제품 디자인 공장省令에 근거, 실시하고 있는 Good Design상에 선정된 상품에 부착.

Kids Design마크 (Kids Design상)

일본문구대상마크

자 [定規]
직선, 곡선, 또는 특정의 각도, 형상의 원형이 되는 도구의 총칭으로 이것을 이용함으로써 필요한 곳에 도형이나 각도를 그릴 수 있다. 직선을 긋기 위한 직선자, 각도를 결정할 수 있는 삼각자(→p85), 다양한 곡선을 그릴 수 있는 운형자(→p115), 템플릿(→p156) 등 주로 제도 등에 사용하기 위한 것을 지칭한다.

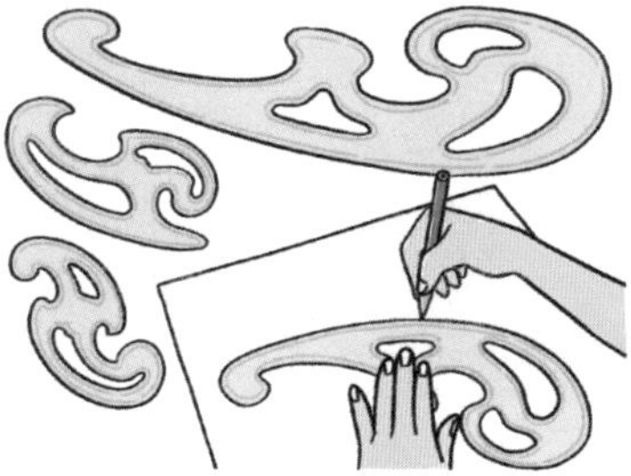

자유 연구 [自由研究]
초중등 교육에서 방학이나 종합 학습 시간에 학생에게 주어지는 주제와 연구 방법을 본인이 자유롭게 설정할 수 있는 연구과제. 자율성이나 자유로운 탐구심, 창의력 등을 키울 수 있을 것으로 기대하지만 실제로는 무엇을 해야 할지 몰라 고민하는 아이들이 대부분이다. 따라서 주제와 방법에 관한 참고서나 연구, 공작 키트 등이 많이 판매되고 있다.

자유곡선자 [自在定規]
납이나 알루미늄 등의 부드러운 금속의 심을 연질 수지 등으로 감싼 제도용 자로, 손으로 자유롭게 구부릴 수 있다. 곡선을 매끄럽게 그릴 때 사용한다.

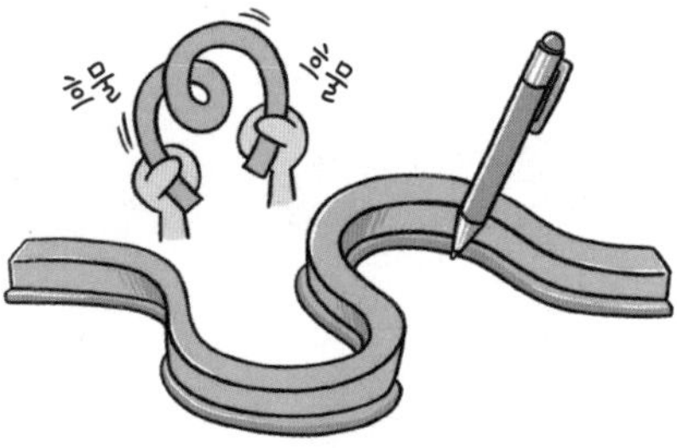

자유노트 [自由帳]
괘선이 없는 노트. 학교에서 용도를 제한하지 않는 연습장으로서 만화를 그리는 등 교과 외로 사용하는 경우가 많다. 유아용으로 제본된 줄이 없는 연습장을 가리키기도 한다.

작은 봉투 [ポチ袋]
세배돈, 축의금, 팁 등의 돈을 넣어서 전달하기 위한 소형봉투의 총칭.

잡지 부록 [雑誌の付録]
잡지 부록은 판매를 크게 좌우하는 주요한 경쟁 요소. 문구도 비교적 자주 채택되는데 그 품질은 매년 향상되고 있다. 매우 실용적인 만년필이 채택되거나 한다면 문구팬 사이에서도 화제가 된다. 경품 표시법의 규제를 받기 때문에 1,000엔 미만의 잡지에는 원가 200엔 미만이지만, 많은 경우 광고 목적의 비매품이기 때문에 실질적으로는 더 비싸고 잡지 가격 대비 매우 매력적.

장도연마 [長刀研ぎ]
세라만년필만 펜촉을 연마하는 방법 중 하나. 펜촉을 장검의 끝부분처럼 가늘고 길게 깎아 펜촉의 접지 각도에 따라 선의 굵기를 변화시킬 수 있다. 익숙해지면 붓글씨처럼 멈춤, 삐침, 생략 등을 유사하게 표현할 수 있다.

장부 [帳簿]
주로 금전 거래를 기록하기 위한 노트.

장서표 [蔵書表]
책 소유자를 표시하기 위해 면지에 붙이는 작은 종잇조각. 활판인쇄로 책이 보급되기 시작한 15세기 독일에서 유래했다. 소유자의 취향을 담은 도안이나 다양한 기법의 정교한 판화로 만들어진 장서표는 그 자체로 미술품 취급을 받았다. 엑스리브리스(ex libris).

장식 종이 [アジ紙]
동유럽 잡화를 취급하는 가게 '차르카'의 구보요시미와 후지야마 나오미가 작명한 멋이 있는 종이를 의미하는 조어. 멋, 개성, 정취, 분위기, 배경, 스토리가 있는 종이라는 뜻. 더욱이 종이 그 자체뿐만 아니라 인쇄된 문자, 도안, 그 의도, 입수하기까지의 에피소드, 종이와 연관된 어떤 사람들의 만남까지 포함하여 오감과 관계가 있고, 마음을 움직이는 종이를 지칭.

장식끈 [水引]
자른 종이를 꼬아서 끈 모양으로 만든 것에 풀을 칠하고 착색한 가느다란 끈으로 축하 또는 조의를 표하는 장식으로써 봉투나 증정품에 감거나, 장식물의 조형 소재로 사용된다. 색이나 묶는 방법에 따라 다양한 의미를 가진다.

장형 3호 [長形3号]
봉투 규격 중 하나. 120×235mm. 규격 우편으로 보낼 수 있는 최대 크기. A4용지를 세로로 세 번 접은 것이 들어간다.

재단기 [裁断機]
종이 등을 정해진 형태로 자르는 도구. '재단'이라는 단어 자체에 결정된 형태로 자르는 것이라는 의미가 있듯이 한 장의 종이를 정해진 치수로 정확히 자르는 도구를 지칭한다.(→p128 절단기 참조)

재생율 [再生率]
문구에서 주로 종이와 플라스틱에 대하여 제품에 사용된 재료에 포함된 재생 재료의 중량비. 에코마크나 친환경 구매법(→p140) 등의 적합성 인증에서 제품의 친환경 여부에 대한 참고 지표 중 하나로 이용된다.

재생재료 [再生材料]
수명을 다한 제품 또는 제조공정에서 나온 폐기물을 회수하여 새로운 제품의 재료로 이용하는 것. 전자를 포스트 컨슈머재, 후자를 프리 컨슈머재라고 부른다. 흔히 플라스틱 제품의 포스트 컨슈머재는 성분의 다양함이나 불순물이 섞이는 등의 문제 때문에 극히 일부를 제외하고 문구·잡화 등의 생활용품에는 잘 사용하지 않는다. 오히려 광학 부품이나 의료기기 등의 제조 공정에서 나오는 프리 컨슈머재를 이용하는 경우가 많다. 반대로 원료에서 새로 생성된 미사용 재료를 버진 재료라고 부른다.

재연마 [研ぎ直し]

만년필의 펜촉이 부적합한 상태로 마모된 것을 연마하여 다듬는 것.

재활용 [リサイクル]

폐기물을 원료로 하여 다른 제품을 만드는 것. 재자원화, 재이용(→p125 재생재료 참조). 이와는 별도로 같은 제품이나 그 부품을 그대로 재사용하는 것을 재사용(리유스)이라고 한다. 제품수명을 연장하거나 낭비되는 자원의 사용을 줄여 자원사용량을 줄이는 것을 가리키는 리듀스와 함께 3R이라고 한다.

저금통 [貯金箱]

동전을 모을 수 있는 용기. 우체국이 1975년부터 개최하고 있는 '우체국 아이디어 저금통 경연대회'를 전국 1만 개 이상의 초등학교가 여름방학 숙제로 채택하고 있어 여름방학 공작의 단골 과제가 되고 있다.

저점도 유성 볼펜 [低粘土油性ボールペン]

유성 볼펜의 잉크 점도를 크게 낮춤으로써 매끄러운 필기감을 실현한 볼펜. 2006년(수출용은 2004년) 미쓰비시연필이 '제트스트림'을 개발한 이후 많은 업체가 유성 볼펜 라인업을 추가.

적도 [赤道]

지구 남북 양극으로부터 가장 먼 지역. 위도 0도. 연간 일조량이 가장 많고, 대체로 고온이기 때문에 해상운송으로 문구(특히 풀, 마커펜 등 휘발하기 쉬운 액체를 포함한 것이나 크레용 등 융점이 낮은 것)를 수송할 때, 적도 부근을 통과하는 경로를 피할 수 없는 경우(예를 들어 인도에서 일본 등)는 열에 의한 악영향을 무시할 수 없고, 이것이 원인이 되어 수입할 수 없는 문구도 있다.

적정 점도 [洩糸性]

점도가 높은 액체나 고분자를 포함하는 액체를 방울져 떨어뜨리거나 끌어 올릴 때 액체가 실 형태로 되는 성질. 유성 볼펜의 잉크와 관련하여 잉크의 뭉침을 방지하면서도 펜촉을 종이에서 분리했을 때 여분의 잉크를 펜에 되돌리는 성질로써 중요.

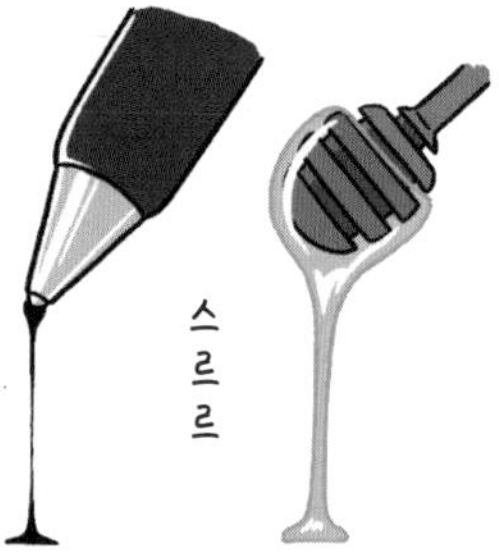

적청색연필 [赤青鉛筆]

하나의 연필 앞뒤로 적색과 청색의 심을 내장하고, 양쪽 끝을 깎아서 두 가지 색을 사용할 수 있는 색연필. 정정/교정 작업 등에 사용된다. 메이지 시대에 일본으로 수입된 '주홍색(vermilion)'과 '남색(prussian blue)' 두 가지 색연필이 "주남연필(朱藍鉛筆)"로 불린 것이 시초. 적:청의 비율은 5:5 또는 적색의 사

용 빈도를 고려한 7:3도 있다.

전각 [篆刻]

석재나 목재 등에 도장(→p50)을 새기는 것. 주로 진나라 이전의 중국의 오래된 전서체로 조각한다. 서예와 마찬가지로 문자에 의한 예술표현의 하나.

전동 [矢立]

붓을 담는 붓통과 먹통을 결합한 휴대용 필기구 세트. 필기구를 가방에 넣어 휴대하는 것은 5세기경부터 행해졌는데, 그것을 벼루 상자라 불렀다. 헤이안 시대에는 화살을 꽂는 장비(矢立)에 수납한 '야타치 벼루'도 고안되었다. 이것이 가마쿠라 시대 이후 소형화되어 붓통과 먹통을 직접 결합한 도구로 발전한 것이다.

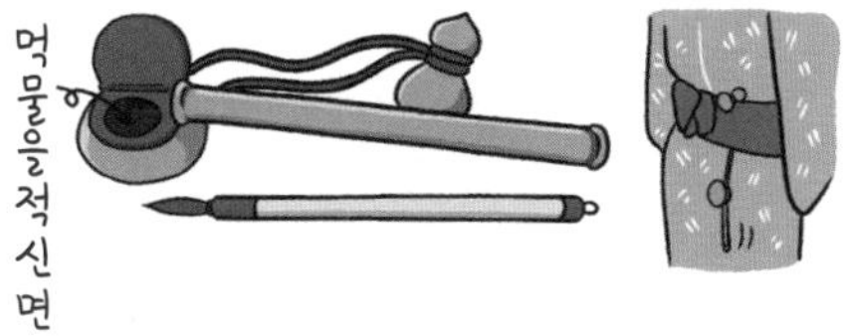

전분풀 [澱粉糊]

식물에서 추출된 전분을 주성분으로 하는 접착제. 주로 종이접착에 이용한다. 쌀을 시작으로 용도에 따라 다양한 식물의 전분이 사용되지만, 현재 일본에서 보급되고 있는 2대 브랜드인 야마토노리는 타피오카(tapioca), 후에키노리는

옥수수를 원료로 하고 있다.

전자계산기 [電卓]

전자회로로 계산하는 계산기 중 책상 위에 올려놓고 사용할 수 있는 크기의 것. 1963년 영국의 Bell Punch and Sumlock-Comptometer가 개발한 무게 16kg의 'Anita'가 최초라고 알려져 있다. 이후 소형화가 진행되어 1972년 카시오가 휴대용 '카시오미니'(→p141)를 출시. 이후에도 소형화, 저가화, 다기능화를 거쳐 현재에 이르고 있다.

전자문구 [電子文具]

정보처리를 하기 위한 전자장치를 내장한 개인 사무용 소형기기의 총칭. 단순 동작을 기계화한 전동문구는 포함하지 않는다.

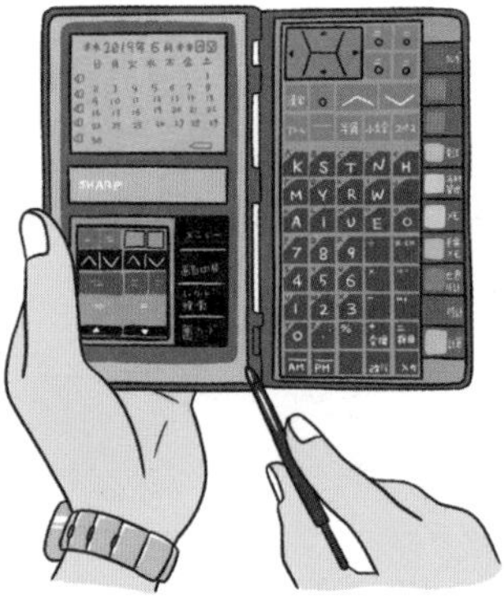

전자수첩 [電子手帳]

1980년대부터 1990년대에 출시된 수첩 기능을 특화한 전자기기의 총칭. 정보공유나 기능 업그레이드가 부족하여 PC와의 접속 등을 전제로 한 PDA(Personal Digital Assistant)가 등장하면서 그 자리를 대신했다.

전표 [伝票]

돈이나 물품의 수수, 거래 일시/내용/조건/책임 등 개별 거래와 동시에 그 거래의 증명으로서 거래정보를 기록하여 당사자 간에 교환하는 일정 양식을 갖춘 종잇조각. 거래나 증명하고자 하는 사항에 따라 서식이 다르다.

전화번호부 [テレフォンリスト]

휴대전화나 메모리 기능이 있는 유선전화가 보급되기 이전 자주 사용하는 전화번호를 기록, 검색하기 위해 사용하는 노트. 가나다순으로 검색하기 쉽도록 견출지가 어긋나게 보이는 특수한 제본이 되어 있거나, 슬라이더를 장착한 버튼을 누르면 해당 페이지가 열리는 것도 있다.

절단기 [断裁機]

종이 등을 자르는 도구. 두께가 있는 종이 다발의 불필요한 부분을 직선으로 잘라내는 도구를 지칭하는 경우가 많다. 일반가정이나 사무실에서는 그다지 사용되지 않지만, 스캐너 보급으로 서적 스캔 전에 책등을 잘라내기 위해 개인도 소형 절단기를 사용하는 경우가 증가했다. (→p125 '재단기')

절단식 커터칼 [折刃式カッター]

1956년 오카다 료시오(岡田良男)가 고안한 일본에서 가장 널리 보급된 커터칼. 가늘고 긴 평행사변형의 변에 칼날이 있고, 짧은 변에는 평행한 좁은 홈을 같은 간격으로 낸 칼날을 손잡이에 내장한 칼이다. 칼날을 밀어서 필요한 만큼 꺼내 사용한다. 칼날 끝이 손상/마모되었을 때, 칼날에 새겨진 홈에 힘을 가해 절단하고 새

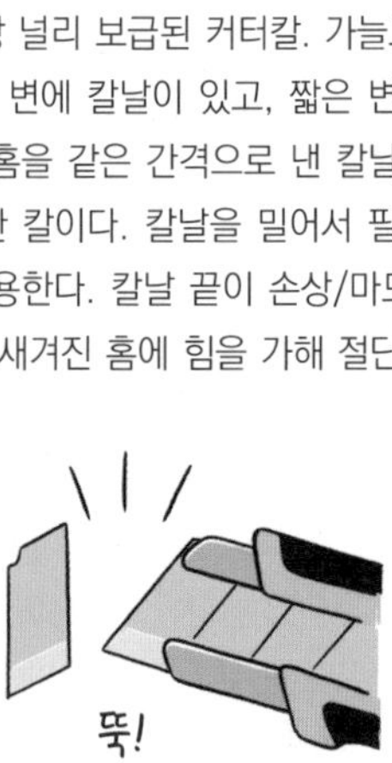

문방구 연표

BC 5000 · BC 4000 · BC 3000 · BC 2000 · BC 1600 · BC 1500 · BC 1400 · BC 1300 · BC 1200 · BC 1100 · BC 1000 · BC 900 · BC 800 · BC 700 · BC 600 · BC 500 · BC 400 · BC 300 · BC 200 · BC 100

시기	내용
BC 15000년경	프랑스 라스코동굴 벽화
BC 13000년경	스페인 알타미라 동굴 벽화
BC 4000년경	동남아시아 나무껍질 종이인 타바 사용
BC 3500년경	메소포타미아 수메르인이 점토판에 갈대펜 사용(그림문자)
BC 5천년 경~BC 3천년경	중국 앙소(仰韶) 문화(신석기)에서 채색 도자기에 선을 그리기 위해 갈대펜 사용
BC 3000년경~1년경	메소포타미아 점토판에 쐐기형과 원형 갈대펜 사용(쐐기형 문자)
BC 3000년경~13세기경	이집트 파피루스 발명, 갈대붓이나 갈대펜으로 필기
BC 2500년경	이집트 동물가죽에 필기했다는 기록이 있음
BC 2100년경	페루 나무껍질 종이인 타바 사용
BC 1600년경	중국 은나라 초기 또는 그 이전에 그을음을 아교에 녹인 먹물과 붓이 존재
BC 1500년경	가위가 발명되었다고 추정
BC 1400년경~BC 771년	중국 은~주나라에서 갑골(거북이 등딱지와 짐승뼈)에 필기
BC 1000년경	그리스 현존하는 최고의 가위 제조
BC 7세기경	고대 로마 밀랍판에 뾰족한 철필 사용
BC 5, 4세기경~5, 6세기	중국 비단에 필기
BC 5, 4세기경~8, 9세기	중국 목패(목간/죽간) 사용
BC 403~BC 221년	중국 전국시대 무덤에서 발견된 현존하는 최고의 모필인 장사필(長沙筆) 제조
BC 220년경	중국 종이 발명
BC 221~BC 206년	중국 진나라 현존 최고 고형먹 제조
BC 2세기	튀르키예 베르가몬 양가죽종이 제조
BC 179~BC 142년경	중국 현존 최고 종이인 방마탄지(放馬灘紙) 제조
BC 27년경	로마 현존 최고 중간지점 가위(서양가위, 로마가위) 제조

00 200 300 400 500 600 700 800 900 1000 1100 1200 1500 1600 1700 1800

- 5세기 ~ 19세기 — 인도나 동남아시아 일부 패다라(貝多羅·다라수잎) 사용
- 6세기경 ~ 19세기경 — 거위 깃털로 만든 깃털펜 사용
- 610년 — 고구려 담징이 일본에 제지기술 전파
- 7세기후반경 — 중국 목판 사용
- 770년 — 간행연대가 알려진 세계최고 인쇄물인 백만탑다라니(百萬塔陀羅尼)가 일본에서 만들어짐
- 868년 — 현존 세계최고 인쇄서적 〈금강반야경〉이 중국에서 인쇄됨.
- 953년 — 이집트 파티마왕조 카리프무잇즈가 만년필 원형인 필기구 발명
- 12세기 — 유럽 실버포인트(은첨필) 사용
- 1560년대 — 영국 컴버랜드(Cumberland) 산맥에 있는 보로데일(Borrowdale) 계곡에서 컴버랜드 흑연광산 발견
- 1565년 — 스위스 박물학자 콘라드 게스너의 〈특히 돌과 바위에 포함된 화석의 형태와 이미지에 관한 책〉에 연필 관련 최고기록 등장
- 16세기후반 — 영국 케스윅(Keswick) 소목장이가 흑연심을 목재에 끼워 넣음
- 1623년 — 독일 빌헬름시커트(WilhelmSchickard) 기계식계산기(calculating clock) 발명
- 1632년 — 영국 윌리엄오트렛(WilliamOughtred) 계산자 발명
- 1642년 — 프랑스 브레즈파스칼(BlaisePascal) 기계식 계산기, Pascaline, 발명
- 17세기중반경 — 기원은 불명이지만, 이 무렵 유럽에서 압정 보급
- 1662년 — 프리드리히스테들러(FriedrichStaedtler) 독일에서 연필 제조업체(현재 스테들러) 창업
- 1663년 — 큐쿄도(鳩居堂) 교토에서 약재상으로 창업
- 1714년 — 영국 헨리밀(HenryMill) 이 최초 타이프라이터 특허취득, 상세불명
- 1740년 — 영국 제임즈왓트만(JamesWhatman) 그물코종이(網目紙) 발명
- 1761년 — 카스퍼파버(KasperFaber) 독일에서 파버카스텔 설립
- 1770년 — 영국 죠세프 프리스틀리(JosephPriestly)에 의한 고무지우개 관련 최고 기록
- 1780년 — 영국 사뮤엘 해리슨(SamuelHarrison) 철펜(금속판을 둥글게 한 펜촉) 고안
- 1792년 — 이마즈야코하치로(今津屋小八郎) 이마즈야(현재 주식회사 라이온) 창업
- 1794년 — 프랑스 니콜라 자크 콩테(NicolasJacquesConte) 흑연과 점토를 혼합소결한 심 제조법 발명(1795년 특허취득)
- 1798년 — 프랑스 루이로베르(LouisRobert) 장망식 초지기(長網式抄紙機)를 발명

1800 1810 1820 1830 1840 1850 1860 1870 1880 1890 19

- 1809년 ── 영국 프레드릭 폴쉬(Frederick Folsch) 뒷부분에 밸브가 있는 필기구 발명, 만년필 특허로서는 최고
- 1809년 ── 죠세프 브라마(Joseph Bramah) 복식만년필(Compound Fountain Pen) 특허 취득
- 1822년 ── 영국 존 아이작 호킨스(John Isaac Hawkins)와 샘슨 모던(Sampson Mordan) 샤프펜슬 특허취득
- 1828년 ── 잇칸사이쿠니토모토베에(一貫斉国友藤兵衛) 잉크 내장한 「고카이추후데(御懐中筆)」 발명
- 1830년대 ── 영국 버밍햄에서 금속제의 딥펜 양산
- 1832년 ── 독일 칼 호르네만(Carl Hornemann) 그림물감 제조업체로서 펠리칸(Pelikan) 창업
- 1835년 ── 독일 스테들러(Staedtler) 설립 (창업 1662년)
- 1840년 ── 독일 프리드리히 고틀롭 켈러 목재에서 펄프 제조방법 개발
- 1851년 ── 독일 파버카스텔의 로터 폰 파버(Lothar Von Faber)가 현재 보급되고 있는 연필의 길이, 굵기기준 제시
- 1855년 ── 게오프 그로스버거(Geoff Grossberger)와 헤르만 쿠르츠(Herman Kurz) 독일 연필제조업체로서 Grossberger & Kurz (현재 스완스타빌로) 창업
- 1858년 ── 미국 하이먼 L. 리프만(Hymen L. Lipman) 고무지우개 달린 연필 발명
- 1862년 ── 후쿠자와유키치(福澤諭吉) 프랑스에서 수첩 가지고 귀국. (이 수첩이 일본에 소개된 최초 수첩)
- 1866년 ── 미국 죠지 W 맥길(George W. McGill)이 분할핀과 유사한 쇠장식을 통과시키는 구멍을 뚫고, 쇠장식을 구멍을 통과시킨 후, 벌리는 도구 발명.
- 1868년 ── 미국 알버트 J 크렛츠커, ㄷ 형태의 침을 종이에 관통시켜 내측으로 접어 재끼는 도구발명
- 1869년 ── 후쿠자와유키치(福澤諭吉) 문하생 하야시유테키(早矢仕有的) 서양서적, 약품, 의료기기 수입판매업체로서 마루야상사(현재 마루젠유쇼도주식회사(丸善雄松堂株式会社)) 창업
- 1872년 ── 아사노나가코토(浅野長勲) 일본 최초 서양식 제지회사 유코사(有恒社) 창립 (1874년부터 가동, 1924년 오지제지주식회사(王子製紙株式会社)에 흡수됨)
- 1872년 ── 시부사와에이치(澁澤榮一) 서양종이 제조업체 쇼시회사(抄紙会社, 현재 오지제지주식회사) 설립 (1875년부터 가동)
- 1873년 ── 빈만국박람회에서 이구치나오키(井口直樹)와 후지야마타네히로(藤山種廣) 연필제조법 습득 후, 귀국
- 1874년 ── 코이케우하치로(小池卯八郎) 연필 제조공장 개시
- 1874년 ── 일본 최초 서양지 제조공장(유코샤) 가동 개시
- 1874년 ── 영국의 레밍턴父子상회가 크리스토퍼 레이섬 숄즈(Christopher Latham Sholes)의 특허를 기반으로 타이프라이터 제조, 판매
- 1877년 ── 미국의 헨리 R. 헤일(Henry R. Hall)이 침의 관통과 접힘을 동시해 가능하게 하는 종이제본기 발명
- 1879년 ── 대장성 인쇄국이 「회중일기(懐中日記)」를 발행 (일본에서 발행된 날짜가 인쇄된 최초의 수첩)
- 1879년 ── 미국의 죠지 W. 맥길(George W. McGill)이 현재 스테플러와 유사한 구조의 단발식 스테플러 발명
- 1882년 ── 나가사와리키조(長澤力蔵)가 나가사와시텐(長澤紙店, 현재 나가사와문구센터(ナガサワ文具センター)) 창업
- 1883년 ── 미국의 루이 에드슨 워터맨(Lewis Edson Waterman)이 모세관현상을 응용한 만년필 「The Regular」를 발명
- 1886년 ── 8대 사장인 아다치이치베에(足立市兵衛) 아다치상점(足立商会, 현재 후에키노리공업(不易糊工業)) 창업
- 1887년 ── 마사키니로쿠(眞崎仁六) 마사키연필제조소(현재 미츠비시연필주식회사) 창업
- 1887년 ── 토마스 에디슨의 특허를 바탕으로 앨버트 B. 딕이 미국에서 세계 최초의 등사판 발매 (상표는 미메오그래프)
- 1888년 ── 미국의 조지 새포드 파커(George Safford Parker)가 파커 창업
- 1888년 ── 미국의 존로드(John Lord) 볼펜 발명 (실용화는 되지 못함)
- 1894년 ── 호리이신지로(堀井新次郎) 등사판 발명
- 1896년 ── 이시카와 토쿠마츠(石川徳松) 이시카와 펜사키제작소(石川ペン先製作所) 창업 (현재 제브라주식회사)
- 1898년 ── 타구치세지(田口精爾) 먹물 발명, 타구치상점을 창업하여 「카이메보쿠쥬(開明墨汁)」 출시

1899년 — 기우치 야키치 …

1899년 — 미국의 윌리엄 미들브룩(William Middlebrook)이 젬클립을 자동제조 기계 발명 (젬클립은 1890년경에 존재하고 있었다고 판단됨.)

1901년 — 야주료이치(矢頭良一) 일본 최초로 기계식 계산기 '자동산반(自働算盤)' 발명

1902년 — 미국 광석채굴업체인 미네소타 마이닝 앤 매뉴팩처링 컴퍼니 설립 (현재 3M)

1903년 — 이토키상점(伊藤喜商店, 현재 주식회사 이토키) 미국의 E.H.Hotchkiss사의 'Hotchkiss No.1'과 'Hotchkiss No.2'를 수입판매

1904년 — 이토쇼타로(伊藤勝太郎) 이토야(伊東屋) 창업

1905년 — 독일 파버카스텔이 '카스텔9000' 발명

1905년 — 쿠로다젠타로(黒田善太郎)가 '쿠로다효시텐(黒田表紙店, 현재 코쿠요주식회사)' 창업

1908년 — 독일에서 심플로 필러 펜컴퍼니(Simplo Filler Pen Co.) 설립 (현재 몽블랑, 창업은 1906년)

1908년 — 일본에서 철펜과 잉크가 공식서류에 정식으로 사용인정을 받음.

1909년 — 나미키료스케(並木良輔) 나미키式오구(烏口) 개발

1910년 — 우치다 코타로(内田小太郎) 만주 대련시에 우치다요코(内田洋行) 설립

1911년 — 사카타 큐고로(阪田久五郎) 만년필, 금펜촉의 제조/판매를 위하여 사카타제작소(阪田製作所)를 창업 (현재 세라만년필주식회사)

1913년 — 오가와하루노스케(小川春之助) 오가와하루노스케상점을 창업 (현재 주식회사 톰보연필)

1915년 — 수기모토쿄타(杉本京太)가 일문 타이프라이터 발명

1915년 — 하야카와토쿠지(早川徳次) 하야카와式지속배출연필(繰出鉛筆) 개발

1915년 — 스위스에서 제네바연필제조소 창업(현재 카렌다쉬)

1915년 — 미키코사쿠(三木康作) 미키코사쿠고무제조소(三木康作ゴム製作所) 창업 (현재 주식회사 시도, シード)

1918년 — 우타하시켄이치(歌橋健一) 경고, 연고를 제조하는 제약회사인 우타하시제약소 창업 (현재 니치반 주식회사, ニチバン)

1918년 — 나미키료스케(並木良輔)와 와다마사오(和田正雄) 나미키제작소 창업 (현재 주식회사 파이롯트 코퍼레이션)

1919년 — 나카다 토자부로(中田藤三郎) 약제, 안료분쇄를 위하여 나카다호카도(中田鳳華堂) 창업 (현재 오토주식회사, OHTO)

1921년 — 영국 노만앤드힐(Norman and Hill, 현재 파일로팍스(Filofax)) 창업, 시스템수첩 개발(일본 개발은 1984년)

1921년 — 사타케린조(佐武林蔵)와 사사키마사오키(佐々木昌興) 일본크레용상회(日本クレヨン商会) 창업 (현재 주식회사 사쿠라크레파스)

1923년 — 이마무라젠지로(今村善次郎) 접착제 제조판매업체 (현재 세메다인주식회사) 창업(1941년 이마무라화학연구소 설립)

1923년 — 타이가계산기(タイガー計算器, 현재 주식회사 타이가) 오모토 토라지로(大本寅次郎) 발명 토라지루시계산기(虎印計算器) 출시

1924년 — 나카타 슌이치가 나카야제작소(현 푸라치나만년필) 설립 (창업은 1919年)

1924년 — 독일 신프로필러펜컴퍼니(현 몽블랑)가 마이스터 슈튜크 발매(마이스터 슈튜크 149 발매는 1952년)

1925년 — 사쿠라크레용상회(桜クレヨン商会, 현재 주식회사 사쿠라크레파스) 크레용과 파스텔 장점 합친 세계최초 오일파스텔 '크레파스' 개발

1925년 — 후나바시킨조(舟橋金造)와 동생 코지(高次) 후나바시상회(舟橋商会, 현재 샤치하타 주식회사)를 창업하고, '만년스탬프대(万年スタンプ台)' 출시

1928년 — 독일 빌헬름리프 Tintenkuli Handels (현재 로트링) 설립

1930 · 1940 · 1950 · 1960

- 1934년 — 앙리 베리야크 종이제품업체 (현재 로디아) 프랑스에 창립 (이듬해 앙리 동생 로베르 참여 (베리야크형제사가 됨)
- 1938년 — 프랑스에서 헝가리인 라즈로 비로 볼펜 개량 특허취득
- 1938년 — 미국 체스터 F. 칼슨(Chester Floud Carlson) 정전기에 의한 복사기술 제로그래피(xerography)' 발명
- 1942년 — 야마다쇼타로(山田勝太郎) 야마다항공공업(현재 막스주식회사) 창업하고, 제로전투기 꼬리날개 부품 제조 (1946년부터 스테플러 제조 개시)
- 1943년 — 아르헨티나에서 헝가리인 라즈로비로 세계최초 볼펜 'birome' 출시
- 1945년 — 톰보연필 고급제도용 연필 'No.8900' 출시
- 1945년 — 프랑스 마르셀 빅(Marcel Bich) 과 에드왈 뷰파드(Edouard Buffard) 필기구 부품업체로서 '빅(Bic)' 창업
- 1946년 — 미츠비시연필주식회사 고급제도용 연필 'No.9800' 출시
- 1948년 — 니치반약품공업(日絆薬品工業, 현재 니치반(ニチバン) 주식회사) '세로테이프' 출시
- 1948년 — 이마이즈미상회(今泉商会) 와 스즈키상회(鈴木商会) 합병하여 사무용품 도매업체 치요다(千代田) 문구 (현재 PLUS주식회사) 설립
- 1951년 — 미국 베티 네스미스 그라함(Bette Nesmith Graham) 수정액 특허취득 (1956년 'Mistake Out' 출시)
- 1952년 — 호리구치켄조(堀口乾蔵) 염화비닐에 의한 고무지우개 제조법을 발명
- 1952년 — 톰보연필 고급연필 'HOMO' 출시
- 1953년 — 테라니시화학공업(寺西化学工業) '매직잉키' 출시 (당초 우치다요코 상품으로 출시)
- 1956년 — 일본 복수업체로부터 플라스틱 고무지우개 출시
- 1956년 — 오카다요시오(岡田良夫) 세계최초 절단식 커터 발명
- 1958년 — 미츠비시연필주식회사 고급연필 'uni' 출시
- 1958년 — 미국 이스트만코닥 세계최초 순간접착제 '이스트만 #910' 출시 (1951년 미국 해리쿠버(Harry Coover) 와 프레드죠이너(Fred Joyner) 발명
- 1958년 — 미국 데이비드 다이모가 경질 플라스틱 점착테이프에 문자 새기는 장비 '다이모(Dymo)' 출시
- 1959년 — 미국 하로이드(Haroid, 현재 Xerox) 보통용지 복사기 'Xerox914' 개발
- 1960년 — 다이닛폰(大日本) 문구 (현재 펜텔주식회사) 세계최초 폴리머심(0.9mm) 과 노크식 샤프펜슬 '펜텔연필' 출시
- 1961년 — 영국 Bell Punch and Sumlock-Comptometer사가 세계최초 전자탁상계산기 'Sumlock Anita' 출시
- 1962년 — 다이닛폰(大日本) 문구 (현재 펜텔주식회사) 0.7mm와 0.5mm 폴리머심 출시
- 1963년 — 톰보연필 고급연필 'MONO' 출시
- 1963년 — 다이닛폰(大日本) 문구 (현재 펜텔주식회사) '사인펜' 출시 (1965~1966년 미국 유인 우주비행계획에서 제미니 6호와 7호에 채용)
- 1963년 — 미국 카터즈 잉크 컴퍼니(Carter's Ink Company) 문자 강조하는 투명색 잉크 마커, '리딩하이라이터' 출시
- 1963년 — 미국 Carter's Ink Company 형광잉크 사용한 마커 'Glow Color Marker' 출시
- 1963년 — 파이롯트만년필 (현재 주식회사 파이롯트 코퍼레이션) 세계최초 캡리스 만년필 … 출시)

- 1964년 — 오토(OTTO) 「세계최초 샤프펜슬」 개발
- 1964년 — 미국 IBM 세계최초 워드프로세서 「MT/ST」 개발
- 1965년 — 산스타(サンスター) 문구주식회사 폴리카보네이트로 만든 펜케이스 「손필통(アーム筆入れ)」 출시 (1967년부터 방송된 TV CM 「코끼리가 밟아도 부서지지 않는다」로 히트상품됨)
- 1967년 — 다이닛폰(大日本) 문구(현재 펜텔주식회사) 수성볼펜 「롤링라이터」 출시
- 1968년 — 시도고무공업(현재 주식회사 시도·Seed) 플라스틱 고무지우개 「레다」 출시 (1970년 「삶의 수첩(暮しの手帳)」에서 높게 평가되어 인기를 끎)
- 1969년 — 산스타문구주식회사 어린이용 수첩완구 「스파이메모」 출시 (물에 녹는 메모나 변장씰 등의 부록으로 히트상품됨.)
- 1969년 — 다이닛폰(大日本) 문구(현재 펜텔주식회사) 0.3mm 폴리머심과 세계최초 0.3mm 샤프펜슬 「펜텔메카니카」 출시
- 1969년 — 독일 헨켈(Henkel) 세계최초 스틱풀 프릿스틱(Pritt Stick) 출시
- 1971년 — 독일 스완연필공장(현재 스완스타빌로) 형광펜 「스타빌로 보스」 출시
- 1972년 — 카시오계산기주식회사 건전지 구동 소형전탁 「카시오미니」 출시
- 1972년 — 세라만년필주식회사 「붓펜(ふでペン)」 출시
- 1973년 — 다이닛폰(大日本) 문구(현재 펜텔주식회사) 0.2mm 폴리머심과 세계최초 0.2mm 샤프펜슬 「슬라이드02」 출시
- 1977년 — 복수업체가 슈퍼카 고무지우개 출시 (캡슐 토이의 경품)
- 1978년 — 토시바(東芝) 일본어 워드프로세서 「JW-10」 출시
- 1980년 — 미국 3M이 재박리가능 점착제 바른 부착메모지 「포스트잇」 출시
- 1983년 — 주식회사 반다이 만화 「근육맨」 등장 캐릭터 모방한 「근육맨 고무지우개」 출시
- 1984년 — 파일로팍스(Filofax) 일본에서 시스템 수첩 판매개시
- 1984년 — 주식회사 사쿠라크레파스 세계최초 젤잉크 볼펜 「볼사인 280」 출시
- 1984년 — 시도고무공업(현재 주식회사 시도) 수정테이프를 고안·특허출원 (출시 1990년)
- 1984년 — PLUS주식회사 소형문구세트 「팀데미」 출시
- 1986년 — 히노데와시(ヒノデワシ) 주식회사 지우개 찌꺼기가 뭉치기 쉬운 고무지우개 「마토마루쿤」 출시
- 1988년 — 독일 펠리칸 테이프 접착제 「Rollfix」 발매
- 1988년 — 주식회사 킹짐(キングジム) 라벨라이터 「테프라 TR-55」 출시
- 1989년 — 독일 펠리칸 수정테이프 「Rollfix」 출시
- 1991년 — 파이롯트(현재 주식회사 파이롯트 코퍼레이션) 인간공학을 디자인에 채용한 볼펜 「닥터그립볼」 출시 (샤프펜슬 출시는 1992년)
- 1994년 — 파이롯트(현재 주식회사 파이롯트 코퍼레이션) 볼직경 0.3mm 볼펜 「하이테크C」 출시
- 1998년 — 이탈리아 Mode & Mode(현재 몰스킨·Moleskine) 19세기후반에 프랑스에서 만들어진 전설의 노트 재현한 「몰스킨」 출시 (창업 1997년)

2000 2010 2020

2002년 ――― 이토이시게사토(糸井重里)가 대표로 있는 주식회사 호보니치(ほぼ日) 1일 1페이지 수첩·호보니치수첩(ほぼ日手帳)·출시

2003년 ――― 코쿠요주식회사·카오케시·출시

2003년 ――― 미츠비시연필주식회사 저점도 유성볼펜심·제트스트림·구미로 출시(일본출시 2006년)

2005년 ――― 독일 로이히트투름(Reuchtturm) 하드커버 노트·Reuchtturm1917 Notebook·출시

2006년 ――― 미츠비시연필주식회사 저점도 유성볼펜심·제트스트림·출시(일본국내)

2006년 ――― 주식회사 파이롯트 코퍼레이션 온도변화로 투명화하는 잉크를 사용한 지울 수 있는 라인마커·프릭션 라인·출시

2006년 ――― 주식회사 파이롯트 코퍼레이션 온도변화로 투명화하는 잉크를 사용한 지울 수 있는 볼펜·프릭션 볼·프랑스 출시(일본 2007년 출시)

2006년 ――― 미도리(현재 주식회사 디자인필)·트라베라즈 노트·출시

2006년 ――― 코쿠요S&T(현재 코쿠요주식회사) 기립 펜케이스·네오크리츠·출시(〈크리츠·출시 1999년)

2007년 ――― 카모이가공지(カモ井加工紙) 주식회사 의장용도 마스킹 테이프·mt·출시

2008년 ――― 미츠비시연필주식회사 심이 회전하여 계속 뾰족하도록 하는 샤프펜슬·쿠루토가·출시

2008년 ――― 막스주식회사 40매 철이 가능한 핸디스테플러·바이모11·출시

2008년 ――― 주식회사 킹짐 디지털메모·포메라DM-10·출시

2010년 ――― 제브라주식회사 에멀션 잉크를 채용한 볼펜·스라리·출시

2012년 ――― PLUS주식회사 대수나선을 응용하여 선단까지 교차각이 일정한 가위·피트컷커브·출시

2013년 ――― 주식회사 파이롯트 코퍼레이션 어린이용 만년필·카쿠노·출시

2014년 ――― 펜텔주식회사 0.2mm 일반 필기용 샤프펜슬·오렌즈·출시

2014년 ――― 제브라주식회사 독자 매카니즘으로 심이 부러지지 않는 샤프펜슬·델가드·출시

2015년 ――― 코쿠요주식회사 링이 부드러운 링노트·소프트링노트·출시

2017년 ――― 펜텔주식회사 0.2mm·0.3mm로는 최초의 자동심 배출 매카니즘을 탑재한 샤프펜슬·오렌즈네로·출시

로 생긴 모서리를 끝부분으로 사용함으로써 교체나 연마 없이 하나의 칼날로 여러 번 예리한 절삭력을 이용할 수 있다.

절취선 구멍 [ミシン目]
특별한 기구를 사용하지 않고 종이를 임의의 선을 따라 손으로 떼어낼 수 있게 하는 연속된 구멍 또는 파선 모양의 잘린 곳.

절취선 구멍칼 [ミシン目カッター]
종이에 절취선 구멍을 내는 원반형의 회전 칼날을 가진 커터칼.

점도 [粘度]
물질의 끈적끈적한 정도. 단위는 Pa·s(파스칼 초). 점도가 낮은 액체일수록 흐를 때의 저항이 작다. 특히 볼펜 등의 잉크 점도는 성능이나 필기감에 큰 영향을 미치는 중요한 요소.

점으로 된 가로 괘선 [ドット入り罫線]
고쿠요가 2008년에 발매한 캠퍼스노트(→p144)의 특이한 가로 괘선. 가로 괘선에 괘선 폭과 같은 간격으로 작은 점이 찍혀 있어 세로 괘선을 긋거나 첫 글자의 세로 위치를 맞추기 쉽다. 또는 바둑판 모양의 모눈 작도 등도 쉽다. 같은 시기에 출판되어 화제가 되었던 『동경대 합격생의 노트는 반드시 아름답다』(문예춘추)에 언급되면서 큰 인기를 끌었다.

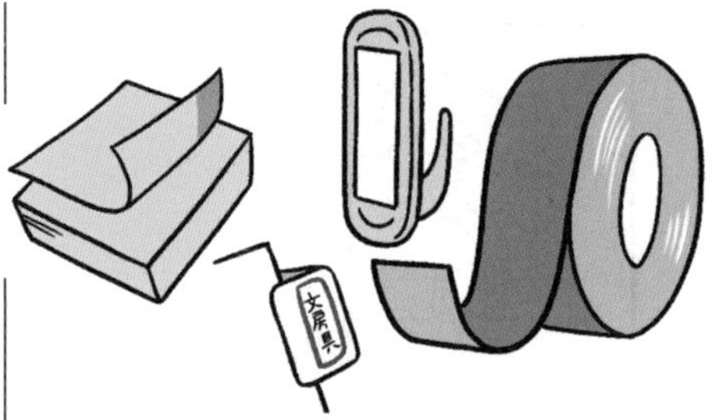

점착제 [粘着剤]
접착제의 일종이지만, 고점도의 액체나 젤. 맞붙인 전후에 상태가 변하지 않고, 붙인 부분을 누르면 표면의 요철에 맞추어서 유동하여 틈새를 메꾸고 분자간 힘이 크게 되어 붙은 것. 감압 접착제라고도 한다. 이 책에서는 가능한 한 '접착제'로 표현.

점토 [粘土]
① 2~5㎛ 이하의 광물로 이루어진 입자로, 약간의 수분을 첨가하면 소성(힘을 가하면 쉽게 변형하고, 그 형태를 유지한다)을 띠고, 고온에서 가열하면 소결하여 세라믹(→p89)이 된다.
② ①의 점토 혹은 그것과 유사한 소성을 띠는 조형 재료의 총칭.

점토심 [粘土芯]
연필에 내장된 분말 형태의 흑연과 점토를 섞어 굳힌 심. 영국산의 순도 높은 흑연 광석을 대체하기 위해 1794년 프랑스의 니콜라 자크 콩테(→p44)가 발명. 흑연과 점토의 혼합비율을 다르게 해 경도를 바꿀 수 있어 현재 대부분의 연필에 사용되고 있다. 이에 비해 샤프펜슬에 사용하는 것은 수지심(→p93)이다.

접착 핀 [粘着ピン]
포스터 등의 게시물을 벽면에 구멍을 뚫지 않고 고정하기 위해 사용하는 접착성 있는 작은 조각. 압정 대신 사용.

접착제 [接着剤]

붙이고 싶은 물건 사이에 넣어 그것들을 붙이는 물질의 총칭. 접착 메커니즘은 다양하지만 일반적으로 액상 또는 유동성을 가진 상태로 접착 면에 바른 후 건조나 화학반응 등 화학적인 변화에 의해 경화하는 것을 지칭하고, 접합 전후에 물질이 화학적으로 변하지 않는 점착제(→p129)와 구별된다.

접착테이프 [粘着テープ]

띠 모양의 기본재료의 단면 또는 양면에 점착제를 바른 접합재료. 눌러서 붙일 수 있다.

정보카드 [情報カード]

정보를 기록하고 정리하는 데 사용하려고 두꺼운 종이로 만든 카드. 용도에 따라 다양한 치수나 괘선이 그려진 것이 있다. 순서를 바꿀 수 있는 도서 목록 정리용으로 발달하여(→p178, 5×3 카드 참조), 간단한 데이터베이스로서 연구 등의 다양한 용도에 사용된다(→p58, 교다이식 정보카드 참조).

정전식 복사 [静電式複写]

전기를 띤 토너 입자를 유도하여 종이에 전사하는 복사 방법의 총칭. 현재 가장 일반적인 복사기에 채택되고 있는 '건식 간접 정전복사기'도 여기에 포함된다(→p181 PPC).

제도용 샤프펜슬
[製図用シャープペンシル]

제도할 때 쓰려고 제작한 샤프펜슬. 보통 자에 대고 정확한 선을 긋기 위해 길고 평행한 가이드 파이프를 가지고 있으며, 3종 이상의 선폭(일반적으로 도면상에서 의미가 다르다)에 대응한 심 굵기를 준비하고 있다. 또한 균일한 굵기의 선을 긋기 위해 펜 끝을 회전시키기 쉽게 하는 가는 원형 단면의 그립이나 투입한 심지의 경도를 표시하는 창, 방해가 될 경우 빼버리기 쉬운 클립 등의 공통점이 있다. PC에 의한 제도가 보급된 현재는 제도보다 일반 필기나 그리기용으로 사용되는 경우가 많다.

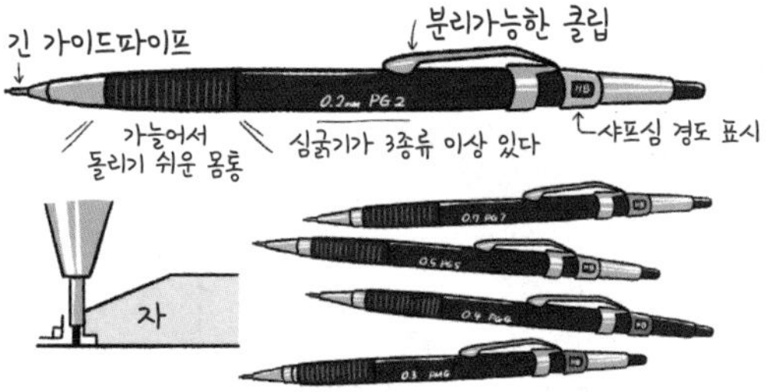

제도펜 [製図ペン]

주로 제도에 사용하는 필기구로, 균일한 굵기의 선을 그릴 수 있는 속이 빈 파이프 모양의 펜촉을 가진 필기구. 여러 가지 굵기의 펜촉이 있어

그리는 선의 굵기별로 구분하여 사용한다. 파이프 안에 가느다란 바늘 모양의 부품이 있고, 그 바늘로 밸브를 여닫아 바늘과 파이프 내벽 사이의 틈새로 모세관현상에 의해 잉크가 흐르는 구조(→p57 로트링).

제본 테이프 [製本テープ]

① 서류를 스테이플러로 철하여 간이 제본한 책등을 보강하기 위한 단단한 종이로 만든 접착테이프. ② 계약서 등을 철할 경우에 사용하는 흰 종이로 만든 접착테이프. 계약서 등이 복수매수인 경우 스테이플러로 제본한 후 책등을 이 테이프로 철침마다 감싸고, 테이프와 서류에 걸쳐 있도록 날인함으로써 수정이나 교체가 불가능한 서류로 간주한다.

제브라 [ゼブラ]

도쿄에 본사를 둔 필기구업체. 1896년 이시카와 토쿠마츠(石川徳松)가 이시카와펜사키제작소(石川ペン先製作所) 창업. 일본 최초의 철펜촉을 개발. "보인다·보인다" (→p72)라는 광고로 인기를 얻은 '크리스탈 S-4100'이나 양쪽 유성 마커인 '마키', '샤보', '사라사 클립', '델가드' 등이 유명. 현재는 만화용 딥펜 제조도 하고 있다.

제비 노트 [ツバメノート]

츠바메노트사가 1947년부터 제조 판매하고 있는 노트. 회색 표지, 검은색 책등 크로스, 실 제본, 제비 워터마크가 들어간 흡수성이 좋은 풀스지(→p166)로 된 본문, 지금은 거의 사용되지 않는 줄긋개(→p135)에 의한 수성잉크 줄 때문에 만년필 등으로 필기할 때 잉크가 잘 스며들어 줄에서도 튀지 않는 것이 특징. 지금도 거의 제조 방법을 바꾸지 않고 있는 대학노트의 원형적 존재.

제조업체 [メーカー]

원료를 가공하여 제품을 제조, 판매하는 업체. 자사 소유의 공장에서 제조하는 업체 외에 자체 공장을 보유하지 않고 기획, 개발은 자체적으로 하고 제조를 외부 공장에 위탁하여 OEM(→p41) 공급을 받아 자사 브랜드로 판매하는 팹리스 업체도 포함되지만, 무역회사와의 구분이 모호한 경우도 많다.

제트스트림 [ジェットストリーム]

Jetstream. 미쓰비시연필이 2004년 출시한 유성 볼펜(북미와 유럽에서는 캡식으로 출시. 일본은 2006년 노크식이 최초). 기존 상품보다 점도가 낮은 잉크를 개발하여, 유성 볼펜이면서도 가볍게 흐르는 듯한 필기감으로 많은 사람을 놀라게 했다. '저점도 유성 볼펜'이라고 하는 새로운 장르를 개척. 점도나 필기감의 균형이 절묘하고, 출시 이래 10년 이상 지났지만, 여전히 일본 볼펜 시장에서 압도적 인기를 누리고 있다.

젠탱클 [ゼンタングル]

Zentangle. 2004년 미국의 릭 로버츠(Rick Roberts)와 마리아 토마스(Maria Thomas)가 제안한 간단한 패턴의 연속으로 면을 가득 채우는 예술 표현기법. Zen(禪)과 Tangle(얽히다)을 합친 조어로 힐링의 의미가 강하다.

젤 잉크 [ゲルインク]

볼펜 잉크의 하나. 잉크통 안에서는 젤(고체) 상태인 잉크가 볼 회전에 의한 전단력(剪斷力)을 받아 액체로 변하면서 종이에 침투한 후 남은 잉크는 다시 젤 상태로 돌아간다. 유성이나 수성과 비교하여 유동성을 제어하기 쉬워 초미세 볼펜에 많이 쓰인다. 또한 통 안에서 잉크가 움직이지 않기 때문에 안료 침전이 일어나지 않는다. 밑바탕이 비치지 않는 산뜻한 발색이나 반짝이 색 등 볼펜의 다색화가 가능해졌다. 1984년 사쿠라크레파스가 출시한 '볼사인 280'이 세계 최초.

젬클립 [ゼムクリップ]

철사를 이중으로 감은 타원형 클립. 특허는 출원되지 않았고 기원도 불분명. 1899년 미국 윌리엄 미들북이 이 형태의 클립을 자동 제조하는 기계의 특허를 출원한 점으로 보아, 1890년경 시중에 유통되었다고 추정된다. 젬(gem)이라는 호칭은 이 클립 판매에 성공한 영국의 쿠쉬만&데니슨사가 1892년부터 사용한 브랜드명에서 유래한다.

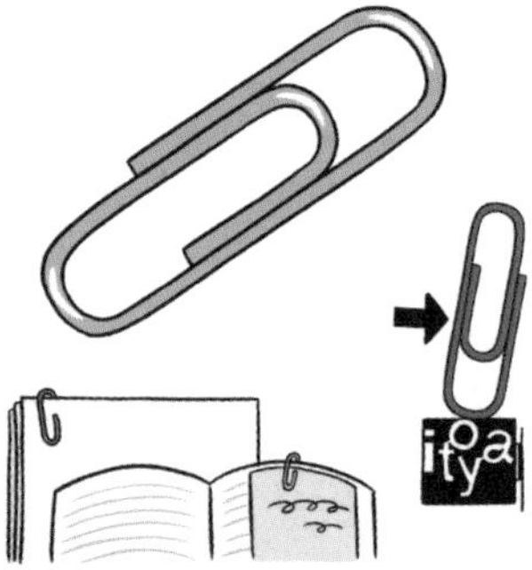

조각칼 [彫刻刀]

조각이나 판화 등의 세공에 이용하는, 주로 손힘만으로 잘라내는 작은 칼. 용도에 따라 다양한 형상의 칼날이 있다.

조정 [調整]
만년필의 필기감을 좋게 하거나, 혹은 취향이나 필기 습관에 맞추기 위하여 펜촉 등에 손을 대는 것.

조지프 프리스틀리
[ジョゼフプリーストリー]
(1733~1804) Joseph Priestly. 영국의 자연철학자. 1774년 탈프로기스톤 공기, 즉 산소를 분리하는 데 성공. 그러나 그것이 산소였다는 것을 끝까지 모름. 탄산수 발명자로도 유명. 1770년 천연고무가 흑연으로 쓴 글씨를 지울 수 있다는 사실을 처음으로 기록한 사람. 글자를 지운다(rub out)는 의미에서 'rubber=지우개'라는 이름을 붙였다고. 흔히 지우개를 발견한 사람으로 알려졌지만, 그의 기록에 따르면 "문구상인 에드워드 네언(Edward Nairne)이 판매하던 상품을 구입한 것"이라고 함. 따라서 지우개 발명자는 아니다.

조출연필 [繰出鉛筆]
넓게 보면 샤프펜슬과 같은 뜻이지만 주로 돌려서 심을 내보내는 회전식 연필을 지칭한다.

졸링겐 [ゾーリンゲン]
Solingen. 독일 서부 도시. 중세부터 칼의 고장, 고급 칼의 산지로서 알려져 있다. 츠빌링 헨켈스(Zwilling J. A. Henkels) 등의 제조업체가 유명.

종이 [紙]
일반적으로 식물섬유를 두들겨 풀어서 물에 분산시킨 후, 서로 뒤얽힌 상태로 대발이나 망 등에서 탈수·건조하여 굳혀서 얇은 시트 형태로 만든 것. 글쓰기 재료 외에 포장 등 다양한 용도로 이용된다. 기원전 2세기경 중국에서 발명되어 세계로 퍼졌다. 일본에는 610년 고구려에서 넘어온 담징이 제지 기술을 전했다. 세계 각지에서 다양한 식물을 원료로 한 종이가 만들어졌지만, 1840년 독일의 프리드리히 고틀롭 켈러(Friedrich Gottlob Keller)가 목재에서 섬유를 추출하는 방법을 발명한 이후 목재를 원료로 한 종이가 대량 생산되었다. 현재는 종이 대부분을 목재로 만들고 있다.

종이 퀼링 [ペーパークイリング]
길쭉한 종이를 꼬아 만든 부품을 조합하여 장식품을 만드는 수예의 일종. 고대 이집트에서 금속 등으로 행해지던 장식기법인데, 16세기경 유럽 수녀들이 오래된 성경 등을 자른 종잇조각을 꼬아서 성경 표지나 종교화 등을 장식하면서 보급되었다고 한다. 종이를 꼬는 심지에 거위 깃털(quill)을 사용한 데서 유래.

종이결 [紙目]
일반적으로 종이는 제조과정에서 펄프가 흐르

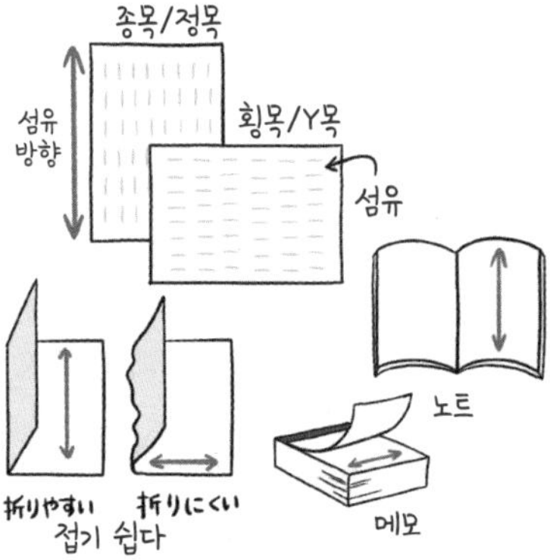

는 방향에 따라 섬유의 방향이 갖추어진다. 이러한 이방성(異方性)을 '종이결' 또는 '종이의 흐름'이라고 한다. 흐름과 평행하게는 접고, 찢어지고, 휘기 쉽지만, 수직 방향으로는 접고, 찢어지고, 휘기 어렵다. 종이의 긴 쪽을 따라 평행하게 섬유가 흐르고 있는 경우 그 종이를 종목(縱目), 종이의 짧은 쪽을 따라 평행하게 섬유가 흐르고 있는 경우 횡목(橫目)이라고 부른다. 치수를 표시할 때 종목은 짧은 쪽을 먼저(예, 210×297mm), 횡목은 긴 쪽을 먼저(297×210mm) 표기한다. 종이결에 거스르면 접어 굽히기 어려우므로, 노트나 메모 등에서는 종이결이 젖히는 방향과 수직이 되도록 사용하는 것이 보통.

종이시멘트 [ペーパーセメント]

후쿠오카공업이 제조 판매. 주로 종이접착에 사용하는 천연 고무계 접착제. 종이를 신축시키지 않고 완전히 마를 때까지 붙였다 떼어낼 수 있으며, 건조 후에도 전용 용제(솔벤트)로 종이를 손상시키지 않고 떼어낼 수 있기 때문에 컴퓨터 디자인이 보급되기 이전에는 그래픽 디자인이나 판화 작업 등에 없어서는 안 될 필수품이었다. 솔이 달린 전용 병에 옮겨 용제를 섞어 원하는 농도로 조절해 사용하며, 흘러나온 접착제는 고무 클리너로 문지르면 깨끗하게 제거할 수 있다. 황변하기 때문에 장기 보관에는 적합하지 않다.

종이용기 [紙器]

종이를 가공하여 만든 용기의 총칭. 문구와 관련해서는 선물상자나 수납함 등 상품이나 그 부수품인 종이 용기를 가리키는 때도 있지만, 상품 배송 상자나 종이로 만든 매장 진열대(→p136) 등을 지칭할 때도 사용된다.

종이접기 [折り紙]

종이를 접어서 동식물 등의 형태를 만드는 일본 전통 놀이. 또는 거기에 사용되는 정사각형의 전용 종이. 모자이크화 등의 회화 공작재료로도 사용된다. 한 면에 착색이나 인쇄가 된 것이 일반적이지만, 일본종이나 셀로판, 수지필름 등 다양한 소재로 된 것도 있다. 금색이나 은색은 종이에 알루미늄박(箔)을 붙여서 만든다. 최근에는 종이접기 용지를 가지고 다니기 위한 종이접기 전용 용지 케이스도 판매되고 있다. 일명 오리가미.

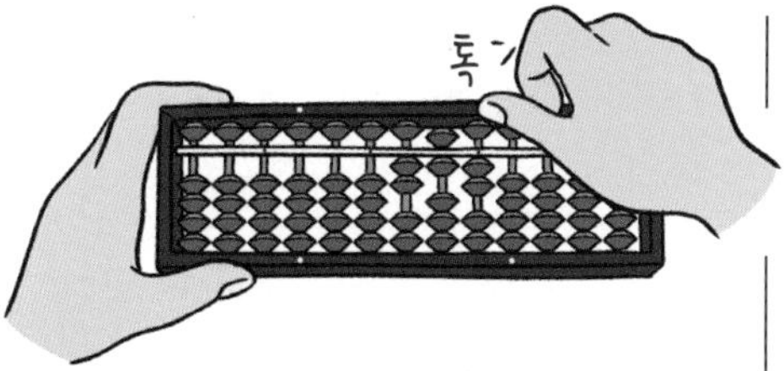

주판 [算盤]

여러 개의 가느다란 꼬챙이에 끼워진 상하로 움직일 수 있는 구슬 위치로 숫자를 나타내는 계산 보조기구. 각각의 꼬챙이는 자릿수를 나타내고, 구슬 위치가 그 자릿수의 수를 나타내며, 사칙연산의 중간 과정을 저장하는 단기 기억 장치로서 계산을 보조한다. 연산 자체는 사람이 하기 때문에 주판 자체는 계산기가 아니다. 또한 전자적인 장치가 아니기 때문에 아날로그적이라고 오해하기 쉽지만, 표현할 수 있는 숫자는 정수와 소수이며, 각각의 숫자를 따로따로 다루기 때문에 디지털 계산기라고 할 수 있다.

줄(괘선) [罫]

노트나 편지지 등 필기를 목적으로 하는 용지에 문자를 가지런히 쓰기 위해서 미리 그어 놓은 선. 괘선이라고도 함.

줄긋개 [罫引き]

노트 등에 줄을 긋기 위한 기계. 회전축에 임의의 간격으로 고정한 얇은 금속제 원반 둘레에 잉크를 묻혀, 종이 위에 굴려서 줄을 긋는다. 인쇄는 평행선만이 가능하므로, 모눈줄을 인쇄하는 경우는 한 번 인쇄한 종이를 90도로 회전시켜 한 번 더 기계에 걸어 인쇄한다. 수성 잉크를 사용하기 때문에 현재 주류인 옵셋인쇄(→p114, 유성잉크 사용)와는 달리, 만년필 잉크를 튕겨내지 않는 것이 장점.

중면식 [中綿式]

마킹펜이나 수성 볼펜의 액체 잉크를 중면(섬유 형태의 저장소)에 스며들게 하여 보관하는 것. 잉크누출 방지나 필기구 내외의 기압조정이 쉬운 반면, 점도가 높은 잉크에는 부적합하거나 잉크 잔량에 따라 잉크 배출량이 변하는 등의 단점이 있다.

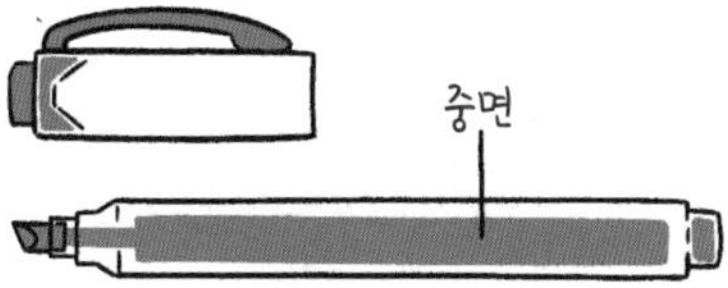

중성지 [中性紙]

중성에서 약알칼리성의 종이. 책이나 공문서 보관에 있어서 19세기 이후에 만들어진 서양 종이(산성지)의 열화가 문제였다. 이에 따라 20세기 중반 얼룩 방지제를 사용한 중성지가 개발되었다. 현재는 대부분의 서양 종이가 중성지. 일본 종이(화지)는 원래 중성지로, 1000년 이상의 보존이 실증됨.

지시봉 [指示棒]

스크린이나 칠판에 도표나 자료 등을 비추면서 진행하는 강의(프레젠테이션) 때 강연자가 특정 위치를 가리키기 위하여 사용하는 막대. 휴대하기 쉬운 다단식 금속제가 많고, 끝에 달린 뚜껑을 열면 볼펜이 있는 것도 있다.

지우개 [字消し]

고무지우개(→p34) 중 연질 플라스틱으로 만든 것을 천연고무로 만든 고무지우개와 구별하기 위해 사용하는 용어.

지우개판 [字消し板]

지우개로 도면 등의 세부 내용을 지울 때 지우고 싶은 부분만 지울 수 있는 구멍이 뚫린 얇은 금속판. 지우고 싶은 부분의 모양에 맞춘 다양한 형태의 구멍이 준비되어 있다.

지점토 [紙粘土]

원래는 '종이를 주원료로 한 점토와 같은 성질(가소성)을 가진 재료'라는 뜻이지만, 현재는 탄산칼슘이나 결합재를 주원료로 펄프를 첨가해 반죽한 것이 주류. 탄산칼슘 대신에 미세한 수지로 만든 중공구체(中空球體)를 이용함으로써 극적으로 경량화된 경량점토로 불리는 것도 있다. 소재 변천은 있지만, 전체적으로 희고 가소성 있는 조형 소재로 건조 후에는 가볍고, 단단하며, 쉽게 착색 가능하다는 공통점을 갖는다.

직액식 [直液式]

마킹펜이나 수성 볼펜 중 액체 상태의 잉크를 몸통 안의 탱크에 직접 담는 방식. 잉크를 다 쓸 때까지 충분한 배출량을 유지할 수 있는 반면, 잉크 누출 방지와 캡 개폐 및 잉크 유출에 따른 필기구 안팎의 기압 조절이 어려워 설계 및 제조에 고도의 기술이 요구된다.

직영점 [直営店]

① 제조업체가 직접 경영하는 점포. ex) 고쿠요의 think of things 등. 반대로 대리점은 제조업체에서 상품을 매입하여 판매. ② 소매업 본사가 직접 운영하는 점포. 반면 소유주는 따로 있고 상호(상표)나 노하우를 제공받는 점포는 가맹점. 도큐핸즈의 경우 나고야점과 ANNEX점만 가맹점이고, 나머지는 모두 직영점.

진열대 [什器]

상품 등을 진열하기 위한 기구의 총칭. 점포에 설치된 랙이나 쇼케이스 등의 진열대에서부터 특정 상품을 효과적으로 진열하기 위한 POP를 겸비한 판촉대, 기타 범용 진열용 기구 전반을 포함한다. 특히 '곤돌라'라고 불리는 선반 위치를 자유롭게 설정할 수 있는 금속제의 랙은 많

은 소매점, 양판점 등에서 사용하고 있어 진열대의 기준이 되고 있다. 문구점에서는 3척인 폭 900mm가 일반적이고, 안쪽 치수가 880mm 정도이므로 많은 진열대는 가로 폭이 880mm 이내로 설계되는 경우가 많다.

책갈피 [栞, しおり]

독서를 중단할 때 읽으려는 페이지에 끼워 넣어 다시 읽기 위한 표시로 삼는 것. 종잇조각이나 끈이 달린 것이 많지만, 다른 소재를 사용한 것, 현재 열려 있는 페이지를 자동으로 따라가는 장치 등 부가가치와 부가 기능을 가진 제품도 많다. 비슷한 목적으로 수첩이나 일기장 책등 상단에 미리 부착된 끈도 책갈피라고 한다.

책등 크로스 [背紙]

책이나 노트, 수첩 등 표지와 뒤표지가 분리된 형태의 제본에서 표지와 뒤표지를 연결하고 보강하기 위해 붙이는 띠 모양의 천이나 튼튼한 종이.

책받침 [下敷き]

노트 등에 필기할 때 필기의 안정성을 높이고 뒷면의 글자 등이 다음 페이지에 옮겨지거나 필압으로 종이에 요철이 생기는 것을 방지하기 위해 종이 밑에 끼워 사용하는 매끄러운 표면을 가진 얇은 판. 일반적으로 딱딱한 재질이어서 필기 마찰감을 줄여주는 것이 대부분이지만, 경필이나 볼펜으로 필기할 때는 너무 미끄러워서 적당한 마찰감을 주는 부드러운 재질의 책받침도 있다.

척 [チャック]

Chuck. 공구나 재료를 잡아 고정하는 기구 부분의 총칭. 문구류에서는 주로 샤프펜슬이나 심홀더의 심을 잡는 부분을 말하며, 노크에 의해 개폐되어 심을 두 방향 또는 세 방향에서 조여 고정한다. 금속에서 대량 생산이 가능한 수지로 대체된 것도 많지만, 금속을 고집하는 팬들도 많다.

천공능력 [穿孔能力]

펀치가 구멍을 뚫을 수 있는 능력의 척도. 한 번의 작업으로 구멍을 뚫을 수 있는 복사 용지의 매수로 표현된다.

천테이프 [布テープ]

합성섬유를 기본재료로 하는 넓은 폭의 포장용 접착테이프. 종이테이프에 비해 접착력이 강하고 튼튼하면서도 손으로 직접 찢을 수 있고, 겹쳐 붙일 수 있다. 방수 기능이 있어 유성 마킹펜으로 글자 등을 쓸 수 있다. 다양한 색깔이 있는 등 여러 면에서 편리하지만 무겁고 가격이 비싸다는 단점이 있다.

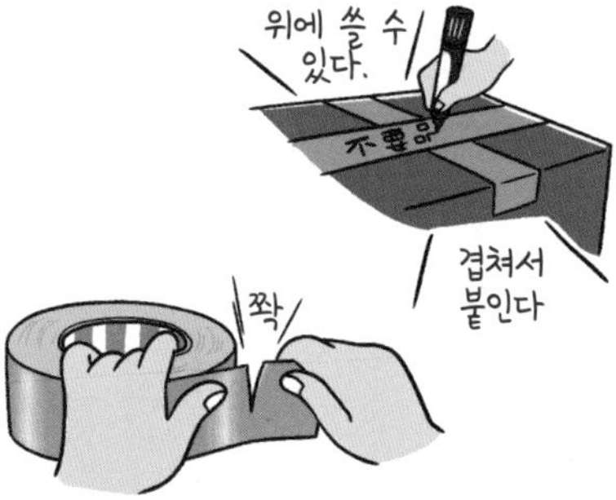

철끈 [綴り紐]

펀치로 구멍을 낸 서류를 철하기 위한 끈. 대개 딱딱한 표지로 덮은 후 서류를 추가하거나 교체할 수 있도록 나비매듭으로 철한다. 구멍에 쉽게 통과할 수 있도록 양쪽 끝은 가늘고 단단하다. 화지를 꼬아서 만든 것은 '코요리(紙縒, 종이 꼬챙이)'라고 부른다.

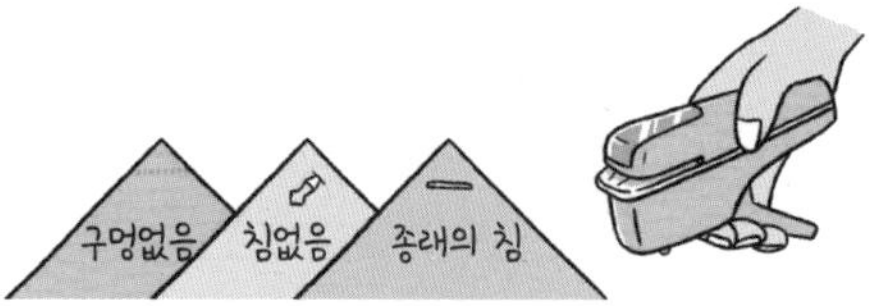

철침 없는 스테이플러 [針なしステープラー]

철침 등의 결합 부재를 사용하지 않고 종이에 칼집을 넣어 맞물리거나 강한 압력을 가해 종이끼리의 마찰에 의해 접합시키는 등 물리적인 가공을 함으로써 종이를 제본하는 사무기기. 칼집형은 1909년 미국의 조지 P. 범프가 특허를 출원한 것이 최초. 압착형은 그 이전인 1903년에 해당 광고가 존재했기 때문에 역사가 오래됐다. 일본에는 다이쇼 시대 초기에 수입되었으며, 당시에는 철침을 사용하는 스테이플러와 동일하게 판매되었지만, 이후 편의성이 향상된 철침 스테이플러가 압도적이어서 시장이 축소되었다. 그러나 식품 이물질 혼입 사건 등이 사회문제가 되고 안전의식이 높아진 가운데, 2009년에 고쿠요가 철침 없는 스테이플러(할리낙스 시리즈)를 발매해, 다시 시장을 만회했다.

철펜 [鉄ペン]

철로 만든 펜촉 및 그런 펜촉을 가지는 펜. →p36 금펜촉 참조.

철필 [鉄筆]

① 등사판 인쇄 원지에 글자를 새기기 위해 사

용하는 금속제의 뾰족한 끝을 가진 도구. 철판 위에 원지를 놓고 철필로 필기함으로써 원지의 파라핀을 깎아 제판한다. 등사판을 거의 사용하지 않는 요즘은 종이에 접는 선을 긋는 등 다른 용도로 사용되기도. ② 전각(→p127)에 쓰는 칼, 또는 전각.

청먹 [青墨]

송연먹(松煙墨)의 별명. 먹색이 약간 청색을 띠고 있고, 오래될수록 그 청색이 짙게 된다고 함.

청사진 [青写真]

빛에 노출되면 청색을 띠게 되는 염화철류를 이용한 복사기법. 청색 바탕에 하얀 선(네거티브)으로 복사된다. 기계나 건축 등의 설계도면 복사에 주로 사용되기 때문에, 향후 계획이나 구상을 지칭하는 용어로 사용되는 경우가 많다. 디아조 카피(diazo copy→p53)의 보급에 의해 사용이 중단되었다.

체크라이터 [チェックライター]

수표나 어음 등 기입식 유가증권에 금액을 인쇄하는 전용 사무기기. 변조 방지를 위해 숫자나 기호는 금속제 각인을 눌러서 종이에 미세한 요철을 새겨 넣는다.

초등학교 1학년 입학준비호 [小学一年生入学準備号]

쇼가쿠칸(小学館)이 발행하는 초등학교 1학년생을 대상으로 하는 종합잡지. 특히 입학준비호는 학부모를 위한 정보가 정리된 별책부록 「입학을 아는 책」이 딸려있다. 여기에 게재된 목록을 참고로 문구를 구매하는 이들도 많아서, 문구 업계에 영향력이 크다.

초정리법 [超整理法]

노구치 유키오(野口悠紀雄)가 1993년 동명의 저서에서 제안한 각형 2호 봉투를 이용한 봉투 파일링시스템을 핵심으로 하는 실용적인 개인용 서류정리법. 서류를 분류하지 않고 새로 작성하거나 사용한 서류를 왼쪽 끝에 꽂고 다른 서류를 오른쪽으로 밀어 넣으면 사용 빈도가 높은 파일이 자동으로 왼쪽에 모여 검색 시간을 단축할 수 있다(→p106 야마네식 봉투 파일링).

출하 단위 [出荷単位]

상품의 중간 유통단계에서의 최소 주문 단위. 소매점은 이 수의 배수로만 주문할 수 있다. 문구는 일부 고가품을 제외하고 소매점으로의 출하 단위가 3~20 정도가 많고, 고객이 이것을 밑도는 개수로 주문하면 출고가 되지 않는다.

취미문구상자 [趣味の文具箱]

에출판(枻出版)이 간행하는 무크지. 만년필을 중심으로 하는 고급 필기구를 주로 취급한다.

츠치하시 타다시 [土橋正]

츠치하시타다시사무소(土橋正事務所) 대표. 문구류 디렉터. 문구 칼럼 집필과 상품기획, 제조업체에 대한 컨설팅 등을 하고 있다. 저서로는 『문구류의 롱셀러가 될 수 있는 철학』(도쿄서적), 『생활의 문구』(겐코샤) 등.

측량야장 [測量野帳]

고쿠요가 1959년부터 판매하는 측량업무에 특화된 야외 기록용 노트. 주머니에 넣기 쉬운 세로형 얇은 양장본으로 선 채로도 기록하기 쉽다. 수직 방향 측량을 기록하는 '레벨', 수평 방향 측량을 기록하는 '트랜시트', 3mm 모눈종이로 된 범용 '스케치'라는 세 종류가 있다. 특히 스케치는 측량 이외의 현장 업무나 일상 메모용으로도 사용되어 최근에는 디자인이 좋은 노트로서 인기가 있어 한정 무늬가 발매되거나 장식을 개조하는 사람도 있다.

치수표시 [寸法表示]

일반적으로 상품 치수는 W(Width=폭), H(Height=높이), D(Depth=안길이)로 표시되지만, 노트나 파일 등 얇은 경우 W, H, T(Thickness=두께)로, 또한 펜 등 원통형에서는 H, φ(직경)로 표시된다.

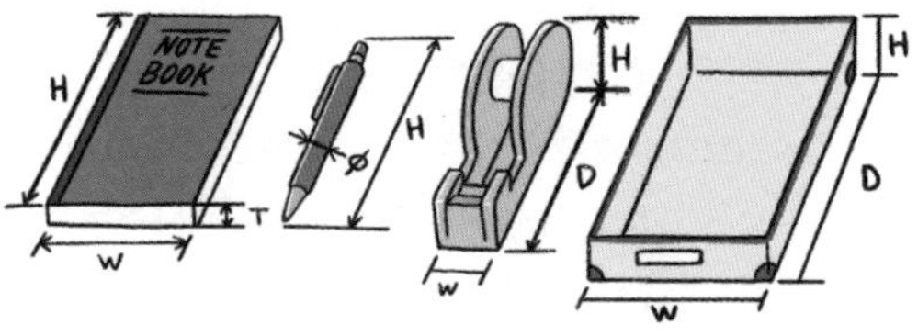

친환경 구매법 [グリーン購入法]

「국가 등에 의한 환경 물품 등의 조달 추진 등에 관한 법률」의 약칭. 국가, 독립행정법인 등 및 지방공공단체에 환경을 배려한 제품이나 서비스를 우선으로 구매하는 것(녹색구매)을 의무화하는 법률. 특정 조달 품목별 적합 기준이 마련되어 적합 상품 정보를 공개함으로써 일반기업 등에도 널리 녹색구매를 촉진하고 지속적으로 발전 가능한 사회 구축을 목표로 하고 있다. 많은 사무용 문구가 이 특정 조달 품목에 해당하기 때문에 적합 기준을 충족하는 개발이 중요시되고 있다.

칠판 [黒板]

분필로 글씨 등을 쓰기 위한 암녹색 또는 검은색으로 칠해진 판. 분필로 쓴 것을 칠판지우개 등으로 지움으로써 반복하여 사용할 수 있다. 일본에서는 1872년 미국으로부터 대학남교(大学南校, 현재 도쿄대 전신 중 하나)에 도입된 것이 시초라고 한다.

침투도장 [浸透印]

도장 표면에 다공성 고무 소재를 사용하여 거기에 잉크를 침투시켜 인주나 스탬프 없이도 연속적으로 찍을 수 있는 도장(→p50). 막도장이나 자주 사용하는 업무용 도장 등에 많이 사용된다. 막도장으로는 널리 보급되었지만, 도장 표면이 연질이어서 변형되기 때문에 고무도장과

마찬가지로 인감도장으로는 사용할 수 없다.

카드문구 [カード文具]

외관은 판 모양이고, 신용카드에 가까운 크기의 직사각형으로 된 얇은 문구의 총칭. 계산기나 돋보기 등을 시작으로, 필기구를 끼워 넣은 것 같은 비교적 단순한 것에서부터, 여러 기능을 가진 것, 스테이플러 등을 조립하여 사용하는 복잡한 구조를 가진 것까지 그 종류가 다양하다. 시스템 수첩에 수납하여 휴대할 수 있는 도구로써 1980년대 후반부터 1990년대에 걸쳐 유행했다.

카렌다쉬 [カランダッシュ]

Caran Dache. 스위스 제네바에 있는 필기구 업체. 1915년 연필공장으로 설립(제네바연필제작소). 1929년 세계 최초의 자동 심 공급장치를 가진 금속으로 만든 클러치 펜슬 '픽스펜슬(Fixpencil)'을 개발. 연필과 같은 육각 몸통

디자인이 특징인 '849컬렉션'이나 '에크리도르(Ecridor)'로 유명.

카시오 미니 [カシオミニ]

1972년 '카시오계산기'가 12,800엔에 출시한 탁상용 전자계산기. 당시 일반적인 탁상용 전자계산기의 반 이하의 가격. 주머니에 쏙 들어가는 작은 크기였고 건전지로 작동. 당시 붐이었던 볼링 점수계산에 사용하는 것을 염두에 두었는데, 개인도 구매할 수 있는 가격대와 이동 중에도 사용할 수 있는 사양은 당시 탁상용 계산기의 이미지를 크게 바꾸어 놓았다. 출시 후 10개월에 100만 대 판매. 개인용 탁상 전자계산기라고 하는 새로운 장르를 개척하고, 이후 시장에 큰 변화를 가져왔다. 광고 문구 "정답은 하나, 카시오 미니"도 화제였다.

카와하라 토쿠에몬 [河原徳右衛門]

(?~1888) 메이지 초기, 코이케 우하치로(小池卯八郎→p145)와 앞서거니 뒤서거니 하며 독자적으로 연필을 개발. 일본에서 처음으로 연필

제조를 산업화한 사람 중 한 명. 많은 제자를 양성하고 배출했으며, 그 제자들이 그 후 업계 기반을 다졌다.

카우넷 [カウネット]

도쿄에 본사를 둔 통신판매회사. 2000년 코쿠요가 설립한 연결 자회사로 주로 B2B로 사무용품을 중심으로 하는 상품을 판매. 개인용으로는 2005년부터 마이카우넷 서비스 시작.

카타오카 요시오 [片岡義男]

소설가, 수필가, 사진작가. 하와이에 이주한 할아버지와 그곳에서 태어난 미국 군인인 아버지 밑에서 유소년기부터 미국 문화와 접하며 성장하였다. 『느린 부기우기로 해주세요(スローなブギにしてくれ)』 등의 소설로 유명하지만 『문구를 사러(文房具を買いに)』(東京書籍), 『만년필 잉크 종이(万年筆インク紙)』(晶文社) 등 주로 외래품(→p114) 문구를 주제로 한 수필도 다수 있다.

카트리지 [カートリッジ]

Cartridge. 유지보수나 소모품 교체, 기능 변경 등을 위해 필요한 요소를 하나로 모은 교환 가능한 부품. 문구의 교환부품은 흔히 단순한 소

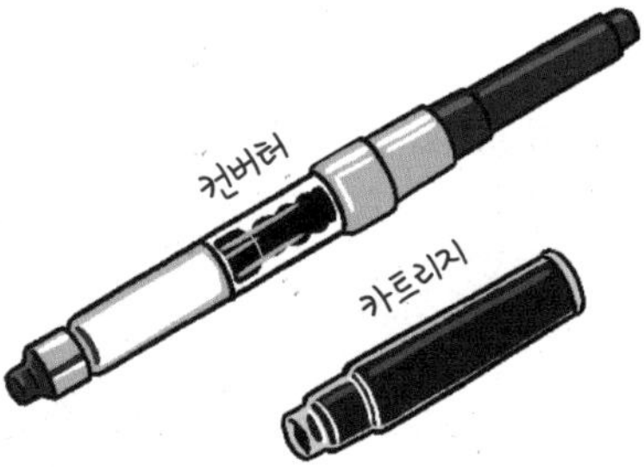

모품이기 때문에, 단순히 '리필'(→p60)이나 '교환 OO'로 불리는 것이 많지만, 특히 만년필이나 마킹펜의 경우는 잉크만을 보충하는 방식 등으로 구별되기 때문에 잉크가 포함된 용기 자체를 교환하는 것을 카트리지라고 부른다.

칸 미사토 [菅未里]

문구 소믈리에. 각종 매체에 문구와 문구 사용법, 즐기는 방법 등을 소개하고 강연 및 집필 외에 상품 감수 등도 진행하고 있다. 저서로 『하루하루가 즐거워지는 반짝반짝 문구』(카토카와), 『문구에 빠지다』(요센샤) 등.

칼톤 [カルトン,]

Calton. ① 상점, 금융기관, 매표소 등에서 고객과 돈이나 증권 등을 주고받을 때 사용하는 작

은 트레이. 잔돈, 지폐 등을 놓기 쉽도록 바닥에 유연성 있는 돌기가 깔린 것이 많다. ② 데생이나 크로키를 할 때 용지를 클립 등으로 고정시켜 밑판으로 사용하는 두꺼운 종이로 만든 화판(→p53). 한쪽이 경첩 모양으로 연결되는 2매 세트로 주위를 끈으로 묶는 타입이 많고, 그 두 장 사이에 작품이나 미사용 용지 등을 넣어 보관, 보호하는 용도로도 사용된다.

캔필통 [カンペンケース]
양철로 만든 필통. 대부분 몸통과 뚜껑이 경첩으로 연결된 단순한 구조로, 주로 학생용으로 1980년대에 유행했다. 팬시 문구(→p160) 붐과 맞물려 캐릭터 상품이 많이 팔렸다. 상하로 나뉘는 트레이를 내장하거나 쌍륙(주사위 놀이) 등 게임적 요소를 채택한 것까지 다양한 종류가 판매됐지만, 수업 중 떨어뜨리면 큰 소음을 내는 등의 문제도 있었다. 이후 칼라펜 등이 보급되며 소지하는 필기구가 늘어나자, 인기는 용량이 큰 천으로 된 파우치형 필통으로 옮겨갔다.

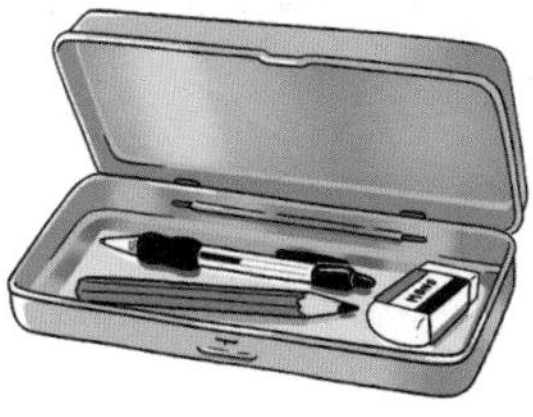

캘리그래피 [カリグラフィー, calligraphy]
미적 양식을 갖고 글씨를 아름답게 쓰는 서법의 총칭. 1~2세기 고대 로마 비문의 문자가 기원이 되어 사본 등을 아름답게 쓰는 다양한 서체와 양식이 발달. 이후 활자와 글꼴(폰트) 모양에도 큰 영향을 미치고 있다. 보통 서양이나 중동 등에서 펜을 이용해 필기하는 서법을 말하며, 동양의 붓글씨인 서예와는 구별되지만, 넓은 의미에서는 서예나 문자를 사용한 추상회화 등도 포함하는 경우가 있다.

캘린더 [カレンダー]
주로 1년간의 날짜를 순서대로 기재한 달력을 지칭한다. 월일, 요일, 축제일 등을 쉽게 확인할 수 있도록 한 것. 일본에서는 그레고리력을 기반으로 1년을 12개월로 나누고, 일곱 요일을 횡으로 나열한 형식이 일반적이지만, 예로부터 여섯 요일이나 24절기 등을 표시하는 것도 있다. 이외에도 날짜를 일렬로 나열한 것이나, 책처럼

만들어서 매일 한 장씩 찢어내는 '일력' 등 다종다양. 날짜와 함께 사진이나 그림이 인쇄된 것이 많고, 벽에 거는 간이미술품으로서의 용도도 있다.

캠퍼스노트 [キャンパスノート]

고쿠요가 1975년부터 출시한 대학노트 브랜드. 주력 제품인 무선 제본 노트는 1975년 출시 이후 1983, 1991, 2000, 2011년 개량을 거듭하여 현재는 5세대에 이른다. 링 노트나 루스 리프 등의 제본 방식 외에도 점(dot)이 들어간 괘선이 유명한데, 도트형 문과선, 도트형 이과선 등 괘선의 종류도 다양하다.

캡리스 [キャップレス]

Cap-less. 파일로트가 1963년에 출시한 캡이 없는 만년필. 회전식으로 시작해서, 1964년 노크식이 출시되었다. 한 손으로 사용할 수 있는 편리성이 인기. 현재도 판매되고 있는 유일한 노크식 만년필.

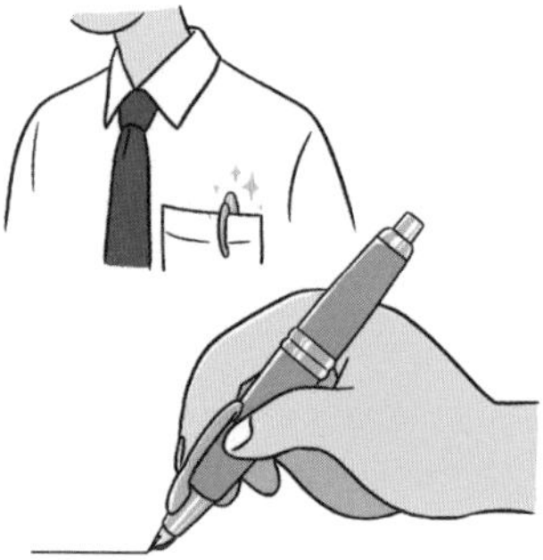

커스터마이즈 [カスタマイズ]

사용자의 취향이나 사용 편의에 맞추어 제품의 사양을 바꾸는 것. 시판 필기구의 그립 등을 가공해 잡기 쉽게 하는 등 기능적 개조부터 호환 부품 교체, 스티커나 마스킹 테이프 등으로 외관을 꾸미는 것까지 다양하다. 주문할 때 많은 선택지에서 부품, 색조, 조합 등을 선택해 구매할 수 있는 경우 그 선택행위도 커스터마이즈(사용자 정의)라고 부르는 경우가 있다.

커터칼 [カッターナイフ]

일본식 영어로, 교환식 칼날을 가진 소형 칼의 총칭. 특히 절단식 커터칼(→p128)을 지칭하는 경우가 많다. OLFA나 NT주식회사가 유명. 이런 종류의 교환식 칼은 일본에서는 거의 절단식 칼날이지만 해외는 사다리꼴 교환 칼날(전후로 방향을 바꾸어 2회 사용할 수 있다) 등도 많다.

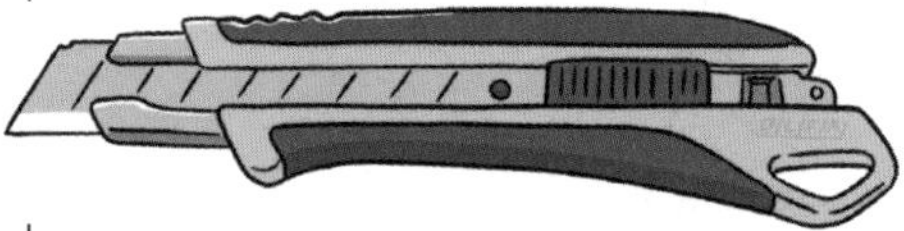

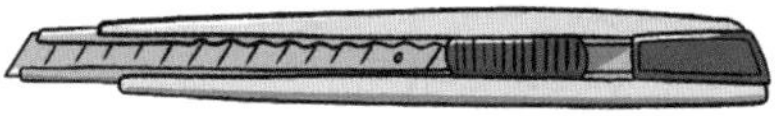

커팅매트 [カッティングマット]

Cutting mat. 커터칼로 가벼운 작업을 할 때, 책상 표면을 보호하기 위해 깔아놓는 부드러운 수지로 된 판. 책상보호뿐만 아니라, 칼끝을 자유롭게 움직이게 하거나 칼끝을 보호하는 효과도 있다. 자르고 싶은 것과 비교하여 충분한 여유가 있는 것을 선택하는 것이 좋다.

컨버터 [コンバーター]

Converter. 만년필의 잉크 카트리지 대신에 장

착하는 것으로 잉크를 흡입하여 보존하는 잉크 흡입 용기. 임의의 잉크를 흡입하여 필기할 수 있다.

컬렉터 [コレクター]
수집가. 모든 분야에 수집가는 존재하지만, 문구를 수집하는 컬렉터도 다수 존재한다. 입수경로는 매장이나 골동품 시장뿐만 아니라 경매사이트나 개인 매매사이트까지 다양하다. 수집 대상과 범위, 수집 동기 등은 천차만별이지만, 워낙 제품 등이 많은 장르이다 보니 시대, 제조사, 품목 제한 등 독자적인 규칙을 정하거나 독자적인 체계화가 이루어지고 있는 경우가 많다. 만년필 등 동종 수집가가 일정 수 이상 존재하는 장르에서는 정보 및 물품 교환 등을 위한 모임이 개최되기도 한다.

컴퍼스 [コンパス]
① 손잡이가 달린 지지대에서 뻗어 나온 개폐가 가능한 두 개의 다리 중 한쪽에는 바늘, 다른 한쪽에는 필기구가 달려 있으며, 바늘 끝을 꽂은 점을 중심으로 회전시켜 원을 그릴 수 있는 제도용 도구. 컴퓨터의 보급으로 도면 작성 도구로는 거의 사용되지 않고 있지만, 초등학교에서 배우는 산수에서 필수적으로 사용되기 때문에 학생 문구로써 여전히 큰 시장을 형성하고 있다. 수학적으로 1차 및 2차 방정식 문제의 그래프들은 자와 컴퍼스만으로도 작도할 수 있다.
② 나침반

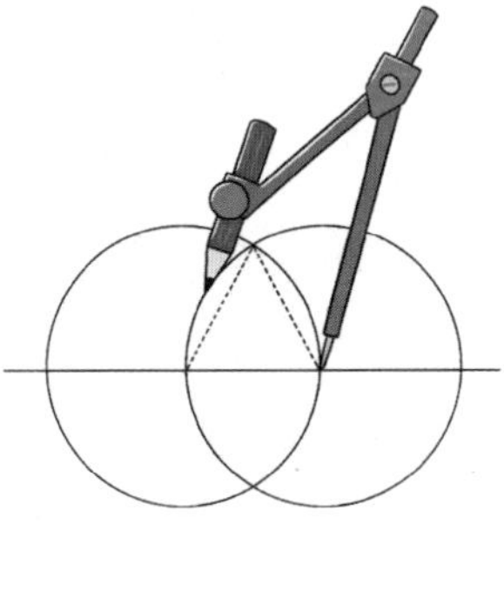

켄트지 [ケント紙]
화학 펄프를 원료로 순백이면서 단단하게 만들어진 고급 도화지. 무광택 표면은 연필이나 샤프펜슬과의 궁합이 좋다. 비교적 두꺼워서 잉크가 번지지 않고, 지우개로 문질러도 보풀이 일지 않기 때문에 제도나 만화 용지 등에 적합하다. 영국의 켄트지방이 발상지라고 한다.

코끼리가 밟아도 부서지지 않는다 [象が踏んでも壊れない]
1967년 선스타문구가 방송한 '손필통'(→p92)의 TV 광고 카피.

코넬식 [コーネル式]
노트를 3개 영역으로 미리 나누어 기록하는 것이 특징인 노트 이용기법. 주로 기록영역의 왼쪽에 키워드를, 아래쪽에는 요약을 적는다. 미국 코넬대학 교수인 월터 파크(Walter Park)가 학생이 필기하면서 수업 내용을 이해하는 방법을 개발한 후 출판한 『How to Study in College』에 발표한 것. 일본에서는 가켄스테이풀(学研ステイフル)이 이것의 장점을 응용한 노트를 판매하고 있다.

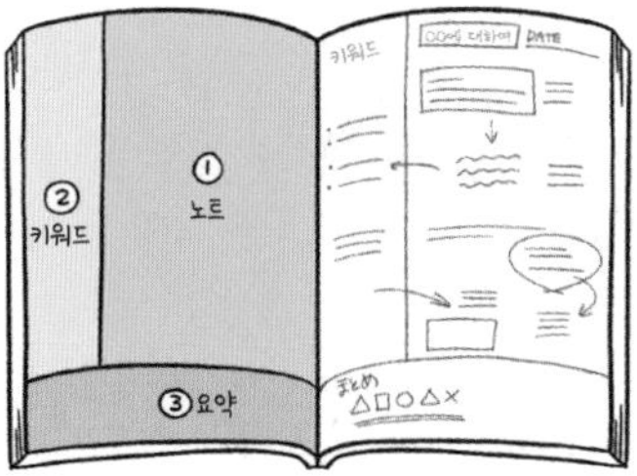

코이케 우하치로 [小池卯八郎]
(생몰년 미상) 1873년 빈만국박람회에 연수생으로 파견된 이구치 나오키(井口直樹→p118)와 후지야마 타네히로(藤山種廣→p174)로부터 연필 제조법을 이어받아 1874년 연필공장을 만들었다. 이 시기를 전후하여 연필 제조법을 독

자적으로 개발한 카와하라 토구에몬(河原徳衛門→p141)과 나란히 일본에서 처음으로 연필 제조를 공업화한 한 사람.

코트지 [塗工紙]

처음 뜬 종이의 표면에 안료를 포함하는 도료를 균일하게 바르고, 표면의 요철을 평탄하게 함과 동시에 인쇄 특성을 향상시키는 등 기능성을 부가한 종이.

코픽 [コピック]

1987년 투마커프러덕츠(Too Marker Products)가 출시한 알콜성 칼라마커. 처음에는 PPC(→p181)의 복사 토너를 녹이지 않는 디자이너용 칼라마커로 판매되었지만, 이후 만화나 일러스트 용도의 수요 증가에 따라 라인업을 확대했다. 발색이 좋고 빠르게 마르며, 358색(2019년 현재)에 이르는 잉크 색상은 색조와 채도 등분할이 아닌 각각의 용도에 적합한 색으로 구성된 독자적인 칼라 시스템을 가지고 있어 특히 만화나 일러스트레이션 용도로 압도적인 인기를 누리고 있다.

코히놀 [コヒノール]

Koh-I-Noor. 체코에 본사를 둔 문구업체. 정확하게는 코히놀 하드머스(Koh-I-Noor Hardtmuth). 1790년 조세프 하드머스(Joseph Hardtmuth)가 오스트리아에 도자기 공장으로 창업(Hardtmuth). 이후 연필 제조를

시작하고, 1898년의 만국박람회에서 17경도를 갖춘 노란 연필 '코이노르 1500'을 발표. 고품질과 아름다운 도장이 높은 평가를 받아, 고급 연필의 상징적인 색으로서 많은 업체가 연필에 노란색을 채택하게 되었다고 한다. 색연필이나 심 홀더로도 유명.

콜로리아주 [コロリアージュ]

Coloriage. 프랑스어로 채색을 의미하는 단어로 색칠하기란 뜻이지만, 캐릭터 등의 그림을 색칠하는 것이 아니라 기하학무늬나 식물 등을 모티브로 한 정교한 문양을 칠하는 성인용을 가리킨다. 2013년 영국의 일러스트레이터, 조한나 버스포드(Johanna Basford)가 발표한 『시크릿 가든(Secret Garden)』이 세계적으로 2천만 부 이상 팔리는 인기를 누린 것을 계기로 스트레스 해소에 효과가 있는 성인 취미로써 프랑스에서 유행. 일본에도 소개되어 간편하게 시작할 수 있는 취미의 하나로 인기를 끌고 있다.

콩테 [コンテ]

Conte. 안료에 점토를 섞어서 주로 각주나 원

주형으로 소성한 그리기 재료로 데생이나 크로키에 사용된다. 안료는 흑연 외에 산화티타늄(흰색)이나 산화철(갈색) 등이 있다. 니콜라 자크 콩테(Nicolas Jacques Conte→p44)가 발명. 연필의 점토심(→p129)과 같은 재료를 사용하는데, 그리기용으로 발전한 것. 고착제가 포함되어 있지 않으므로 보존하기 위해서는 그린 후에 정착액을 뿌려 고정할 필요가 있다.

쿠레556 [クレ556]

쿠레공업(呉工業)이 판매하는 방청(녹막이) 윤활제. 방청제를 포함한 기름이 침투력이 강한 용제로 작용해 금속 틈새에 들어가서 금속 표면에 얇은 피막을 만들어 윤활 및 방청 효과를 발휘한다. 낡은 기계 등의 가동 부분이나 나사에 달라붙은 기름때를 녹이는 효과가 있어 낡은 스테이플러나 펀치, 타자기나 계산기 등의 사무기기 정비에 효과적. 장기간에 걸쳐 윤활이 필요한 부분에는 점도가 높은 그리스 등이 필요.

쿠로다 젠타로 [黒田善太郎]

(1879~1966) 고쿠요 창업자. 1905년 코바야시효시텐(小林表紙店)으로부터 독립하여 일본식 장부의 표지를 제작하는 쿠로다효시텐(黒田表紙店) 개업. 1913년부터 서양식 장부의 제조를 시작하고, 기존 종이 제품 전반으로 사업을 확대. 1917년 '나라의 명예가 되기 위하여'라는 생각에서 '国誉(고쿠요)'라는 상표를 출원했으며, 현재 고쿠요의 기초를 다졌다.

쿠루토가 [クルトガ]

미쓰비시연필이 2008년 출시한 샤프펜슬. 가이드파이프가 지면에 닿을 때마다 필압을 이용하여 심을 회전시키는 장치인 쿠루토가 엔진 내장. 심 끝을 항상 균등하게 마모되도록 함으로써 선은 가늘게 유지되고, 심 끝은 쉽게 부러지지 않는다. 심 자체에 작용한다고 하는 획기적 발상은 이후 샤프펜슬 개발에 큰 영향을 미쳤다. 쿠루쿠루(くるくる, 빙글빙글)와 토가루(とがる, 뾰족해지다)를 합성한 조어로써 심이 빙글빙글 돌면서 뾰족해진다는 의미.

쿠스다 에리코 [楠田枝里子]

일본의 사회자, 수필가. 일본 유수의 광범위한 컬렉션을 자랑하는 고무지우개 수집가로 유명. 저서에 『고무지우개 도감』(光琳社)이 있다. 공식사이트에서 컬렉션을 공개 중.

쿠시다 마고이치 [串田孫一]

(1915~2005) 시인, 철학자, 수필가. 문구 잡지 월간 『사무용품』에 연재 후 출간한 『문구』(白日社), 이후 증보된 『문구 56화』(치쿠마서방)란 문구 에세이로 유명.

쿠피펜슬 [クーピーペンシル]

사쿠라크레파스가 프랑스의 베니욜 파르종과 공동 개발하여 1973년부터 판매하는 나무 부분이 없는 색연필. 전체가 폴리에틸렌을 주원료로 하는 심으로 구성되어 있다. 일반 색연필과 비교하여 심이 굵어 쉽게 부러지지 않으며, 1974년 특허를 취득한 독자 배합으로 필기성을 유지하면서도 고무지우개로 쉽게 지워지는 것이 특징이다. 초기부터 알루미늄 용기에 고급스럽게 포장했고, 별도의 심깎기를 제공했다. “전부가 심”이라는 TV 광고 카피가 인기를 끌었다. 현재에도 대부분의 디자인을 유지하고 있으며, 전심(全芯) 색연필의 대명사적 존재.

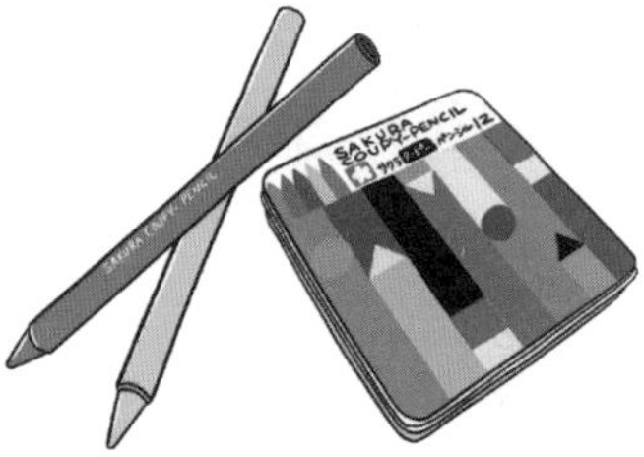

큐교도 [鳩居堂]

1663년 교토에서 약재상으로 창업. 교토 혼노지 앞과 도쿄 긴자에 각각 본점을 낸 화지(일본 종이) 제품, 서화 용품, 향을 전문으로 판매하는 노포. 1943년 판매 부문의 교토큐교도와 도쿄큐교도, 제조 부문의 큐교도제조로 분사.

크라우드펀딩
[クラウドファンディング]

Crowd funding. 제품이나 서비스의 기획·아이디어에 대하여 불특정다수가 인터넷을 통하여 소액 출자하도록 하는 자금 조달 방법. 출자액이 목표에 도달하면 펀딩이 이루어져 제안자에게 자금이 전달된다. 그러나 성공하지 못하는 경우도 종종 있다. 문구류로 펀딩에 참여하는 경우 해당 제품이 일종의 담보로 출자자에게 제공되는 경우가 많고, 성공하는 확률이 높다.

크라프트 테이프 [クラフトテープ]

크라프트지를 재료로 한 폭이 넓은 접착테이프. 주로 골판지박스 등을 포장할 때 사용한다. 껌테이프(→p40)로 불리는 경우도 많지만, 원래는 다른 것. 일반적으로 표면에 코팅이 되어 있어 덧대어 붙이거나 표면 필기에는 적합하지 않지만, 최근 개량된 타입도 있다.

크라프트 펀치 [クラフトパンチ]

Craft punch. 수예, 공작 등의 장식 용도로 사용되는 종이용 천공 도구. 대부분 종이용이고, 한 번에 도화지 1매 정도의 천공능력(→p138)이 있지만, 각각 고유 형상의 구멍을 뚫을 수 있다. 여러 개의 구멍으로 이루어진 복잡한 도안의 구멍 뚫기나 가이드에 맞추어 위치를 이동시키면서 천공함으로써 연속된 형상으로 가공할 수 있는 것 등 종류가 많다.

크레욜라 [クレヨラ]

Crayola. 미국에 본사를 둔 크레용, 그림 재료 업체. 1864년 죠세프 비니(Joseph Binney)가 안료 업체로 설립(피크스킬케미컬웍스). 1885년 에드윈 비니(Edwin Binney)와 C. 해럴드

스미스(C. Harold Smith)가 계승(비니&스미스). 1903년 출시한 '크레욜라 크레용'은 현재도 세계적으로 보급되고 있는 크레용으로 유명.

크레용 [クレヨン]

원래 넓은 의미로는 연필이나 콩테 등을 포함한 막대 모양 그림 재료의 총칭이지만, 일본에서는 일반적으로 파라핀, 아교 등과 안료를 섞어서 응고시킨 그림 재료를 가리킨다. 19세기 말경 프랑스에서 발명된 것으로 파스텔에 비해 딱딱하지만, 정착제가 필요 없고 사용이 간단하여 어린이 그림이나 초등교육에 사용되고 있다. 일본에는 1915년경에 마루젠(丸善)과 고샤도(五車堂)가 미국으로부터 크레용을 수입. 다이쇼 시대에 야마모토 카나에(山本鼎) 등이 내세운 자유화 교육과 함께 일본 전국에 보급되었다. 사쿠라상회가 개발한 크레파스 이후 오일파스텔이 보급되어 현재는 주류의 자리를 양보했다.

크레파스 [クレパス]

1925년 사쿠라상회(櫻商会, 현재는 사쿠라크레파스)의 사사키 마사오키(佐々木昌興)가 화가인 야마모토 카나에(山本鼎)와 함께 크레용의 간편성과 파스텔의 표현력을 갖춘 그리기 재료로서 세계 최초로 개발한 오일파스텔. 크레용보다 안료가 많이 포함되었고, 고체 밀랍 외에 액체 유지를 사용함으로써 부드럽게 덧칠할 수 있다. 크레파스는 사쿠라크레파스의 상표로, 일반 명칭으로는 '오일파스텔'. 단순히 '파스'라고 불리는 경우도 많다.

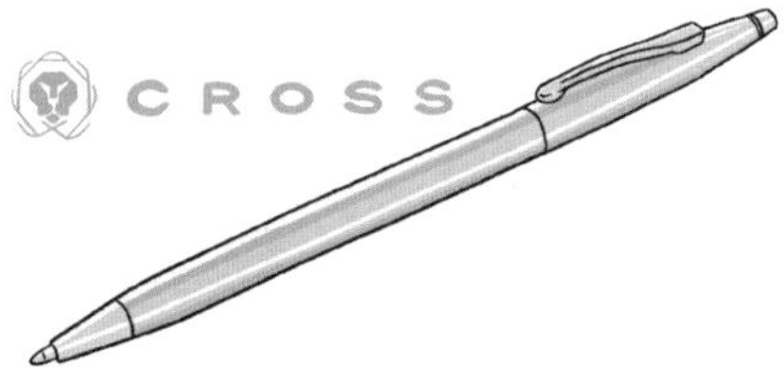

크로스 [クロス]

Cross. 미국에 본사를 둔 필기구업체. 1846년 리처드 크로스(Richard Cross)가 창업. 자녀인 알론소 타운젠트 크로스(Alonzo Townsend Cross)가 '스타일로 그래픽펜' 등 많은 발명을 남겼다. 창업 100주년을 기념하여 1946년 출시한 '센추리(Century)' 등으로 유명.

크로키노트 [クロッキー帳]

연필, 목탄, 콩테 등을 사용하여 단시간에 빠르게 그리는 크로키용 화첩. 일반적인 스케치북과 비교하면 내수성이 없는 얇은 종이로 연필 등의 사용에 적합한 감촉을 가진 전용지가 사용되고, 싸고 페이수가 많은 것이 보통. 아이디어 스케치나 구상 메모 등 다양한 용도의 잡기장으로서도 사용된다.

클래식 잉크 [古典インク]

공기에 접촉한 철 화합물의 산화반응을 이용해 시간이 지나면서 파란색에서 검은색으로 변하는 내수성, 내후성을 갖춘 만년필용 잉크. 몰식자(没食子, 갈산의 원료 →p68) 등으로부터 얻어진다. 탄닌산과 황화철 II를 혼합하여 잉크 내에 생성되는 갈산철 II(무색이고 물에 잘 녹는)가 공기에 닿아 산화되면 갈산철 III(물에 녹지 않는 새까만 안정된 화합물)로 변한다. 하지만 갈산철 II만으로는 필기할 때 투명해서 글씨가 잘 보이지 않기 때문에 파란색 염료를 첨가해 필기할 때는 파란색으로, 시간이 지나면 검은색으로 변하는 잉크를 만들었다. 이것이 블루블랙이라고 불리는 이유다. 하지만 이 잉크는 잉크병이나 펜 속에서도 서서히 산화가 진행되어 침전되거나 펜 내부에 고착되는 등 위험성이 있고, 따로 떨어진 황산이 강한 산성을 띠기 때문에 금속을 부식시키는 등 다루기 어려운 특징이 있다. 이 때문에 현재는 일부 제품을 제외하고는 블루블랙이라는 색깔은 암청색 염료 잉크인 경우가 많아 이를 구분하기 위해 '클래식 잉크', '클래식 블루블랙'이라고 부르게 되었다.

클레르퐁텐 [クレールフォンテーヌ]

Clairefontaine. 프랑스의 종이 제품 업체. 1858년 제지공장으로 창업. 1951년부터 노트 제조에 착수. 자체 제작한 매끈하면서도 잉크가 잘 번지지 않는 필기 용지인 모조피지(벨럼지 →p75)를 사용한 노트로 유명. 1997년 로디아(→p56)를 제조하는 베리야크브라더스사를 인수했다.

클리어 파일 [クリアファイル]

Clear file. 두껍고 단단한 표지 안에 투명하고 얇은 주머니 모양의 책장을 여럿 가진 책자 모양의 파일. 서류에 구멍을 뚫지 않고 수납·정리할 수 있으며, 서류를 보호한 채로 열람할 수 있다. '클리어북', '클리어포켓홀더' 등 제조사마다 명칭이 다르다. 일반용어로서는 1매의 클리어 홀더를 가리키는 경우도 많다.

클리어 홀더 [クリアホルダー]

Clear holder. 투명한 수지 시트를 둘로 접고, 접힌 부분과 접하는 한 변을 접착한 서류 주머니. 색을 입히거나 인쇄가 가능하여 캐릭터 상품이나 광고 증정품 등에 자주 사용된다. 본래 책자 형태의 파일을 지칭하는 호칭인 '클리어파일'이라고 불리는 경우도 많다.

클립 [クリップ]

① 여러 장의 종이를 소재의 탄성을 이용하여 끼워 넣어 구멍을 뚫거나 접지 않고, 일시적으로 고정하는 작은 기구. 유지하는 종이매수나 용도에 따라 다양한 종류가 있다.

② 필기구 등이 옷의 주머니로부터 미끄러져 떨어지지 않도록 주머니에 끼워서 유지하는 고정 도구.

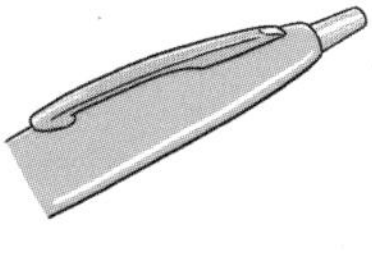

클립보드 [クリップボード]

Clipboard. 책상처럼 안정적인 평면을 준비할 수 없는 장소에서 서류를 평편한 상태로 유지하기 위한 보조장치. 위에 놓을 용지보다 조금 큰 딱딱한 판에 용지고정을 위한 클립 등이 부착되어 있다.

키다테 타쿠 [きだてたく]

색채 문구(이로분→p33) 수집가. 문구 저술가로서 잡지, 웹 등에서 활약. 문구 토크 유닛 '분구잼(ブングジャム)'의 한 명. 저서로 『색채 문구 마니아들』(로코모션 퍼블리싱), 『사랑스러운 불량 문구』(飛鳥新社) 등.

키즈디자인상 [キッズデザイン賞]

비영리법인 키즈디자인협의회가 주최하는 어린이나 어린이 양육을 배려한 제품, 공간, 서비스, 활동, 연구를 대상으로 하는 디자인상. 수상 상품에는 '키즈디자인 마크'를 표시할 수 있다.

KIDS DESIGN

Stationery column 4

당신은 디지털파? 아날로그파?

디지털 vs 아날로그. 이런 구도 속에서 문구류는 아날로그로 많이 분류된다. 하지만 디지털과 아날로그의 본디 뜻을 아는가? 요즘은 디지털 문구라고 해서 스마트폰과 연동되거나 인터넷에 연결되는 것들도 많아졌다. 디지털이라고 하면 왠지 전기를 이용해 기록하거나 표시하는 것을 떠올리는 경우가 많은데, 사실 전기로 작동하는지 여부와 디지털과 아날로그는 별 상관이 없다. 디지털은 라틴어로 손가락을 뜻하는 디지투스(digitus)에서 유래한 것으로, 모든 정보를 손가락으로 세듯이 셀 수 있는 숫자로 치환하여 (이산적으로) 표현하는 방식을 말하며, 실제로는 매끄럽게 연속적인 양을 단계적으로 구분하여 표현하는 것을 말한다. 이에 반해 아날로그는 유사, 유사성을 뜻하는 아날로기(analogy)에서 유래한 것으로, 연속적인 양을 다른 연속적인 양으로 표현하는 방식이다. 예를 들어 주판은 디지털 계산기라고 할 수 있고, 연속적으로 흐르는 시간을 숫자로 구분해 숫자로 바꾸면 디지털시계, 부드럽게 회전하는 바늘의 각도로 표현하면 아날로그시계가 된다. 디지털화된 정보는 복제나 전송을 해도 훼손되지 않아 효율적이고 편리하지만, 이는 현실에서 목적에 직접적으로 관련된 정보만 뽑아내어 숫자로 바꾼 것이다. 가끔 디지털정보에서 느껴지는 어딘가 부족함은 디지털화 과정에서 빼내지 못한 부분에 있는 것일지도 모른다.

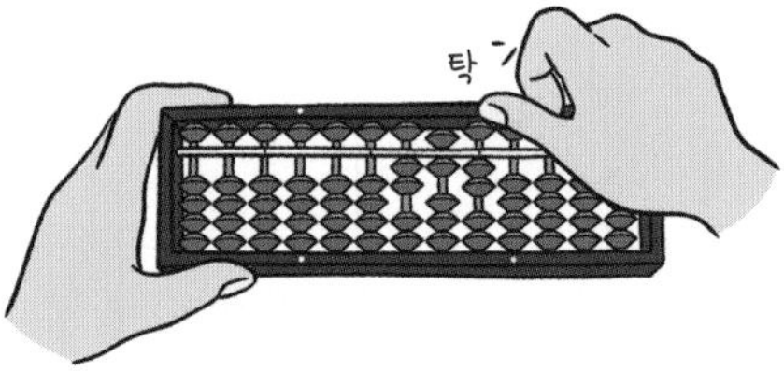

ㅌ ㅍ ㅎ 열

문구 잡학 7 > 종이 크기

JIS규격에 근거한 주요 치수

JIS규격에 근거한 치수에는 A열과 B열이 있다. 그리고 각각에는 연속 숫자가 하나씩 증가할 때마다 ½ 치수로 된다.

[A열]

0	841×1189㎜	6	105×148㎜
1	594×841㎜ (A全)	7	74×105㎜
2	420×594㎜	8	52×74㎜
3	297×420㎜	9	37×52㎜
4	210×297㎜	10	26×37㎜
5	148×210㎜		

[B열]

0	1030×1456㎜	6	128×182㎜
1	728×1030㎜ (B全)	7	91×128㎜
2	515×728㎜	8	64×91㎜
3	364×515㎜	9	45×64㎜
4	257×364㎜	10	32×45㎜
5	182×257㎜		

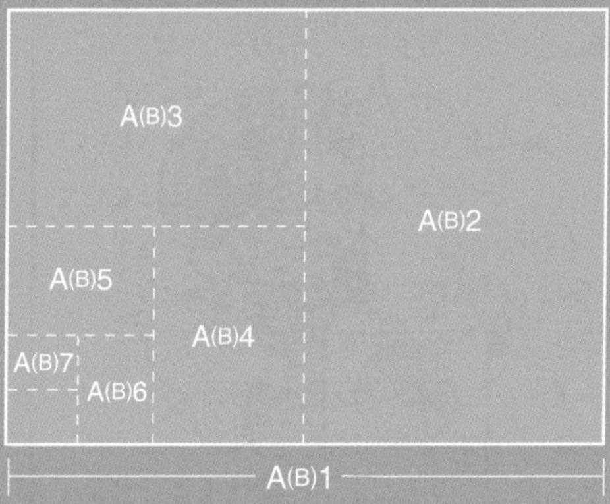

주요 종이 치수

Legal (미국)	8.5"×14" (216×356㎜)
Letter (미국)	8.5"×11" (216×279㎜)
관제엽서	100×148㎜
명함 (4호)	55×91㎜

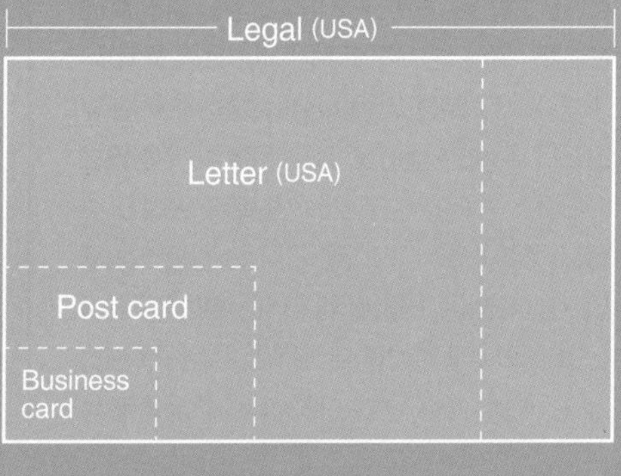

타미야병 [タミヤ瓶]

타미야가 판매하는 프라모델용 도료 보존용 유리병. 저렴하고 용량이 적당하며(10ml) 밀폐성이 높아 만년필 잉크를 소분하는 데 편리해 사실상 잉크 교환 용기의 대명사로 자리 잡았다. 이 병에 잉크를 나눠 담는 것을 '타미야한다'라고도 한다.

타임레코더 [タイムレコーダー]

주로 근태관리 등에 사용하는 시간 기록 장치. 전용 기록지인 '타임카드'를 삽입하면 시계와 연동된 스탬프에 의해 현재시간을 타임카드에 찍는다.

타자기 [タイプライター]

자판, 급지기구, 주조 활자 세트를 갖춘 기계. 자판을 누르면 그에 대응하는 활자를 잉크에 젖은 리본 위에서 종이에 찍어 인쇄하는 문서 작성 기계. 1714년 영국의 헨리 밀이 특허를 받았으나 자세한 내용은 불분명하다. 일본에는 1901년 구로사와 사다지로(黒澤貞治郎)가 수입한 것이 최초이며, 이후 가나용, 일본어용 등이 개발되었다. 1980년대부터는 워드프로세서 (→p115)가 그 자리를 대신했다.

타카바타케 마사유키 [高畑正幸]

TV 도쿄의 프로그램 「TV 챔피온」에서 1999, 2001, 2005년 진행된 '전국문구선수권'에서 우승한 후 자칭 '문구왕'. 선스타문구 기획개발 업무를 거쳐 2012년 독립. 문구 개발에서부터 해설, 평론, 촬영, 판매까지 다양한 활동을 한다. 본서의 저자. 이 외에도 『궁극의 문구 카탈로그』(河出書房新社) 등 저술.

타테가미 타츠히코 [舘神龍彦]

일본의 작가, 수첩평론가. 각종 미디어에서 수첩 소개나 사용 방법 제안에 그치지 않고 역사나 문화 등의 측면에서도 해설. 수첩개발에도 관여한다. 수첩 이용자 모임인 '수첩 off'를 2007년부터 개최하고 있다. 저서에 『수첩과 일본인』(NHK), 『대단한 iPhone 수첩 기술』(에이출판사) 등. 수첩 활용의 기본을 정리한 「수첩 선창(先唱)」의 작사 작곡도 했다.

탄화텅스텐 [タングステンカーバイド]

텅스텐과 탄소로 이루어진 매우 단단한 화합물. 이 분말을 코발트를 결합재로 하여 가압 성형하고 소결한 것을 '초경합금'이라고 한다. 경도가 높고 내마모성이 뛰어나 절삭공구의 칼날 외에도 볼펜의 볼에도 사용된다.

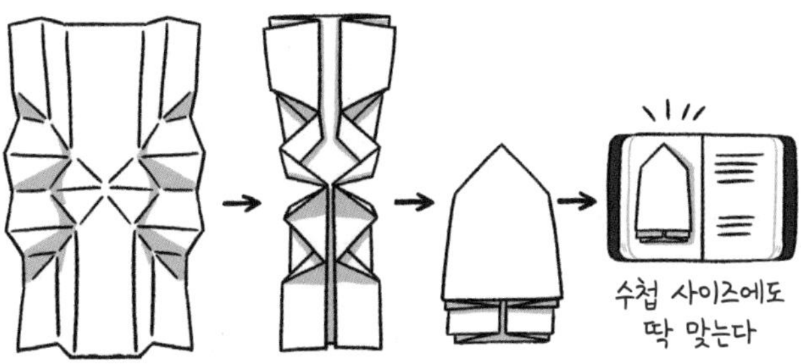

터키식 접기 [トルコ折り]
터키지도접기(Turkish Map Fold). 세계적으로 유명한 접기 방식으로 종이 면적을 1/6까지 줄일 수 있고, 양 끝을 벌리면 전체가 연동되어 펼쳐진다. 또한 접었을 때 바깥쪽 면에 표지를 붙여 놓고, 표지를 열기만 하면 펼쳐지므로 관광지도 등에 많이 쓰인다. 수첩에 인쇄물 등을 붙이는 방법으로도 편리.

테라이 히로키 [寺井広樹]

타키비팩토리 대표. 세계 100여 개국 문구점에서 사용한 4만 장이 넘는 시필 용지를 소장하고 있는 수집가. '세계시필박람회' 등 개최. 시필을 통해 사람과 문구와의 관계, 나라별 상황 등 다양한 사정을 분석한다. 저서로는 『'시필로 본 세계(試し書き)』(고마쇼보신샤)가 있다.

테이보 [テイボー]
시즈오카현에 본사를 둔 마킹펜 펜촉 제조업체. 전신은 1896년 창업한 고급 펠트 모자 제조업체 테코쿠세보(帝国製帽). 미국 시찰에서 돌아온 우치다요코(→p115)의 우치다 켄민으로부터 펜촉 시제품을 요청받아 테라니시화학공업의 '매직 잉크'(→p64)에 납품. 그 후 펠트 모자 제조를 중단하고 회사명을 '테이보'로 고쳐 펜촉 제조에 집중했다. 현재는 연간 약 50억 개의 펜촉을 제조한다(일본의 마킹펜 생산 수는 약 7억 개).

테이프 [テープ]
폭이 좁은 띠 모양으로 된 것의 총칭. 문구에서 이 용어가 단독으로 사용되는 경우는 접착테이프를 지칭한다.

테이프 디스펜서 [テープディスペンサー]
접착테이프를 필요한 길이만큼 뽑아서 자르는 기구. 책상 위에 놓고 사용하는 것은 테이프를 꺼낼 때 움직이지 않도록 충분한 중량을 갖추거나 흡착판이나 기타 도구로 책상에 고정되어 있다. 최근에는 절단면이 톱니 모양이 아닌 직선으로 된 것이 많아졌다.

테이프풀 [テープ糊]

접착제가 발라진 세퍼레이터(→p90)를 종이에 누르면서 말아 빼내어 접착제만 남기는 도구. 1988년 펠리칸사가 발매한 롤픽스(Rollfix)가 세계 최초. 주름이 생기지 않고 건조를 기다릴 필요가 없는 사무용 접착제로서 보급되고 있다.

테프라 [テプラ]

킹지무(キングジム)가 1988년 출시한 세계 최초의 가나/한자 라벨라이터 시리즈. 입력한 한자를 포함하는 일문/영문/숫자를 띠 모양의 접착테이프에 인쇄할 수 있다. 영문/숫자/가나밖에 인쇄할 수 없는 다이모(→p46) 대신 모든 표시에 사용할 수 있어 급격히 인기를 끌었다.

템플릿 [テンプレート]

Template. ① 제도 등에서 자주 작도하는 기본 도형이나 문자 등의 형태를 투명 플라스틱판에서 도려낸 것. 제도용 펜이나 샤프펜슬 등으로 안쪽을 따라서 도형을 그린다. 필기구의 펜촉 두께를 고려하여 원하는 형상보다도 0.5mm 정도 크게 만들어져 있다. ② 서식의 양식.

토모에리버 [トモエリバー]

토모에가와제작소(巴川製作所)가 만든 초경량 인쇄용지. 원래 카탈로그 등의 인쇄물 배송료를 줄이기 위해 개발되었다. 이후 이 종이는 얇고 가볍지만, 잉크가 뒷면에 비치지 않아 수첩용으로 인기를 끌었다. 시작은 레이메이 후지이의 시스템 수첩 '다빈치' 시리즈였지만, 호보니치 수첩(ほぼ日手帳→p172)이 이 종이를 사용하면서 유명해졌다. 좋은 필기감 때문에 필기 용지로도 인기가 높다.

톰보 유니온스 [トンボユニオンズ]

1955년 일본 프로야구 다카하시 유니온스는 톰보연필과 스폰서십 맺어 팀명을 톰보 유니온스로 바꾸었다. 후원을 1년만 했기에 이듬해에는 다카하시 유니온스로 되돌아갔다. 전적은 42승 98패 1무. 퍼시픽리그 최하위였지만, 문구 업계가 후원한 유일한 프로구단이라 화제였다.

톰보연필 [トンボ鉛筆]

일본 도쿄에 본사를 둔 연필, 지우개를 중심으로 필기구, 수정 도구, 접착 용품 등을 취급하는 문구업체. 1913년 오가와 하루노스케(小川春之助→p112)가 문구상 창업(오가와하루노스케상점). 1967년 고급 연필 MONO 100 출시. 그때 다스마다 붙여 놓았던 경품인 지우개가 오히려 인기를 끌었고, 2년 후 단독상품 MONO 지우개 출시. 일본 대표 지우개가 됨. 포장지에 인쇄된 3색 띠는 모노 지우개를 의미했고, 2017년에는 색깔로만 된 상표를 등록했다.

트레이싱지 [トレーシングペーパー]

도면 등에 겹쳐서 투시한 그림을 필기구로 따라가며 복사하기 위해 사용하는 반투명 종이. 황산지, 파라핀지, 글라신지 외에 시트 형태의 수지로 만든 것도 있다. 사진 촬영 때 빛을 확산시키기 위한 확산기로도 사용된다.

특허 [特許]

지적재산권 중에서도 대표적인 산업재산권(산업재산권)의 하나. 자연법칙을 이용한 기술적 사상의 창작인 ‘발명’에 대해 특허청 심사를 통해 산업상 이용가능성이 있고 신규성, 진보성 등이 인정된 것에 대해 부여되는 권리. 실용신안(물품의 형상, 구조, 조합에 관한 ‘고안’을 보호)보다 높은 요건을 충족해야 한다.

틈새 측정기 [隙間ゲージ]

기계 부품 등의 틈새 간격을 측정하는 얇은 금속판. 단계적으로 두께가 다른 여러 개의 판이 있다. 원래는 측정을 위한 도구지만, 매우 얇고 튼튼해서 만년필 펜촉 틈새를 조정하는 용도로도 사용한다.

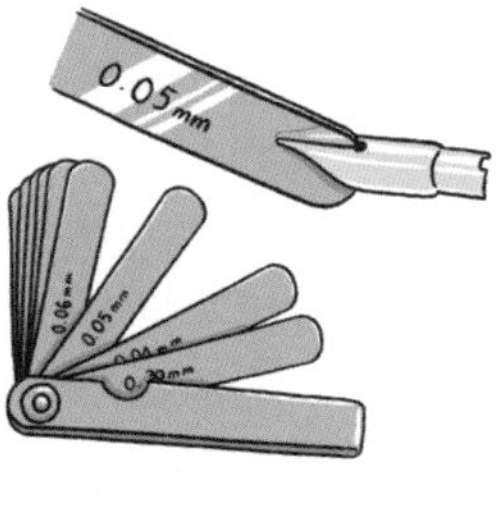

티탄코트 [チタンコート]

Titan coat. 강철, 티타늄 합금, 알루미늄 등의 표면에 매우 단단한 질화티타늄(TiN)이나 질화티타늄알루미늄(TiAlN)으로 된 얇은 피막을 입히는 코팅. 내마모성이나 경도, 내열성, 내산성이 높다. 문구에서는 가위나 칼의 날 내구성을 높이기 위해 가공한다.

틱소트로피 [チキシトロピー]

Thixotropie. 휘저어 섞거나 흔들어 힘을 가하면 점도가 낮아지고 그 상태가 시간이 지남에 따라 변화하는 현상. 점도가 높은 고체상태의 젤(gel)에 계속 힘을 가하면 점도가 낮은 액체 상태의 졸(sol)로 변하고, 정지하면 다시 젤로 돌아간다. 이를 응용한 것이 젤잉크인데, 리필용 튜브 안에서는 고체상태인 잉크가 볼의 회전에 의한 전단력을 받아 액체 상태로 변해 종이에 전사 침투한 후 다시 고체 상태로 되돌아간다.

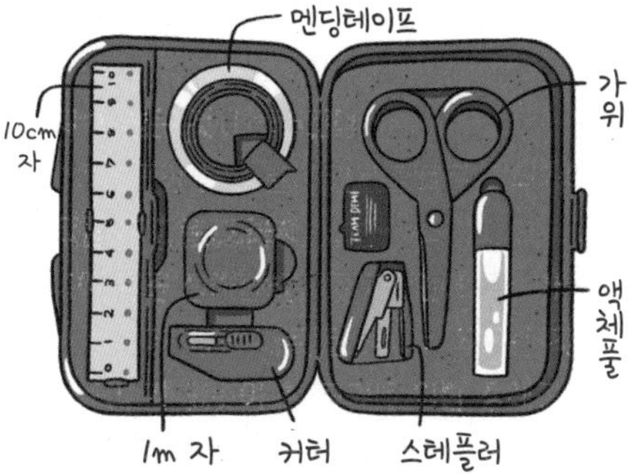

팀데미 [チームデミ]

Team-demi. 푸라스(PLUS)가 1984년에 출시한 소형 문구 세트. 손바닥에 올려놓을 수 있는 크기의 플라스틱 상자에 재단한 우레탄을 깔고 스테이플러, 가위, 풀 등 7가지 문구류가 들어있다. 미니어처처럼 보이지만 각 문구를 실사용할 수 있을 정도의 완성도가 있어 직장 여성을 중심으로 폭발적인 인기를 끌며 선물용, 기념품용으로도 쓰였다. 너무 인기가 많아 모조품도 많이 나왔다.

파버카스텔 [ファーバーカステル]

독일 연필 및 필기구 제조업체. 카스퍼 파버(Kasper Faber)가 1761년 설립. 1851년 로터 폰 파버가 현재 널리 쓰이는 연필의 길이와 굵기를 정립했다. 짙은 녹색에 금색 글자가 새겨진 연필 '카스텔 9000번'이나 캡에 연필깎이가 내장된 '퍼펙트 펜슬' 등으로 유명.

파쇄 가위 [シュレッダーはさみ]

서류를 세밀하게 절단하여 정보 유출을 방지하는 데 특화된 가위. 여러 개의 칼날을 동시에 여닫을 수 있는 등 절단 효율을 높이기 위해 고안되었다. 개인용 파쇄기의 대체품.

파쇄기 [シュレッダー]

투입한 종이를 잘게 쪼개어 문서를 복원할 수 없도록 하는 장치. 정보 유출 방지 등의 목적으로 사용된다. 종잇조각이 미세할수록 복원 난도가 높아지며, 종이 크기에 따라 7단계의 보안 등급이 독일공업규격(DIN)으로 규정되어 있다. 개인정보보호법(→p32) 시행 이후 기업의 필수품이 되었고, 개인정보 유출에 관한 관심 증가로 일반 가정에도 소형 개인용 기기가 보급되었다. 종이뿐 아니라 광학 미디어, 자기 미디어 등도 파쇄할 수 있는 기종도 있다.

파스텔 [パステル]

안료를 소량의 점결제로 굳힌 그림 재료. 크레용에 비해 덧칠이나 농도 감소 등의 기법을 사용할 수 있어 부드럽고 중후하게 표현할 수 있는 것이 특징이지만, 고착제가 포함되어 있지 않기 때문에 보존을 위해서는 그린 후 정착제를 뿌려서 고정해야 한다.

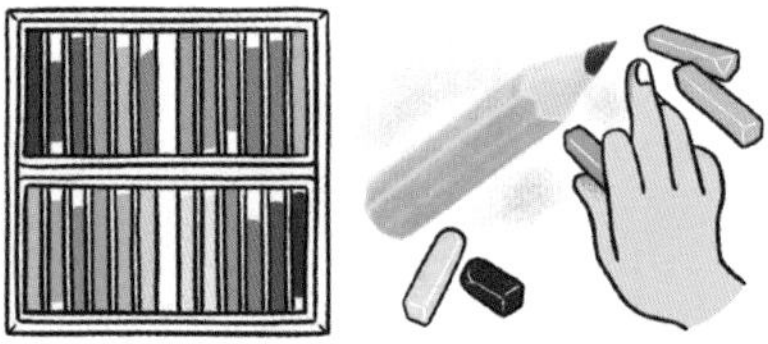

파이프식 파일 [パイプ式ファイル]

통 모양의 제본용 쇠붙이를 사용한 파일. 일반적으로 300~1,000매 정도 제본. 펀치구멍보다 가는 통 모양의 쇠붙이와 그 통의 안지름보다 가는 막대 모양의 쇠붙이로 종이를 안팎에서 끼워 철하는 구조. 서류를 교체할 때 임의의 페이지에서 앞뒤로 나눈 서류 모두 쇠붙이에 관통한 상태로 바꿀 수 있다. 한쪽 열기와 양쪽 열기가

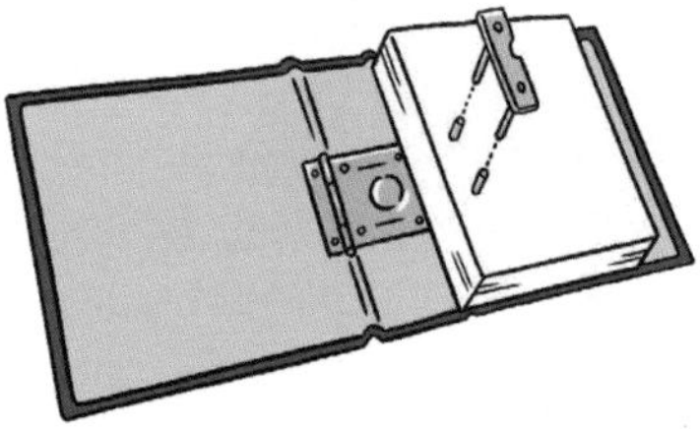

있다.

파일 [ファイル]

주로 인쇄물이나 서류, 전표 등 기록이 끝난 문서를 정리, 보관하는 기능을 가진 표지(→p73 '바인더' 참조)

파일로트 코퍼레이션 [パイロットコーポレーション]

일본 도쿄에 본사를 둔 만년필 및 필기구 제조업체. 1918년 나미키 료스케(→p41)와 와다 마사오(和田正雄)가 만년필 제조업체로 설립(나미키제작소). 커스텀 시리즈를 중심으로 한 각종 만년필과 고급 마키에 만년필 브랜드 나미키(→p41) 외에 인체공학을 도입한 필기구 닥터그립, 지워지는 필기구 프릭션(→p167) 시리즈 등으로 유명.

파일로팍스 [ファイロファックス]

영국의 수첩 브랜드. 1921년 윌리엄 라운스와 포스틴 힐이 창업(Norman&Hill). 미국 엔지니어용 매뉴얼 파일 LIFAX를 참고해 바인더식 시스템 수첩 FILOFAX를 개발했다. 일본에서는 1984년부터 판매돼 시스템 수첩 붐을 일으켰다.

파커 [パーカー]

Parker. 영국 필기구 브랜드. 1888년 조지 파커가 미국에서 필기구 제조업체로 창업. 1894년 잉크누출을 감소시키는 구조인 '럭키 커브' 개발했고, 1954년 발매한 노크식 볼펜 조터와 1921년 발매한 만년필 듀오폴드 등으로 유명. 모든 라인업에 공통되는 화살깃 모양의 클립이 특징.

파피루스 [パピルス]

왕골풀과의 여러해살이풀의 줄기를 벗겨낸 얇은 조각들을 가로세로로 여러 번 겹쳐서 붙인 종이 재료. 종이를 뜻하는 페이퍼의 어원이지만 재료를 섬유 수준까지 분해하지 않았기 때문에 분류상으로는 종이가 아니다(→p133 종이 참조). 고대 이집트에서 기원전 3000년경부터 만들어져 종이로 대체되는 13세기경까지 만들어졌다. 그 제조법은 한번 상실되었으나 플리니우스의 저서 『박물지』를 바탕으로 연구가 진행되어 20세기에 복원되었다.

팔레트 [パレット]

그림물감을 혼색하기 위한 판. 그림물감이나 용

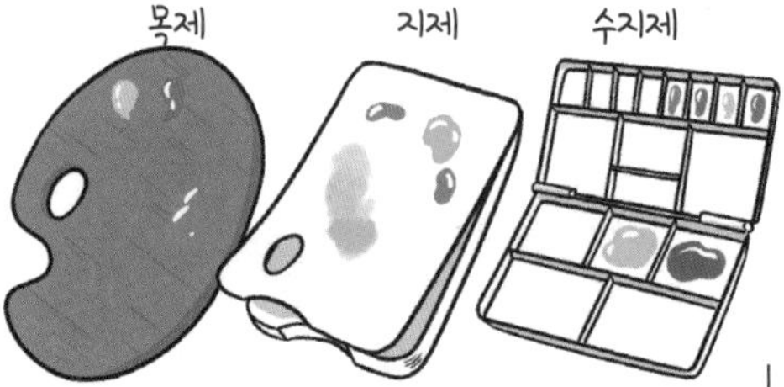

제가 침투할 수 없는 재료이어야 하고, 다양한 재료로 된 것이 있지만, 학생이 사용하는 수채 물감에 대해서는 수지 제품이 주류. 종이로 만든 일회용도 있다.

패턴트 [パテント]

특허, 특허권. 카탈로그나 상품 포장 등에 약자로 표기된 경우가 많다. PAT는 특허를 취득 완료, PAT.P는 특허 출원 중.

팬시문구 [ファンシー文具]

여학생을 대상으로 한 귀여운 디자인이나 장식을 한 문구의 총칭. 특히 1970년대 후반부터 80년대에 붐을 일으켰던 업체의 오리지널 캐릭터를 채용한 상품군이나 그 계보를 가리키는 경우가 많다.

펀치 [パンチ]

종이에 구멍을 뚫는 도구의 총칭. 주로 종이를 파일이나 바인더에 철하기 위하여 사용하지만, 장식이나 정보의 기록, 표시로서 천공하는 것도 포함된다.

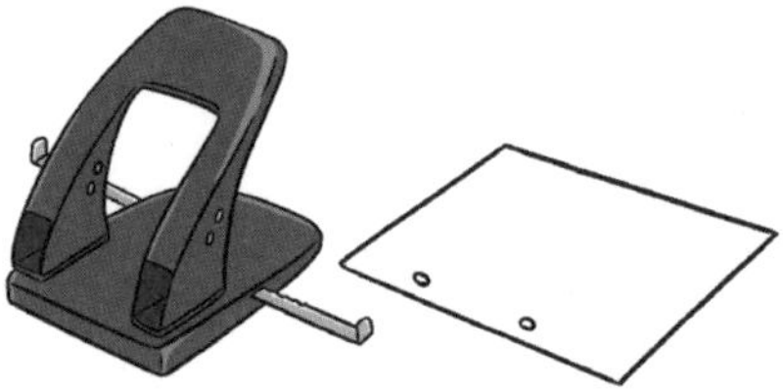

페그실 [ペグシル]

끝부분에 연필심이 내장된 플라스틱 소재의 일회용 필기구. 가늘고 짧은 몸통의 뒷부분이 얇고 평평하게 펼쳐진 클립 모양으로 되어 있어 서류 등에 걸 수 있다. 골프 스코어 작성이나 설문지 작성용 연필로 알려져 있으며, 1945년 오카야(岡谷)가 발매했다. 페그실은 이 회사의 상표이며, 2002년에는 입체상표등록도 되었다.

페이퍼 크로마토그래피 [ペーパークロマトグレフィ]

여과지를 사용하여 시료에 포함된 물질을 분리하는 방법. 시료를 묻힌 여과지의 한쪽 끝을 용매에 담그면 용매가 모세관현상으로 여과지에 흡수되면서 시료에 포함된 물질을 이동시킨다. 하지만 물질마다 종이에 대한 흡착성 등의 차이에 따라 이동 거리에 차이가 나기 때문에 물질을 분리할 수 있다. 특별한 장치가 필요 없어 쉽게 사용할 수 있는 것이 특징이며, 필기구 잉크

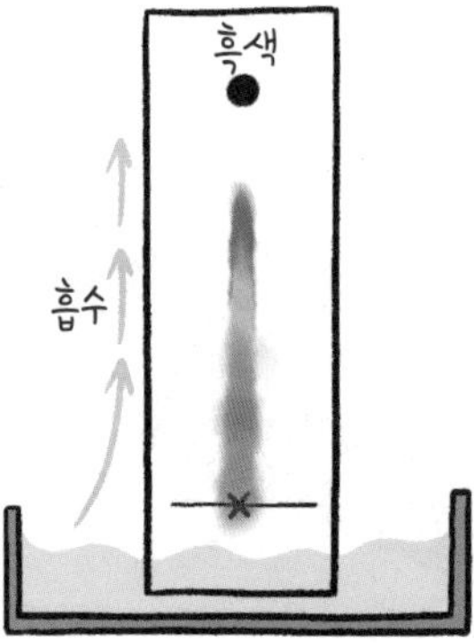

에 포함된 색소 등의 분리에 많이 사용된다.

페이퍼나이프 [ペーパーナイフ]
봉투 개봉이나 책의 접지된 부분을 여는 등, 종이의 주름에 꽂아 여는 데 사용하는 전용 도구. 자르는 대상을 종이로 한정하기 때문에, 보통은 커터칼만큼 예리하지 않다. 과거 유럽에서는 소유자의 필요에 따라 제본하는 것을 전제로 접지한 부분을 재단하지 않고 간이제본으로 서적을 출판했으며, 구매자는 주머니가 되어 있는 페이지를 잘라 열면서 읽었기 때문에 종이칼은 독서의 필수품이기도 했다.

페이퍼리스 [ペーパーレス]
업무 효율화, 비용 절감, 자원 보호 등 다양한 목적으로 기존 정보의 기록, 열람, 공유, 보관 등의 매체로 사용하던 종이를 각종 전자기기와 그 네트워크로 대체하여 종이를 사용하지 않는 상태. 페이퍼리스의 실현은 기존 문구류 역할의 종말을 의미하기 때문에 많은 문구업체가 위기감을 갖고 새로운 문구류의 역할을 모색하기 시작했다.

페인트마커 [ペイントマーカー]
불투명한 유성 마킹펜의 총칭. 은폐성이 높고 속건성, 고착성, 방수성, 내후성이 뛰어난 것이 많아 다양한 소재에 필기할 수 있다. 비바람이 부는 환경에 놓이는 물건에 필기하거나 채색하는 데도 적합하다.

펜닥터 [ペンドクター]
펜클리닉 등에서 만년필 조정이나 수리를 담당하는 전문기술자.

펜스피닝 [ペンスピニング]
필기구를 손가락으로 회전시키는 등의 손가락을 이용한 기교. 펜 돌리기. 일본에서는 Kay가 프로 펜스피너로서 활동하고 있다.

펜슬 [ペンシル]
영어의 'pencil'은 주로 연필을 가리키지만, 일본어로 굳이 펜슬이라고 할 경우 잉크 펜이 아닌 흑연심을 가진 필기구라는 뜻으로 샤프펜슬이나 심홀더를 가리키는 경우가 많다. 흑연심을 가진 필기구의 총칭.

펜시스 [ペンシース]
Pen sheath. 필기구를 한 자루 또는 몇 개씩

꽂아 보관하는 가죽 또는 비닐 펜케이스. 보통 한 자루씩 독립된 공간으로 나뉘어져 있는 것이 많다.

펜심 [ペン芯]
만년필의 펜촉 아래에 밀착되어 탱크에서 펜촉으로 잉크를 연속적으로 공급하는 부품. 현대식 펜심은 1883년 루이스 에드슨 워터맨(→p58)이 발명하여 1884년 특허를 취득했다. 모세관 현상과 표면장력을 이용해 잉크를 펜촉으로 보내면서 동시에 방해가 되지 않도록 같은 양의 공기를 끌어들이는 구조에 의해 잉크누출을 막으면서 원활한 배출을 실현한다.

펜케이스 [ペンケース]
필기구를 넣어서 휴대하기 위한 것의 총칭

펜클리닉 [ペンクリニック]
펜닥터(→p161)가 만년필 고장이나 사용자의 필기 습관 진단 등 대면으로 펜촉을 조정해주는 행사. 주최나 펜닥터의 소속 등에 따라 유상, 제

조사 한정 등 다양한 개최 형태가 있지만, 소매점 행사인 경우 무료도 있다.

펜텔 [ぺんてる]
도쿄에 있는 필기구, 그림 재료, 문구 제조업체. 1946년 호리에 유키오(堀江幸夫)가 창업(大日本文具). 크레용 등부터 자사 개발 상품 폭을 넓혀, 1960년 세계 최초의 폴리머심 '하이폴리머심'과 노크식 샤프펜슬 '펜텔연필' 발매. 1963년 세계 최초의 수성 마킹펜 '사인펜(→p84)'을 출시하는 등 선구적 상품을 많이 발매했다.

펜트레이 [ペントレー]
책상 위나 서랍 안에 펜을 놓기 위해 사용되는 얕은 용구.

펜트레이드 [ペントレード]
필기구 수집가가 컬렉션을 교환하는 것, 또는 컬렉션을 매매하는 행사

펜팁 [ペンチップ]
주로 볼펜이나 마킹펜의 펜촉.

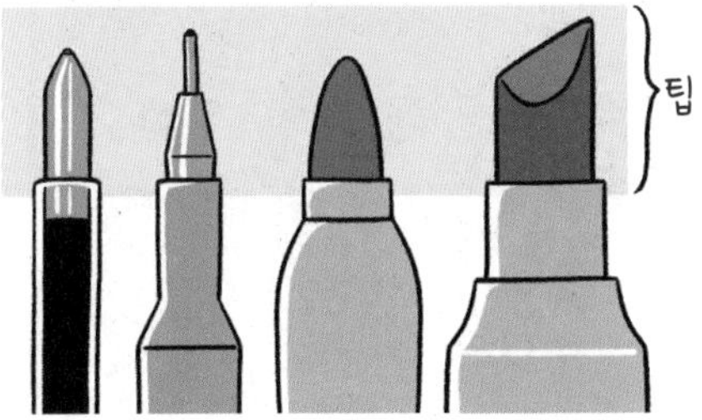

펜파우치 [ペンポーチ]
용량이 큰 지퍼식 소프트 타입의 펜케이스.

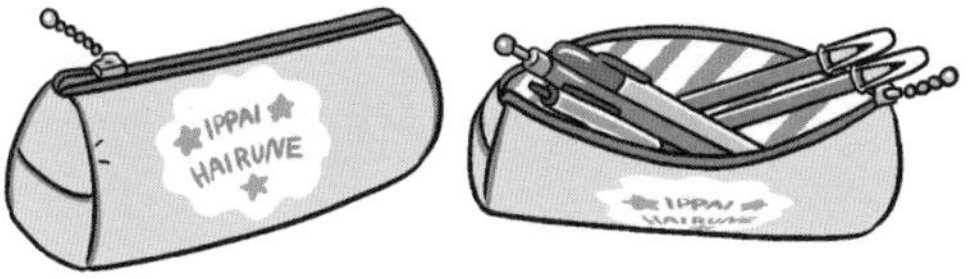

펜팔 [文通]
편지로 소식을 주고받는 일.

펜프렌드 [ペンフレンド]
우편으로 교제하는 친구. 펜팔.

펠리칸 [ペリカン]
독일 문구업체. 1832년 카를 호르네만(Carl Hornemann)이 물감과 잉크 제조업체로서 독일에서 창업. 1871년 경영을 이어받은 귄터 바그너(Guenther Wagner)의 가문(家紋)이자 모성애를 상징하는 펠리컨의 어미와 새끼를 디자인한 사랑스러운 로고와 함께 일본에서는 고급 만년필 수베란(Souveran) 등이 유명하고, 사무용품과 어린이용 필기구, 그림 재료 등도 다룬다.

Pelikan

펠트펜 [フェルトペン]
원래는 펜촉에 펠트를 사용한 필기구를 지칭하였지만, 현재는 마킹펜(→p63)과 거의 동의어.

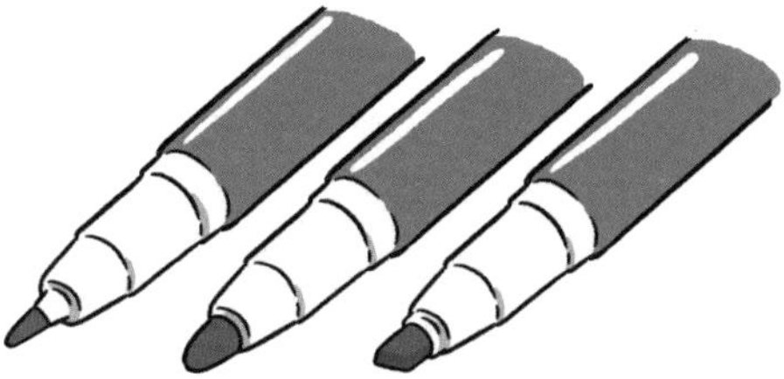

편지 세트 [レターセット]
편지지와 봉투를 조합하여 판매하는 상품 형태. 조합을 고려한 통일감 있는 종이와 디자인으로 구성되어 있다. 편지를 한 장만 보내는 것은 실례라고 여겨 봉투에 비해 편지지가 두 배 이상 많게 세트가 구성되어 있다.

편지지 [便箋, びんせん]
편지 쓰기 위한 종이. 줄이나 무늬 등이 인쇄된 것이 많다.

편집숍 [セレクトショップ]

브랜드숍과 반대로 특정 브랜드를 판매하는 점포가 아니라 점주의 선택에 따라 상품 구색을 정하는 점포. (이런 의미에서 대부분의 문구점은 편집숍.) 그중에서도 상품 선정 콘셉트나 감각이 남다른 점포를 가리키는 경우가 많다.

평량 [坪量]

1㎡당 종이 중량. 단위는 g/㎡. 정확히는 미터 평량, 한 변 1m인 정사각형 당 중량이라는 의미. 종이 두께의 기준으로 사용된다.

포메라 [ポメラ]

킹지무(キングジム)가 2008년부터 판매하고 있는 휴대용 문장 입력 및 편집기. 작게 접을 수 있는 본체에 표준 사이즈의 키보드와 단색 화면을 갖추고 있어 장시간 사용할 수 있는 것이 특징. 문자 입력에 특화되어 있으며, 그 외의 기능을 과감히 배제하여 문서작성에 집중할 수 있다는 점에서 작가들에게 호평을 받으며 인기 상품이 되었다.

포스터컬러 [ポスターカラー]

불투명한 수채화물감의 일종. 은폐력이 높아 건조 후 덧칠하면 아래 색을 숨길 수 있고, 무광택 표면은 발색이 선명하고 얼룩이 생기지 않기 때문에 포스터 등 선명한 표현에 적합하다. 하지만 내수성이 없어 비바람에 노출되는 환경의 전시에는 적합하지 않다.

포스트잇 [ポストイット]

1980년 미국 3M이 출시한 재탈착이 가능한 접착제를 바른 스티커 메모지. 1969년 이 회사의 스펜서 실버(Spencer Silver)가 우연히 만들어낸 잘 붙고 간단히 뗄 수 있는 접착제를 바탕으로 1974년 아서 프라이(Arthur Fry)가 책갈피로 응용하는 것에 착안해 제품화했다.

포토크로믹 [フォトクロミック]

빛을 비추면 색이 변하는 성질을 갖는 것을 포토크로미즘이라 하며, 이 성질을 갖는 재료를 포토크로믹 재료라고 부른다. 고쿠요의 순간접착제 레드텍은 이 포토크로믹을 응용한 제품으로 바를 때는 붉은색이지만 빛에 노출됨으로써 투명하게 변한다.

폴더 [フォルダー]
서류를 끼워 넣어 보관하기 위해 두꺼운 종이를 반으로 접은 간이파일.

폴리머심 [ポリマー芯]
흑연과 합성수지를 혼합하여 불완전 연소시켜 얻은 거의 탄소만을 기본구조로 하는 필기용 고체 심. 주로 샤프펜슬의 교체용 심으로 사용된다. 다이닛폰문구(현 펜텔)가 개발하여 1960년에 발매한 '하이폴리머심'이 세계 최초. 점토심에 비해 가늘고 정밀한 성형이 가능하면서도 필적은 진하고 잘 부러지지 않는 심을 만들 수 있다. 이를 통해 초미세 연필을 실현할 수 있게 되었다.

폴리카보네이트 [ポリカーボネート]
플라스틱 중에서도 최고 수준의 내충격성과 유리에 버금가는 높은 투명도를 가지고 있으며, 내열성과 가공성이 뛰어난 열가소성 플라스틱. 깨지지 않고 투명도가 높은 소재로 전투기의 방풍판, 자동차의 라이트 커버부터 휴대폰, 생활잡화 등 용도가 다양하며 필기구와 루페를 비롯한 문구류에도 많이 사용된다. 손필통(→p92)의 재료로 유명하다.

푸라만 [プラマン]
펜텔이 1979년부터 판매하는 수지 재질의 구부러진 펜촉을 가진 세필용 수성 마킹펜. 화살촉처럼 생긴 납작한 펜촉은 중앙이 섬유질로 되어 있어 만년필처럼 부드러운 표현이 가능한 독특한 필기감이 특징이며, 1993년 발매된 직액식 '트루디오 프라만'은 많은 예술가와 디자이너에게 인기다.

푸라스 [プラス]
도쿄에 있는 문구, 사무기기, 사무용 가구 제조업체. 1948년 이마이즈미상회와 스즈키상회가

PLUS

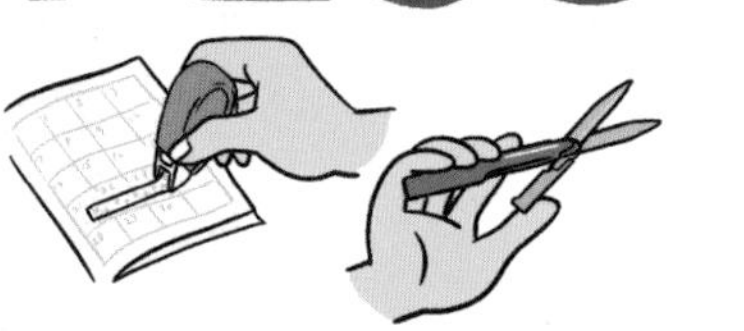

합병하여 사무용품 도매업체로 설립(치요다문구). 그 후 자체적 기획 제조업체가 되었고, 아스컬이나 비즈넷 등 독자적인 유통 서비스 회사 설립 등을 거쳐 국내외에 제조부터 유통까지 많은 회사로 구성된 그룹으로 성장했다.

푸라치나만년필 [プラチナ万年筆]
도쿄에 있는 만년필 및 필기구 제조업체. 1919년 나카다 슌이치(→p41)가 창업(1924년 나카야제작소 설립). 독자적인 캡 밀폐 구조로 펜촉이 잘 마르지 않는 만년필 '#3776 센추리'와 저렴한 보급형 만년필 '프레피' 등으로 유명하다. 푸라치나만년필 장인들이 창업한 나카야만년필(→p41)을 자회사로 두고 있다.

PLATINUM
SINCE 1919 JAPAN

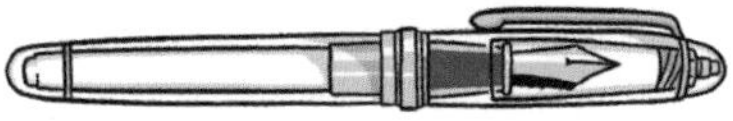

푸시 핀 [プッシュピン]
플라스틱으로 된 잘록한 원통형 또는 그와 유

사한 모양의 손잡이가 있는 압정. 1900년 미국 에드윈 무어가 발명했다. 처음에는 손잡이가 유리로 만들어졌다. 달마 압정(→p47)이라고도 한다.

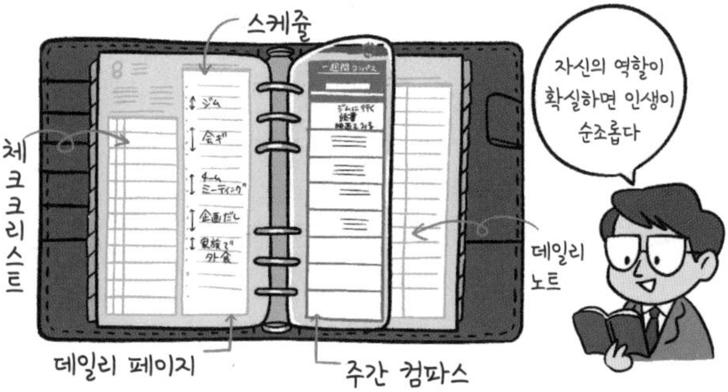

풀 [糊]

접착제의 총칭. 좁은 의미로는 물풀, 전분풀 등 주로 종이를 붙이기 위한 수성 액체 또는 반죽 형태로 된 접착제를 가리킴.

풀스지 [フールス紙]

일본에서는 얼룩 방지 처리가 되어 앞뒷면 모두에 글씨를 쓸 수 있는 화학펄프로 만들어진 종이, 특히 워터마크가 들어간 종이를 가리킴. 세계적으로는 13.5×17인치의 종이를 가리키는 용지 치수. 15세기 중반 영국에서 도입된 광대모자(Fool's cap) 모양의 워터마크에서 유래.

프라이빗브랜드

[プライベットブランド]

동종업계와의 차별화와 수익률 증가 등을 위해 소매업자나 도매업자 등이 개발하는 브랜드. PB. 이에 반해 제조업체가 기획, 개발, 제조까지 일관되게 진행하는 일반상품을 내셔널 브랜드(NB)라고 한다.

프랭클린 플래너

[フランクリンプランナー]

일정이나 작업의 관리뿐만 아니라 인생에서의 가치관을 명확히 하고 이를 바탕으로 한 인간적 도달 목표를 향해 우선순위를 두고 매일의 행동 계획을 세우는 것이 특징인 시스템 수첩. 1984년 미국의 하이럼 스미스(Hyrum W. Smith)가 벤저민 프랭클린의 자서전에 기록된 수첩 활용법에 영향을 받아 개발한 것을 기초로 1997년 스티븐 코비의 『성공하는 사람들의 7가지 습관』에 기초한 코비 수첩과 융합해 현재의 형태가 됐다.

프레넬렌즈 [フレネルレンズ]

렌즈를 동심원 모양의 영역으로 분할하여 두께를 줄인 것으로, 원래는 등대 빛을 직진시키기 위한 대형렌즈의 크기를 줄이기 위해 프랑스의 프레넬(Augustin Jean Fresnel)이 1819년에 발명했다. 분할 수를 늘리면 렌즈의 두께를 극단적으로 얇고 균일하게 만들 수 있어 대형 탁

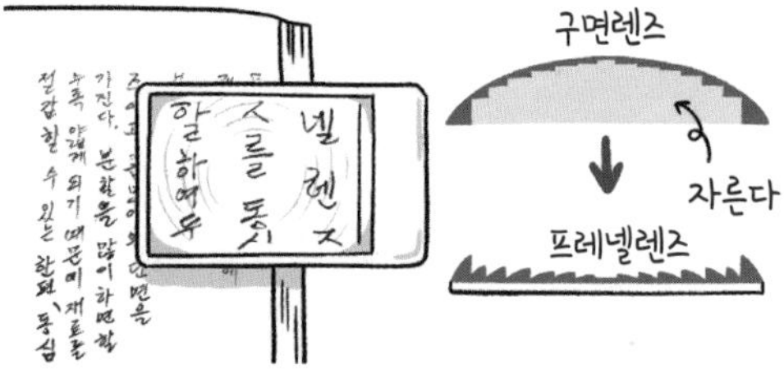

상용 돋보기나 휴대용 카드형 돋보기 등에 활용된다.

프로파제품 [プロパー品]

제조업체 → 도매업체 → 소매업체로 판매되는 정식 상품.

프로필 수첩 [プロフ帳]

개인 프로필을 기입할 수 있는 낱종이가 들어 있는 바인더형 노트. 사인수첩(→p84)이 발전한 형태로, 낱종이는 화려한 디자인이 많고, 구체적인 질문과 응답란이 준비되어 있어 쓰기 쉽게 되어 있다.

프리 어드레스 [フリーアドレス]

기업이나 기관에서 개인에게 고정된 좌석을 배정하지 않고, 공용 책상을 그때그때 자유롭게 선택해 사용하는 사무실 운영 스타일. 개인 서랍 등도 없기 때문에 업무에 필요한 도구는 사물함 등에 보관하고, 그때그때 사용할 자리로 가지고 이동한다. 이러한 근무 방식이 확산되면서 개인용 수납 용품이나 문구류가 많이 개발되었다.

프리초 [プリ帳]

스티커사진을 수집 및 정리하기 위한 노트 및 파일. 스티커를 벗길 수 있도록 특수 가공을 한 것 외에 포켓 타입이나 표면에 글씨를 쓸 수 있는 것도 있다. 전용 노트를 사용하지 않고 클리

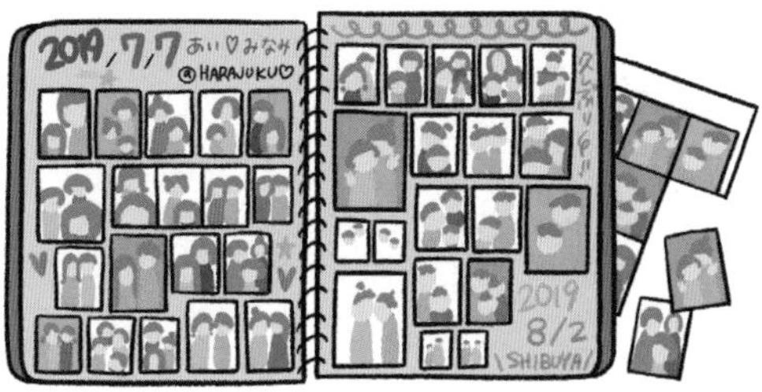

어 파일이나 노트 등으로 대체하기도 한다.

프릭션 [フリクション]

파일로트가 2006년 프랑스에서 먼저 출시한 지울 수 있는 볼펜(일본 출시는 2007년). 약 65℃ 이상의 고온에서 투명해지는 '프릭션 잉크(메타모 칼라)'를 탑재해 전용 고무로 문지르면 그 마찰열로 글씨를 지울 수 있다. 부정이나 사고방지를 위해 공문서나 유가증권 등에는 사용이 금지되어 있다. 만약 지워졌을 경우 콜드 스프레이 등으로 -20℃ 정도까지 냉각시키면 다시 발색된다.

플랜저식 만년필 [プランヤー式万年筆]

만년필 잉크 흡입방식 중 하나. 꼬리 마개가 공기밸브를 내장한 피스톤의 손잡이로 되어있고,

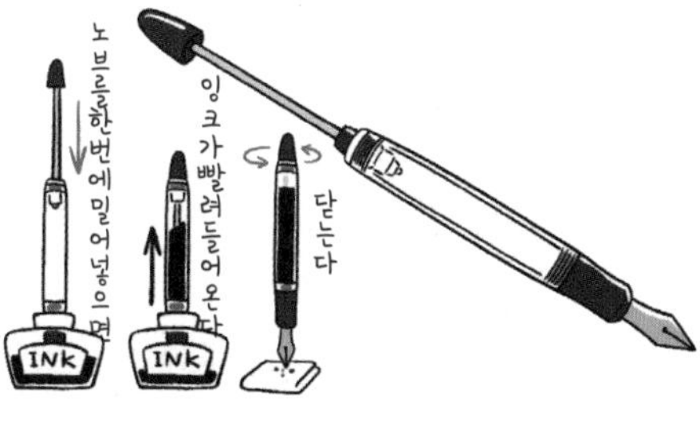

꼬리 마개를 당긴 후 힘껏 밀어 넣으면 탱크 내부가 음압이 되어 잉크를 흡입하는 구조.

플랫 클린치 [フラットクリンチ]
스테이플러로 제본하는 방법 중 하나. 철침이 종이 뭉치를 완전히 관통한 후 마무리대(클린처)를 두드려 단번에 구부리기 때문에 관통한 철침이 뿌리에서 거의 직각으로 구부러진 형태로 종이를 껴안아 고정된다. 일반 제본 방식에 비해 두께를 줄일 수 있으며, 1987년 맥스가 출시한 HD-10F가 세계 최초다.

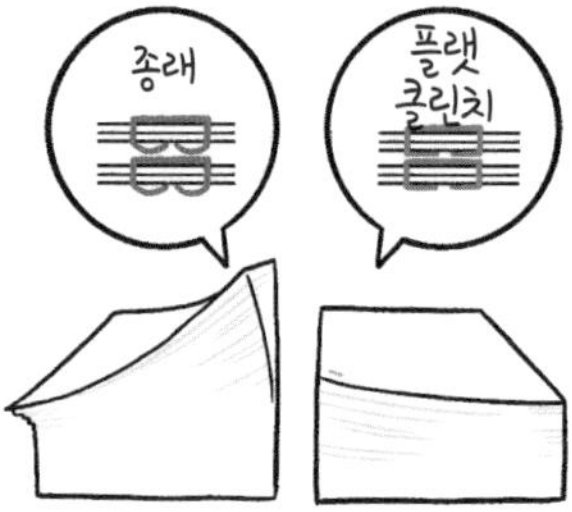

플랫파일 [フラットファイル]
두꺼운 종이 또는 수지 시트로 만들어진 표지에 간단한 제본 장치와 두 개 구멍을 가진 파일. 저렴하고 가벼운 것이 특징.

플로팅펜 [フローティングペン]
볼펜의 뒤쪽 몸통에 기름과 함께 집어넣은 작은 조각이 펜을 기울이면 몸통 앞뒤로 천천히 움직여 그림이 변화한다. 누드펜 등 다양하게 응용되고 있다. 덴마크 에스케센(Eskesen)사가 1951년 에쏘(ESSO, 영국 석유회사)의 증정용으로 개발했다.

플리마켓 [フリーマーケット]
벼룩시장. 주로 개인이 불필요한 물건이나 중고품을 가져와 판매하는 푸른 노천시장. 최근에는 '메르칼리' 등 앱을 이용한 가상 플리마켓도 이용자 증가. 골동품이나 단종된 문구 등이 눈에 띄기도 한다.

핀셀 [ピンセル]
수납 용기를 겸한 압정 추출기. 끝을 향해 열린 슬릿의 얇은 금속판을 박혀있는 압정 머리 부분에 끼워 넣어, 본체를 지렛대 삼아 뽑아낸다. 뽑아낸 압정은 그대로 본체 안에 들어가고, 그렇게 보관된 압정을 재사용할 수 있다. 1957년 타카노 아츠시(高野篤) 등이 발명.

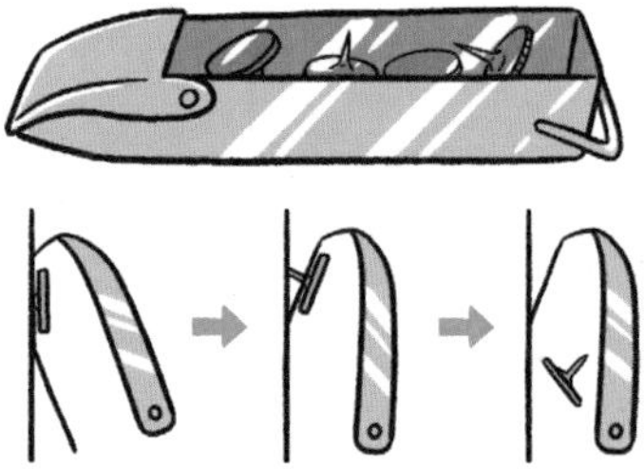

필압 [筆圧]
필기할 때 필기구 끝이 종이를 누르는 힘. 필압이라 부르지만 압력(면적당 힘)이 아니라 단순히 힘으로 이해되는 경우가 많다.

하드커버 [ハードカバー]
표지에 단단한 소재를 사용한 제본 방법. 또한 그것을 채택한 책이나 커버.

하야시 유테키 [早矢仕有的]
(1837~1901) 의사, 사업가. 마루젠유쇼도(丸善雄松堂) 창업자. 1867년 후쿠자와 유키치(福

澤諭吉) 사숙(이후 게이오대)에 입학하여 영어와 경제 공부, 1869년 마루야상사 창업. 일본 최초의 회사 설립 취지서라고 불리는 「마루야상사지키(丸屋商社之記)」를 정했고, 그중에서도 사회적 급선무인 교육과 의료 관련 서양 서적이나 약품, 의료기기가 부족하다고 판단 이러한 물품의 매매를 전업으로 하겠다고 선언. 그 후 서적, 의약품, 의료기기에만 국한하지 않고 다양한 서양 잡화, 문구류 등의 수입 판매를 했다. 하야시가 만든 쇠고기와 채소를 섞어 익힌 요리가 하이라이스(하야시라이스)의 기원이라는 설이 있으며, 현재도 마루젠에 입점한 카페의 메뉴에는 하이라이스가 있다.

하야카와 도쿠지 [早川徳次]

(1893~1980) 기업인, 발명가. 종합 가전 샤프 창업자. 1915년 프람(PLUM)제작소의 나카다 세자부로(中田清三郎)에게 의뢰받은 조출연필(繰出鉛筆)의 내부 부품 제조를 계기로 이 연필을 개량해 같은 해 하야카와식 조출연필의 특허를 출원하고 하야카와형제상회 금속문구제작소를 설립해 사업을 확대했지만, 관동대지진으로 공장 소실. 하야카와형제상회 해산 후 사업을 모두 일본문구제조(후일 플라톤문구)에 양도. 그 후 설립한 하야카와금속공업연구소에서 미국으로부터 수입된 광석라디오의 모방개발에 성공. 이것이 종합 가전 샤프의 모체.

하이라이터 [ハイライター]

문서의 문자열 일부를 강조하기 위해 그 문자열 위에 겹쳐서 그리는 투명하고 밝은색 필기구의 총칭. 1963년 카터스사가 출시한 '리딩 하이라이터'가 최초. 현재는 대부분 형광색소를 함유한 넓은 마킹펜으로 형광펜(→p172)과 거의 동의어로 사용된다.

하이멘 L. 립맨 [ハイマンエルリップマン]

(1817~1893) Hymen L. Lipman. 독일계 미국인. 1858년 연필의 한쪽 1/4에 흑연심 대신 지우개를 끼워 넣어 특허 취득. 양쪽 끝을 깎아내 지우개를 노출시켜 사용. 이것이 지우개가 달린 연필의 원조. 현재의 금속제 통으로 고정하는 방식은 1891년 에버하르트 파버(Eberhard Faber)가 개발.

하파후미후미 [はっぱふみふみ]

1969년에 방송된 파일로트 만년필 '엘리트' 광고에서 오하시 교센(大橋巨泉)의 애드리브가 유행. 광고에서는 "하파후미후미"가 반복되지만,

전혀 의미는 없다.

학교납품 문구 [学納文具]

학교 교재로 학교에 납품되는 문구류. 학교에서 공동으로 사용하는 것이나 배포하는 것 외에 학교에서 주문을 모아 일괄 구매하는 것 등이 있다. 일반 매장에서 판매되지 않는 사양의 제품이 많으며, 시중과 다른 '납품 가격'이 책정되어 있다.

학생문구 [学童文具]

초등학교 학생용 문구의 총칭. 입학할 때 준비하는 지정 문구를 시작으로 학습장, 컴퍼스, 삼각자, 각도기 등 특정 학년이나 학과에 필수적인 것에서부터 가정학습, 학원 등에서 사용되는 문구까지 포함되어 큰 시장을 형성하고 있다.

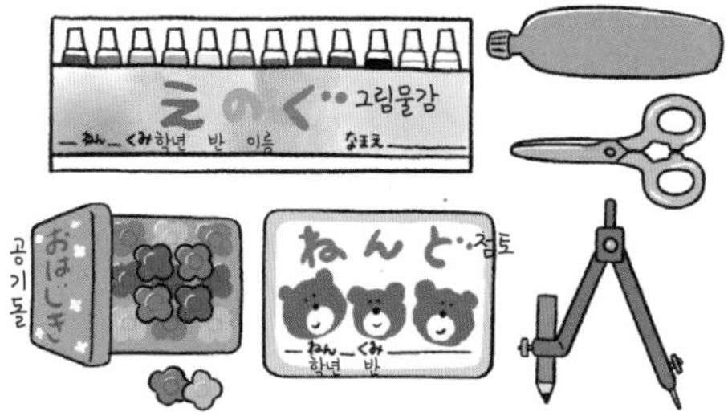

학습장 [学習帳]

주로 학생이 학습을 목적으로 사용하는 노트. 1902년 쇼비도(鐘美堂)의 나카무라 토라키치(中村寅吉)가 출시한 괘선이 있는 공책이 시초이고, 1909년 과목마다 다른 괘선이 있는 '학습용 공책'이 만들어졌다. 이후 표지에 일러스트나

사진을 사용하거나 표지 뒤나 면지에 시간표, 칼럼, 토막지식 등 학습에 관련된 내용을 실었다. 1970년 '쇼와노트'가 쇼가쿠칸(小学館)의 쟈포니카(ジャポニカ) 다이닛폰백과사전과 제휴하여 출시한 '쟈포니카 학습장'에 의하여 현재 모양의 학습장이 완성되었다.

한정품 [限定品]

생산 수량, 판로, 판매 기간 등 몇 가지의 판매 조건을 의도적으로 제한한 상품. 대부분 구매 의욕 자극, 브랜드 가치 향상, 유통 인센티브 등의 전략적 목적에 따른 것이다. 문구에서도 이벤트 한정이나 점포 한정 등 최근의 문구 붐에 따라 소비 자극 정책으로 자주 활용되고 있다.

항공법 [航空法]

항공법 제86조에는 "폭발성 또는 가연성을 가진 물건, 타인에게 위해를 가하고, 또는 다른 물건을 손상할 우려가 있는 물건으로, 국토교통성령으로 정해진 것은 항공기로 수송해서는 안 된다"고 되어 있다. 문구 중에서는 주로 흉기로 판단되는 칼날류에 등이 제한된다. 국토교통성 지침에는 가위의 경우 "끝이 뾰족하지 않고, 날 길이가 6cm 이하면 휴대하고 탑승할 수" 있다. 많은 가위가 이 기준을 만족하고 있지만, 생김새·무게 등 기타 사정 때문에 흉기로 의심할 만한 타당한 이유가 있는 경우는 현장 판단으로 휴대하고 탑승하는 것이 금지될 수도 있다.

항균 [抗菌]
제품표면의 세균증식을 억제하도록 가공된 제품을 항균가공제품이라고 하고, JIS(→p180)에서는 가공되지 않은 제품표면과 비교하고 세균증식 비율이 100분의 1 이하면 그 제품에 항균효과가 있다고 규정하고 있다. 의료현장이나 공장소에서 불특정 다수가 사용하는 필기구 등에 항균가공을 한 것이 있지만, 어디까지나 표면의 세균증식을 억제하는 것이어서 세균을 죽이는 살균이나 제거하는 제균, 거의 전부를 죽이거나 제거하는 멸균과는 구별된다.

핸드 라벨러 [ハンドラベラー]
상품 등에 가격이나 날짜 등을 인쇄한 라벨을 붙이는 도구. 본체 내에 인쇄 장치와 롤 형태의 스티커 내장. 본체에서 인쇄된 라벨을 대상물에 밀어붙여 붙인다.

행잉폴더 [ハンギングフォルダー]
Hanging folder. 종이로 만든 폴더(→p165)의 자른 쪽의 양 끝부분에 금속 막대를 달고, 끝부분에서 튀어나온 부분에 후크를 설치한 것. 뒷면을 아래로 향하게 하여 전용 프레임이 있는 캐비닛이나 박스 파일의 테두리 등에 후크를 걸어서 보관한다. 폴더는 후크에 의해 개구부가 위로 향하도록 매달린 상태가 되기 때문에 서류를 던져 넣기만 하면 정리할 수 있고, 자체무게로 인해 구부러지지 않는 것이 장점.

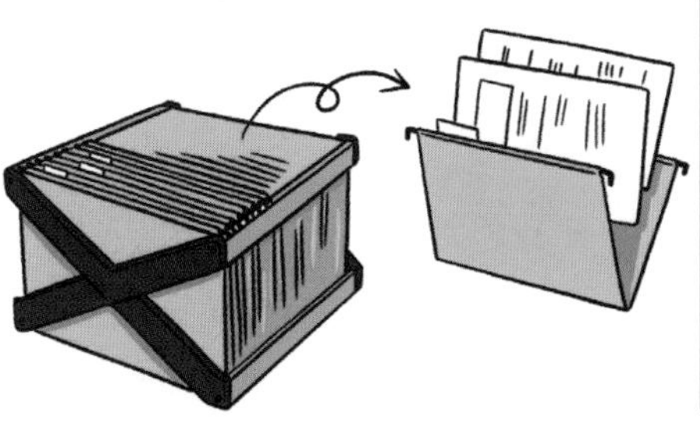

향기 구슬 [匂い玉]
1980년대 여자 어린이를 중심으로 유행했던 완구. 방향제를 함유한 알갱이 형태의 수지로 작은 병이나 플라스틱 상자에 담긴 상태로 판매되는 경우가 많았다. 편지지에 향을 입히거나 이름표 뒷면이나 필통에 넣어 향을 즐기는 완구.

허리 릴 [腰リール]
키홀더나 신분증 홀더 등에 사용되는 신축성 있는 릴에 단어카드나 메모장, 탈부착 가능한 소형 필기구를 붙여서 만든 메모 도구. 허리(벨트 등)에 고정해 두었다가 언제든지 바로 꺼내어 메모를 할 수 있다. 상품으로 판매되는 것이 아니라 개인 차원의 아이디어가 대중화된 사례.

형광 [蛍光]
자외선이나 단파장의 가시광선을 쐴 때 그 에너

지를 흡수하여 전자가 여기(勵起) 상태가 되고, 그것이 기저(基底) 상태로 돌아갈 때 여분의 에너지를 빛으로 방출하는 발광현상. 이 현상을 일으키는 색소는 형광 마커나 종이의 형광증백제, 블랙라이트 조사 중에만 발광하여 읽을 수 있는 불가시 잉크 등에 사용된다.

형광펜 [蛍光ペン]

형광색소를 함유한 투명색 잉크를 사용한 하이라이터(highlighter→p136). 형광색소를 배합함으로써 바른 부분이 밝게 강조되는 것이 특징이지만, 형광색소를 포함하지 않고 색깔만으로 강조하는 것도 관례적으로 형광펜이라고 부른다. 형광잉크를 사용한 마킹펜으로는 1963년 카터즈잉크컴퍼니(Carter's Ink Company)가 출시한 '글로우 칼라 마커'가 최초이지만, 형광잉크를 사용한 하이라이터는 독일의 스완스타빌로(Schwan-STABILO→p95)가 1971년 출시한 '스타빌로 보스'가 최초.

호보니치수첩 [ほぼ日手帳]

이토이시게사토(糸井重里)가 대표로 있던 주식회사 호보니치(ほぼ日)가 2002년부터 발행하는 1일 1페이지 수첩. 각 페이지에는 웹사이트 '호보니치칸 이토이신문(ほぼ日刊イトイ新聞)'에서 발췌한 글들이 게재되어 있다. 얇고, 뒷면에 비치지 않는 종이 품질(토모에리버→p156) 등 수첩으로서의 평가도 높지만, 모눈종이로 되어있어 그림일기처럼 사용하는 팬이 늘어나, 1일 1페이지 타입 수첩의 대명사가 되었다.

호치키스 [ホチキス]

스테이플러(→p97). 1903년 이토키상점(伊藤喜商店)이 최초로 미국 호치키스사의 스테이플러를 수입 판매함. 당시에는 상표등록을 하지 않았는데 이토키상점에서 제품을 구매하던 도쿄의 카지카나모노텐(梶金物店)이 상표등록을 했고, 이토키상점은 1917년에 그 상표권을 매입했다. 그 후의 경과는 불명확하지만, 현재는 상표등록이 되어있지 않고, 스테이플러처럼 보통명사로 쓰인다.

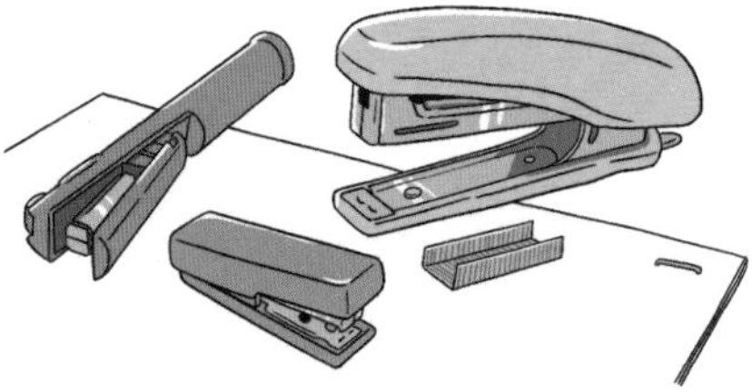

화이트 [ホワイト]

만화나 일러스트, 그래픽디자인 등의 수정을 위해 사용하는 흰색의 수정액.

화이트보드 [ホワイトボード]

전용 마킹펜(보드마커)을 이용해 문자나 그림을 필기하는 흰색 표시판. 필기한 글자나 그림은 전용 지우개나 천 등으로 닦아낼 수 있어 반복해서 사용할 수 있다. 강의나 공지 등에 칠판과 비슷한 용도로 사용된다. 칠판에 비해 가루가 나지 않아 깨끗하게 관리할 수 있는 장점이

있다. 종이에 쓰는 것과 마찬가지로 흰색에 검은색 필적이 자연스럽게 보이는 반면, 빛을 반사하는 단점이 있다.

화지 [和紙]

원래는 원료로 닥나무, 삼지닥나무, 안피나무의 섬유를 사용하고, 닥풀의 뿌리 등에서 추출한 네리(ネリ)라는 점결제(粘結劑)를 첨가하여 수작업으로 만든 일본 종이. 현재는 펄프 등을 원료로 한 기계로 만든 종이도 고온의 경면 원통형 드럼에 한쪽 면을 눌러서 강제 건조시키는 방법으로 만든 한쪽 면에 광택이 있고, 한쪽 면은 까칠까칠한 종이도 화지라고 부른다.

화판 [画板]

그림을 그릴 때 종이를 올려놓는 판. 합판이나

플라스틱판에 용지를 고정하는 클립이 붙어 있고, 네 모서리에는 끈을 통과시키는 구멍이 있는 것이 많다. 야외에서 사용할 때는 한쪽을 배에 붙여서 받치고, 머리나 어깨에 끈을 걸쳐서 유지한 상태로 그림을 그린다. 데생이나 크로키 등에 사용되는 칼톤(カルトン→p142)도 화판의 일종.

활판인쇄 [活版印刷]

볼록판(凸版)인쇄의 일종. 활자를 조합·배열하여 만든 판에 잉크를 발라 종이에 찍어내는 인쇄 방법을 지칭하지만, 최근에는 활자를 사용하지 않고 제작된 수지나 금속으로 만든 활판인쇄도 포함되는 경우가 있다. 원래는 글자판의 재이용에 의한 인쇄비용의 절감이나 효율화를 위한 방법이었지만 사진식자나 옵셋인쇄(→p114) 등의 보급에 따라 실용적 측면에서 거의 역할을 다했다. 그러나 인쇄면에 압력에 의한 요철 있는 독특한 감촉이 선호되어 예술성 높은 인쇄표현의 하나로 명함이나 카드(청첩장, 연하장) 등에 사용되는 경우가 많다.

후에키노리공업 [不易糊工業]

오사카에 있는 풀·문구 제조업체. 1886년 아다치 이치베(足立市兵衛)가 창업(아다치상점). 1895년 오사카부립상품진열소(현 오사카공업기술시험소)의 후지이 츠네히사(藤井恒久)가 석지 않는 접착제 개발. 순자의 '만세불능역야(萬世不能易也, 영원히 변하지 않는다)'를 참조하여 '후에키(不易)'라고 명명하였다. 1975년에는 '후에키노리 동물 시리즈'를 발매. 처음에는 토끼, 코끼리, 개 등 3종이었으나, 개 외에는 인기가 없어 개만 남아 현재의 마스코트 캐릭터인 후에키군이 되었다.

후지야마 타네히로 [藤山種廣]

(1838~1886) 1873년 일본 정부 연수생으로 이구치 나오키(井口直樹, →p118)와 함께 빈 만국박람회에 파견되어 '흑연과 약품의 교합'을 연구 분야로 보헤미아주할트무트제조소에서 연수받고 귀국했다. 코이케 우하치로(小池卯八郎, →p145)에게 기술을 전수했다. 일본산 연필개발의 단초를 열었다.

후쿠자와 유키치 [福澤諭吉]

(1835~1901) 사무라이, 난학자, 저술가, 계몽사상가, 교육자. 게이오학원 설립과 저서 『학문의 권유』 등으로 유명. 1862년의 제1차 유럽 사절에 동행했을 때 파리에서 입수해, 유럽 체류 중의 견문을 적어 가지고 돌아온 「서항수첩」이 일본 수첩의 시초. 1873년에 출판한 『계산 장부 이용법』에서 처음으로 서양식(복식) 부기 전파. 또 문하생 하야시 유테키(早矢仕有的)(→p168)가 마루야상사 창업 때 큰 영향을 받는 등, 일본의 문방구에 미친 영향도 크다.

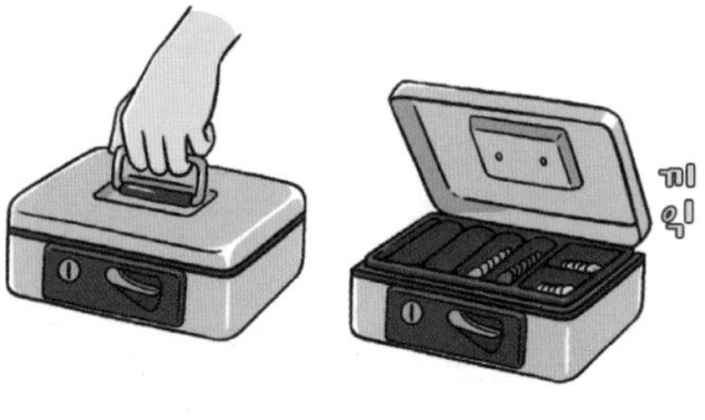

휴대용 금고 [手揚げ金庫]

현금이나 유가증권 등 귀중품을 보관하기 위한 자물쇠를 갖춘 견고한 용기 중 위쪽에 손잡이를 갖춘 소형 이동식 금고. 국지적으로 발생하는 금전 수수나 일시 보관을 할 때 사용된다.

휴대용 접이식 칼 [肥後守]

금속판을 구부려 만든 손잡이 안쪽으로 칼날을 회전시켜 수납할 수 있게 한 접이식 칼. 칼날을 고정하는 장치는 없고, 치키리(チキリ)라는 돌기로 칼날을 펼쳐 엄지손가락으로 눌러서 고정한다. 기원에 대해서는 여러 설이 있으나, 메이지 시대 후반부터 효고현 미키시에서 생산되기 시작했으며, 이후 많은 모조품이 등장해 어린이들의 필수품으로 전국적으로 보급된 실용적인 칼. 1960년 아사누마 사건 이후 급격하게 쇠퇴했다(→p110 연필깎이 참조). * 아사누마 사건 : 1960년 10월 12일 도쿄 치요다구 정당 합동 연설회장에서 17세 우익 소년이 사회당 당수를 시해한 사건.

흑연 [黒鉛]

탄소 동소체의 하나로 연필심의 주성분. 고대로부터 그림 재료로 사용되었지만, 1560년대에 영국의 보로우데일(Borrowdale)에서 양질

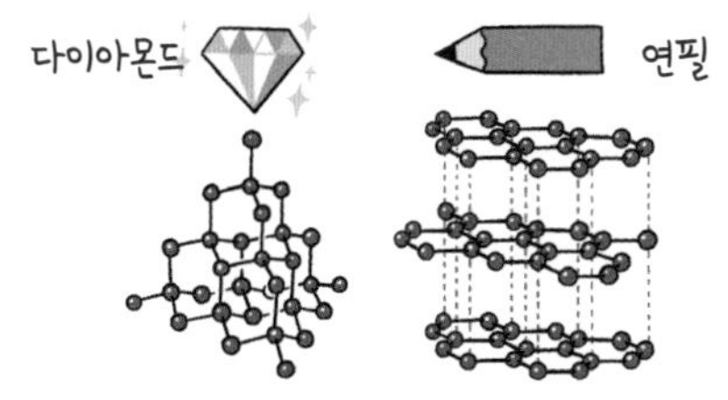

의 광상(鑛床)이 발견되어 공업적으로 이용되게 되었다. 금속광택이 있는 검은색 육각형 판 모양의 결정이 층층이 겹쳐진 것으로 층간 결합력이 약하고 쉽게 벗겨지는 성질이 있고, 뭔가에 마찰이 되면 검은색 흔적을 남기기 때문에 발견 애초부터 필기 재료로 사용되었다. 안정성이 높고, 전도성, 내열성, 윤활성이 뛰어나서 다양한 용도로 사용되었다. 원소에 대한 이해가 깊어지기 전까지는 납을 함유한 것으로 여겼다. '석묵(石墨)'이라고도 부른다.

흡착지 [吸取紙]

펜이나 만년필로 필기한 종이에 눌러서 마르지 않은 잉크를 빨아들여 빠르게 건조시킴으로써 서류가 더러워지거나 옆 페이지로 잉크가 묻어나는 것을 방지하기 위해 사용하는 흡수성이 높은 종이. 한 장씩 노트나 수첩에 끼워 사용하거나 책상 위에서는 블로터에 장착하여 사용한다.

히노데와시 [ヒノデワシ]

도쿄에 있는 지우개 제조업체. 1919년 고무 제

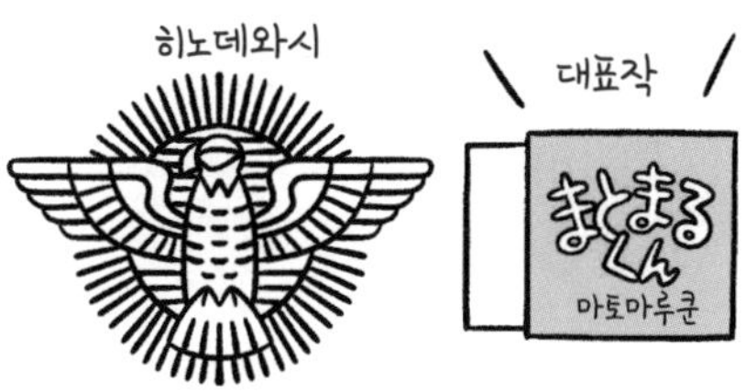

품 제조업체로 창업(시라히게고무공업소). 쇼와 초기부터 지우개 제조를 시작했으며, 1986년 발매한 지우개 찌꺼기가 잘 뭉쳐지는 지우개 '마토마루군'과 지우개 도장 전용 '반케시군' 등으로 유명.

히다마 [日玉]

수첩이나 달력의 날짜를 표시하는 숫자 부분. 월이나 일을 표시하는 숫자를 '다마(玉)'라고 부르는데, 즉 날짜는 '히다마', 월은 '츠키다마(月玉)'. 수첩이나 달력 만들기에서 절대로 틀리면 안 되는 중요한 정보.

히와타리 겐고 [樋渡原吾]

(생몰년 미상) 연필 제조업자. 1859년 창업, 1877년 개최된 제1회 일본창업박람회에 코이케 우하치로(小池卯八郎)(→p145)와 나란히 연필을 출품해 봉문상패(鳳紋賞牌)를 받았다. 창업은 코이케보다 15년이나 앞섰고, 기록에 남아 있는 일본에서 가장 오래된 연필 제조업자.

Stationery
column **5**

하고로모 분필 [羽衣チョーク]

우리나라 세종몰이 제조 판매하고 있는 분필 브랜드. 1932년에 와타나베 시로(渡部四郎)가 창업한 하고로모초크제조소(羽衣チョーク製造所, 1947년 하고로모문구로 변경)가 출시한 분필. 깃털처럼 부드럽게 쓸 수 있다는 의미로 명명된 것이지만, 특유의 부드러운 필기감과 잘 부러지지 않는 품질은 분필계의 롤스로이스라고 불릴 정도로 세계적으로 유명해져 수학자나 대학교수 등 많은 전문가의 사랑을 받았다.

하지만 2014년 와타나베 다카야스(渡部隆康) 사장의 건강 악화로 폐업 위기에 놓였을 때, 이 소식을 들은 당시, 우리나라 입시학원 수학 강사이면서 하고로모 분필의 충성고객이었던 신형석이 사업인수를 제안하여, 2016년에 세종몰(www.sejongmall.co.kr)이라는 회사를 설립. 하고로모 측은 모든 제조 기계와 노하우의 전달뿐만 아니라 핵심 기술자를 이직시키는 등 기술을 전수했고, 일본 공장을 그대로 경기도 포천으로 이전해 폐업 위기를 극복했다.

하고로모 분필의 부드러운 필기감이 고객을 끌어들이는 첫 번째 요인이었다면, 색채의 다양함은 가독성이 높아 학생들에게도 큰 지지를 받았다.

현재 하루 약 8만 개의 분필을 생산하여 미국, 영국, 중국, 독일 등 세계 각지에 수출되고 있다. 최근에는 하고로모 분필의 본고향이었던 일본에 역수출되고 있다.

※ 역자 추가, 나무위키 참조

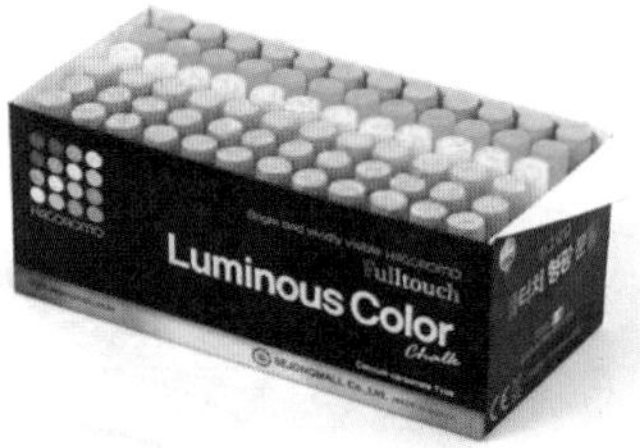

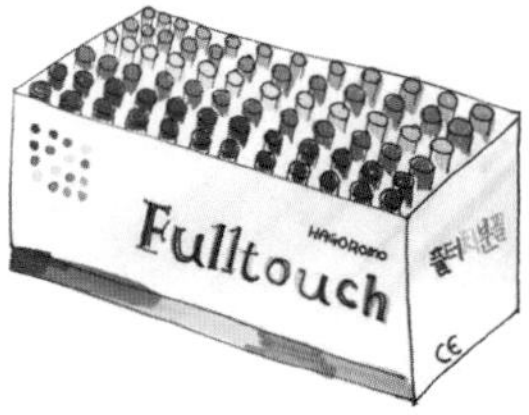

0~9 A~Z 열

문구 잡학 8 > 고무밴드 크기

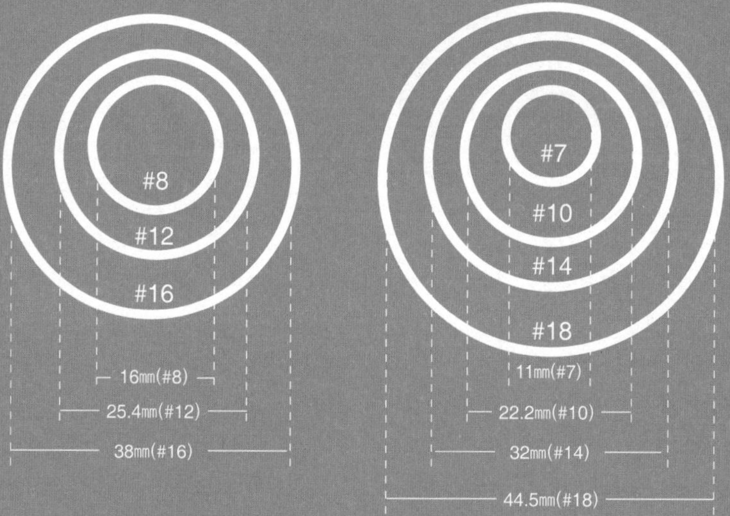

고무밴드 규격

순번	크기 호칭 (#16 등)
내경(㎜)	고무밴드 원의 내측지름
절경(㎜)	고무밴드를 접었을 때 밴드 두께를 제외한 길이
절폭(㎜)	고무밴드 폭
두께(㎜)	고무밴드 두께

고무밴드 크기

순번	내경(㎜)	절경(㎜)	절폭(㎜)	두께(㎜)
#7	16	17.5	1.1	1.05
#8	22.2	25	1.1	1.05
#10	25.4	35	1.1	1.1
#12	38	40	1.1	1.1
#16	44.5	60	1.1	1.1
#18	51	70	1.1	1.1
#20		80	12	1.1

2공 펀치 [2穴パンチ]
일본에서 가장 널리 사용되고 있는 파일, 바인더용 제본 구멍의 규격. JIS S 6041에 규정된 직경 6mm, 중심간격 80mm의 구멍을 뚫는 기구.

3D펜 [3Dペン]
필기구 모양의 본체 내에 열원을 두고 열가소성 수지를 가열, 용융하여 배출하는 조형 도구. 수지는 배출 직후에 자연 냉각되어 경화되므로 취급에 익숙해지면 마치 공간상에 선을 긋듯이 조형할 수 있다. 이 밖에 자외선 경화수지를 배출하면서 블랙라이트를 비추어 경화시키는 타입도 있다.

3M [スリーエム]
미국에 본사를 둔 화학 및 소재 제조업체로 1902년 광석 채굴회사로 설립되었다

(Minnesota Mining & Manufacturing Company). 광석 채굴에는 실패했지만, 이후 사포를 시작으로 각종 접착 기술을 기반으로 많은 제품과 소재를 만들어 성장하며 다국적기업이 되었다. '포스트잇'이나 '스카치테이프' 등으로 유명.

5×3 카드 [5×3 カード]
약 5×3인치 크기의 정보 카드. 십진분류법을 고안한 미국의 도서관학자 멜빌 듀이(Melvil Dewey)가 1877년 미국 도서관협의회에 제안한 도서목록용 카드. 실제는 3×5인치가 아니라 7.5×12.25cm. 다루기 쉬운 크기로 다양한 용도의 정보 카드로 이용될 뿐 아니라, 메모장(→p66)에 넣어 휴대용 메모 카드로도 보급되고 있다.

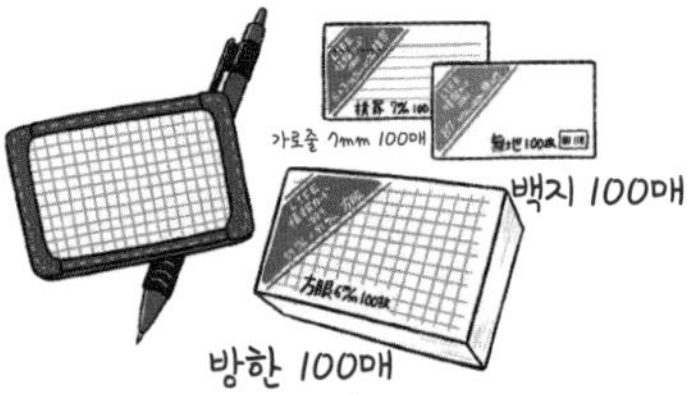

BOXY볼펜 [BOXYボールペン]
미쓰비시연필이 1975년 출시한 문구 브랜드 'BOXY 시리즈'에 포함된 노크식 볼펜. 몸통이 사각이고, 노크의 해제 버튼이 몸통 측면에 있기 때문에, 책상 위에 눕혀 고정한 상태에서 노크 버튼을 기세 좋게 되돌릴 수 있는 신기한 구조. 이 펜을 사용하여 슈퍼카 지우개(→p94)를

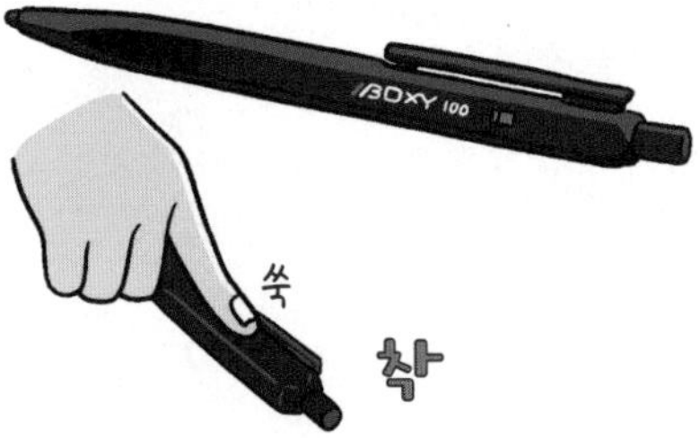

튀겨서 달리게 하는 것이 유행했다.

B-TOOL 매거진 [ビーツールマガジン]

1988년 4월부터 1992년 1월까지 나츠메출판기획이 발행한 문구 정보 전문 월간지. 매호 다양한 주제의 특집과 신상품 정보로 당시의 문구 인기를 견인했다. 충실한 취재 기사가 많아 자료적 가치도 높다.

Bun 2 [ブンツー]

2004년부터 '스테이셔너'가 발행하여 전국 문구점 등에 무료로 배포하는 문구 정보잡지.

F-104-J 스타파이터
[F-104-Jスターファイター]

F-104는 록히드마틴이 개발한 초음속 제트전투기. 1961~86년 일본 항공자위대에 채택된 일본용 개량형 F-104-J는 미쓰비시중공업(三菱重工業)이 라이선스 생산한 것으로, 날개가 매우 작고 가늘고 긴 동체 형태 때문에 '미쓰비시연필(三菱鉛筆)'이라는 애칭으로 불리어졌다. (필기구업체인 미쓰비시연필과는 어떤 관계도 없다.)

iF디자인상 [iFデザイン賞]

1953년 독일 하노버에 설립된 디자인 진흥을 위한 국제조직인 '인더스트리 포럼 디자인 하노버(iF)'가 주최하는 공업상품을 대상으로 하는 세계적 권위의 디자인상. 일본 문구도 다수 수상하고 있다.

ISO [國際標準化機構]

국제표준화기구. 스위스에 본부를 둔 비정부기구. 세계적으로 동일 품질, 동일 수준의 상품이나 서비스를 제공할 수 있도록 하기 위한 국제규격(ISO 규격)을 제정. 문구 분야에는 '샤프펜슬(ISO9177)', '연필 흑연심 분류 및 직경(ISO9180)' 등의 규격 외에, 상품과 서비스의 품질향상에 관한 '품질관리시스템(ISO9011)', 환경리스크의 감소를 위한 '환경관리시스템(ISO14001)' 등이 있다.

ISOT(국제문구종이제품전시회)
[國際文具紙製品展]

1990년부터 개최되어 온 일본 최대규모의 문구/종이 상품 국제 박람회. 일본 내외 다수 업체가 참가하여 전시 및 상담을 진행한다. 도쿄 빅사이트에서 개최(1995년 이전은 마쿠하리메세). 일본문구대상 표창 등도 실시한다. 현재는 일반에 비공개이지만, 공모 서포터 제도를 이용하면 관람할 수 있다.

JAN코드 [JANコード]

개별 상품이 어느 나라 어느 업체의 어떤 제품인지 기계적으로 식별하기 위해 바코드로 표시되는 국제 공통 상품 코드 EAN(European article number)의 일본 내 호칭(Japanese article number)의 약자. 미국-캐나다의

UPC(Universal Product Code)와도 호환된다. 코드는 13자리 또는 8자리 수열로 사업자 코드와 상품 품목 코드, 체크 코드로 구성되어 있다. 일본의 사업자 코드는 '재단법인 유통시스템개발센터'가 관리. 상품의 판매, 수발주, 물류, 재고관리 등의 중요한 기초 정보로 활용되고 있다.

JIS [ジス]

일본산업규격(Japanese Industrial Standards)의 약어. 산업표준화법에 따라 제정된 국가표준으로 일본 공산품의 치수·성능 등 다양한 사항을 통일·단순화하기 위해 그것들의 표준이나 측정법 등이 정해져 있다. 문구에 대해서도 많은 규격이 존재한다.

OA [オーエー]

'사무자동화(office automation)'의 약어. 사무실에 컴퓨터, FAX 등의 정보기기를 도입함으로써 사무실에서의 사무처리를 자동화하는 것. 1980년대 전반부터 많은 기업이 추진하게 되어, 사무의 인력 절감, 효율화를 꾀하고, 생산성 향상을 꾀했다. 정보기기나 그것과 관련된 상품을 OA 기기, OA 용품이라고 한다.

OEM [オーイーエム]

'Original Equipment Manufacturer'의 약어. '주문자 상표에 의한 생산'으로 번역된다. 원래 타사 브랜드 상품을 수탁 생산하는 업체라는 의미지만, 제조업체가 자사 브랜드가 아니라 타사 브랜드의 상품을 생산하는 것이나 타 제조업체 상품을 자사 브랜드로 판매한다는 의미로 사용되는 경우도 많다. 높은 기술력을 가진 타 업체에 제조를 위탁하는 것은 문구에도 흔히 있는 방법으로 많은 업체가 부분적으로 타사에서 제조한 상품을 자사 브랜드로 판매하고 있다.

OHP [オーエイチピー]

'Overhead Projector'의 약어. 투명한 필름에 쓴 문자나 도표 등을 강력한 광원의 바로 위에 올리고, 렌즈와 거울을 통하여 벽면의 스크

린에 확대 투영하는 장치. 1960년대부터 보급되어 회의나 수업 등에서 자료를 비추기 위해서 사용되었다. 시트의 작성이나 조작이 쉽고 전국의 학교나 많은 회사에 보급되었지만, PC나 카메라 화상을 직접 투영할 수 있는 비디오프로젝터의 보급에 의해 대체되어 거의 사용하지 않게 되었다.

OHTO [オート]

도쿄에 본사를 둔 필기구, 문구업체. 1919년 나카다 토자부로(中田藤三郎)가 약제, 안료의 분쇄 관련하여 창업(나카다호카도, 中田鳳華堂), 종전 후 볼펜 개발에 착수하여, 1949년 연필형 나무 몸통 볼펜을 출시. 저렴하고 실용적인 일회용 볼펜을 보급하였다. 1964년 세계 최초로 수성 볼펜을 개발. 펜촉을 가늘게 2단계로 절삭한 볼펜심 '니들 포인트(needle point)', 연사식 클립 '카착(カチャック)' 등으로 유명.

OKB48선발총선거 [OKB48選抜総選挙]

2011년부터 계속되어 온 볼펜 인기투표. OKB는 '마음에 드는 볼펜(お気に入りボルペン, **O**kini hairi **b**orupen)의 약어. 미리 선발된 일본을 대표하는 48자루의 볼펜을 대상으로 투표한다. 일본 각지의 시필 장소에서 투표하는 '악수회 투표'와 웹사이트에서 투표하는 '웹투표'가 있다. 프로듀서는 방송작가인 후루카와 코(古川耕). 처음에는 잡지의 기획이었지만 5회째 이후는 문구왕인 타카바타케 마사유키(高畑正幸)가 주최.

PL법 [ピーエル法]

제조물 책임법(Product Liability). 제조물 결함으로 인해 손해가 발생한 경우 제조업자 등이 손해배상책임을 지는 것을 규정한 법. 1995년 시행. 문구류도 예외는 아니어서 시행 이후 안전성 등에 관한 많은 가이드라인이 마련되고 개선이 이루어지고 있다.

PPC [ピーピーシ]

일반용지 복사기(Plane Paper Copier)의 약자. 특수 용지를 사용하지 않고 일반용지에 복사하는 기기의 총칭으로 현재 사용하는 대부분의 복사기. 빛을 비추면 전하를 발생시키는 감광체를 균일하게 대전시킨 후 부분적으로 빛을 비춰 전하 유무에 따른 상을 만들고, 대전된 토너 입자를 유도해 종이에 전사, 정착시킨다. 1938년 미국의 체스터 F. 칼슨이 정전기에 의한 복사 기술인 제로그래피(xerography)를 발명, 이를 바탕으로 미국 할로이드(현 제록스)가 개발. 1959년 세계 최초의 일반 종이 복사기 '제록스 914'를 출시했다.

P커터 [ピーカッター]

플라스틱판을 절단하는 전용 칼. 갈고리 모양의 끝부분으로 판의 표면을 긁어서 홈을 파낸다.

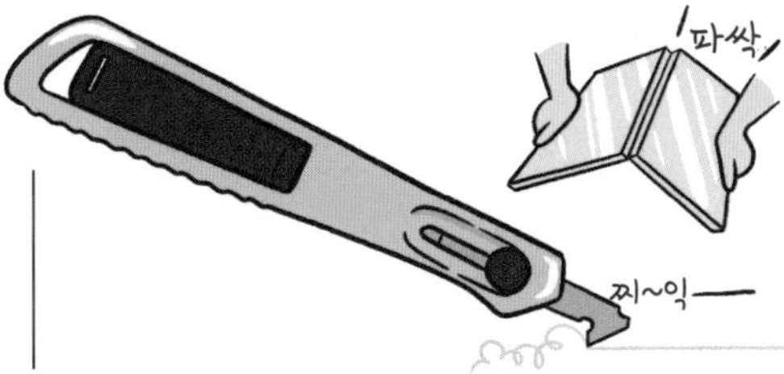

이를 여러 번 반복하여 홈 깊이가 판 두께의 절반 이상이 되었을 때 판을 자른다. 플라스틱 커터, 아크릴 커터라고도 한다.

ToDo 리스트 [トゥードゥリスト]

지금 해야 할 일(작업)을 적는 목록. 지금 해야 할 일을 적어서 시각화하고, 항목이 끝나면 체크 표시를 하는 등 작업의 누락을 방지하고 미완성된 항목을 처리해 나간다.

mini column 2 홀더(holder)와 폴더(folder)

상품명이 의미하는 것이 제각각이고 까다로운 것에 클리어 파일류가 있다. 여러분은 '클리어 파일'이라고 듣게 되면 어떤 것이 떠오르는가? 표지 안에 투명한 주머니 모양의 페이지가 제본되어있는 책자인가, 아니면 수지 시트를 반으로 접고 한 변을 붙여서 얇은 서류를 넣는 것인가.

실은 제조업체나 업자에 따라 명칭이 매우 엇갈린다. 일반적으로 문구업체는 전자의 책자를 클리어 파일이나 클리어 북으로 부르고, 1매짜리 후자의 것을 클리어 홀더라고 부른다. 문제는 이 1매짜리를 인쇄하여 판매하는 업자는 웬일인지 그것을 클리어 파일이라고 부르는 경우가 많다는 점이다. 이에 더하여 까다로운 것은 홀더와 폴더로 이것은 닮았지만 다른 것. 홀더(holder)는 담는 것, 보관하는 물건이라는 뜻이고, 폴더(folder)는 접는 물건을 가리킨다. 앞서 말한 홀더와는 다르게 캐비닛에 세워 서류를 정리하기 위해 골판지를 한 장씩 접어서 만든 단순한 것을 폴더(또는 개별 폴더)라고 한다. 컴퓨터 화면에서 서류를 정리하는 아이콘으로 익숙한 그 폴더이다. 다시 말하면 이것들은 기본적으로 기록이 끝난 서류를 보관하기 위한 것이기 때문에`크게 분류하면 전부 파일이지만, 미기입 용지를 철하여 그대로 기입하는 것을 바인더라고 부르니 정말 복잡하다.

Stationery column 6

잉크(ink)와 잉키(inky)

둘 다 잉크의 의미지만, 잉키 쪽이 조금 구식이란 인상이 있고 일반용어로서는 그다지 사용되지 않는다. 최근 수입된 외래어는 영어를 기반으로 발음하는 것이 많지만 2차 세계대전 전까지 물건이나 기술과 함께 수입된 언어는 그 수입처 언어에서 유래하는 것이 많고, 잉크의 경우도 에도시대 후기에는 인쇄 기술과 함께 네덜란드로부터 수입되어서 영어의 잉크가 아니라 네덜란드어인 잉키(inky)로 불리고 인쇄업계에서는 인쇄기에 사용하는 색재료를 아직도 잉키로 부르는 경우가 많고, 문구에서도 메이지 시대의 자료에서는 잉키가 주류이고 펜텔이나 파일로트 등은 지금도 잉키로 통용하고 있다. 마찬가지로 요즘 볼펜의 잉크에 많이 사용되는 '겔'이라는 개념도 독일어의 겔과 영어의 젤(표기는 어느 쪽도 gel)이 있고, 필기구에서는 겔을 채택하는 업체가 다수파. 이 때문에 겔 형태의 색재료의 호칭은 독일어, 네덜란드어, 영어가 혼재하고 있지만, 이상하게도 영어로 통일한 '젤잉크'를 채택하는 필기구 대형업체는 제브라뿐이다.

잉크 제조업체

업체명	겔	젤	잉크	잉키
파일로트 코퍼레이션	○			○
펜텔	○			○
데라니시화학공업	○			○
사쿠라크레파스	○			○
세라만년필	○		○	
푸라치나만년필	○		○	
미쓰비시연필	○		○	
오토	○		○	
코쿠요	○		○	
제브라		○	○	

Stationery column 7

삼각자에 구멍이 있는 이유

자 이야기에서 자주 회자되는 것 중 하나가 삼각자에 구멍이 있는 이유인데, '온도나 습도 변화에 따른 수축과 팽창을 흡수하기 위해서'라든지 '공기를 빼내기 위해'라든지 여러 가지 설이 있지만, 대부분 틀린 이야기.

예를 들어, 아크릴은 1℃의 온도변화에 약 0.007% 수축 팽창한다. 만약 실온의 차이가 20℃라고 가정했을 때 10cm 삼각자 끝에서 끝까지의 수축팽창은 0.14mm에 불과하다. 게다가 측정되는 물체 자체도 온도변화에 따라 수축 팽창하므로 온도변화에 따른 눈금자의 정확성을 논하는 것은 의미가 없다. 또한 공기를 빼낸다는 점에서도 마찬가지. 거의 효과를 볼 수 없을 뿐만 아니라 자를 일단 종이 위에 올려놓고 미끄러지듯 이동시키는 것이고, 들어 올릴 때도 공기 운운하기 전에 얇아서 손가락으로 집기가 어렵고, 보통은 책상이나 노트의 가장자리에서 들어올리기 때문에 의미가 없다.

그렇다면 왜 구멍이 뚫려 있는 것일까? 필자가 제작자에게 들은 바로는 "그게 자다워 보여서"라고. 예전에 나무로 만든 삼각자는 띠 모양의 나무 조각을 세 개씩 조합해 만들었기 때문에 중앙에 외형과 비슷한 구멍이 생겼던 것을 모방해 플라스틱 제품에도 삼각 구멍을 뚫었지만, 비용이 많이 들기 때문에 대부분 둥근 구멍으로 대체하게 되었다고. 효과는 종이 위를 미끄러지거나 누를 때 손가락이 걸리기 쉬운 정도이며, 특히 작은 자에는 없어도 상관없지만 있는 것이 더 좋다고. 그래서 지금도 구멍이 뚫려 있는 것이 많다고 한다.

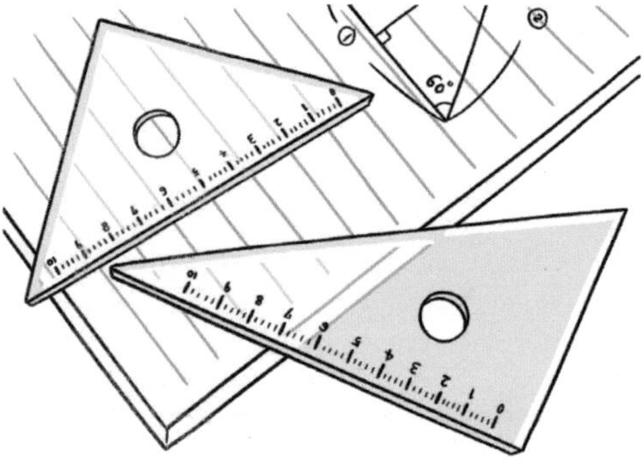

Stationery column 8

연필의 경도와 스마트폰 보호필름

경도는 길이, 무게 등과 달리 정의하기 매우 어려운 성질이다. 절대적인 측정 방법은 없고, 서로 문질러서 흠집이 나는 쪽이 더 부드럽다고 판정하거나, 단단한 다이아몬드를 눌러서 생긴 홈의 크기로 판단하는 방법 등이 있지만, 모두 상대적인 것이다. 문구류에서 경도라고 하면 연필의 경도 표시가 있는데, 이것도 JIS에 따르면 "6B에서 9H까지 선의 경도가 증가하고 9H에서 6B까지 선의 굵기가 증가하는 것"과 "중심 경도를 HB로 한다"고 정의하고 있으며, 단서 조항으로 "과학적인 정의는 아직 규정되어 있지 않다"고 적혀 있다. (다만 HB의 농도에 대해서만 소정의 측정 방법으로 정해진 수치 범위가 있다.) 따라서 각 회사의 연필 경도와 농도가 반드시 일치하는 것은 아니다. 또한 JIS에서 규정된 경도는 HB와 F를 포함한 6B부터 9H까지 17개 경도. 미쓰비시연필은 2008년부터 10B부터 10H까지 22개 경도를 출시해 세계에서 가장 다양한 경도를 가진 연필을 내세워 화제가 되기도 했지만, 2019년에 스테들러가 12B~10H의 24개 경도를 출시해 다시 한번 경도를 갱신했다. 그런데 연필의 경도는 의외의 곳에서 경도 기준으로 사용되고 있다. 스마트폰 보호필름의 포장지에 보면 "경도 9H"라고 표기된 것이 있는데, 사실 이것은 9H의 뾰족한 연필로 긁어도 흠집이 나지 않는다는 의미다. 말하자면 연필이 표면 경도의 간이지표로 사용되고 있는 셈.

역자 후기

이 책 번역을 부탁받고, 흔쾌히 하겠다고 나섰다. 나도 자칭타칭 필기구 덕후인지라 당연히 내가 적임자라는 자부심도 한몫했다.

아날로그의 상징 중의 하나인 필기구에 대한 나의 심취는 내 직장생활과 무관치 않다. 대학에서 경영학을 전공했지만, 반도체, 소프트웨어 등 디지털 제품을 취급하는 업무환경에서 34년째 근무하다 보니 아날로그적 감성이 더 절실했는지도 모르겠다. 대학생 시절부터 필기구 수집을 시작하여 직장을 다니기 시작했던 1990년부터 본격적으로 수집하면서 지금까지 샤프펜슬, 만년필, 볼펜 등을 모아 왔다. 그것이 3,000개가 넘고 나서는 더 이상 세지 않아 정확한 개수는 모른다. 다만 내 서재의 한쪽 벽면을 가득 채우는 것도 모자라 대형 트렁크와 수납 용기 등을 채우는 등 방 전체가 필기구 천지다.

『문방구어사전(文房具語事典)』이란 제목만 보고 대부분 필기구겠지 하는 지레짐작으로 덥석 번역을 맡았다. 하지만 내용을 훑어보니 필기구 외에도 접착제, 풀, 클립, 수첩, 바인더, 미술도구, 사무기기 등등 온갖 문구라고 이름 붙여진 것은 모두 포함되어 있었다. 이 대목에선 아차 싶기도 했다. 그렇지만 지은이가 광범위한 문방구 장르를 전부 포함하려 했다는 열정에 마음을 다잡고 번역하기로 했다. 실제 번역하다 보니 표제어에 따라 설명의 구체성에 기복이 있었지만, 지은이의 열정에 비한다면 그 정도는 옥에 티로 감수할 만하다고 느꼈다.

원서는 히라가나 순으로 되어 있었으나 가나다 순으로 재구성했다. 그 과정에서 우리나라 대표 문구 기업인 '모나미'와 원래 일본 기업이었으나 입시학원 수학 강사였던 신형석이 인수해 명맥을 이어가고 있는 세계적인 '하고로모 분필(세종몰)' 두 항목을 칼럼 형식으로 추가했다.

인명, 지명, 기업명(일본 기업 한정) 등 고유명사는 최대한 일본 발음을 따랐다. 상품명, 문구 관련 소재, 부분 명칭, 기능표현 등에서 우리말로 굳어진 말들은 찾아서 표기했고, 번역어가 없는 표현들은 원서의 표기를 따랐다. 또 가타카나로 표기된 로마자는 한글 표기법을 따랐으며, 알파벳을 부가하였다.

또 표제어처럼 보이지 않아 당혹스러웠던 것들도 몇 가지 있는데, 열거하면

다음과 같다. 가미데테오키루(종이에 손을 베다, 紙で手を切る), 가제오히쿠(감기에 걸리다, 風邪を引く), 누마니하마루(늪에 빠지다, 沼にはまる), 미에루미에루(보인다 · 보인다, 見える · 見える), 오무카에스루(맞이하다, お迎えする). 일본인들 사이에선 관용구로 사용되는 표현들이어서 일본어 발음을 그대로 표기한 후 괄호에 번역을 곁들였다. 독자들의 문화적 이해를 돕기 위한 조치다.

번역과정에서의 에피소드 하나. 원서 끝부분에 '로켓연필(→p57)'이란 표제어가 나온다. 지금부터 약 50년 전인 초등학교 2학년 때, 월간 만화책에 실린 '프런티어'라는 로켓연필 광고를 보고 사야겠다고 마음먹었다. 진해의 문구점이란 문구점을 다 뒤지고 돌아다녔지만 사는 데 실패했다. 얼마나 사고 싶은 마음이 간절했는지 그 어렸던 내가 옆 도시 마산으로 발걸음을 옮겼다. 하염없이 걸었지만 길을 잃고 헤매다 어머니께 발견되어 엄청나게 혼났던 기억이 떠오른다. 따지고 보면 나의 필기구 사랑은 50년의 역사를 가진 셈이다.

바야흐로 디지털이 아날로그를 압도하는 시대다. 이런 때일수록 우리의 마음을 촉촉이 적셔줄 향수(鄕愁)가 필요하다. 그 방편 중 하나가 지은이가 그랬고 내가 그랬듯, 아날로그 문방구에 관심 두는 게 아닐까 싶다. 사랑하는 연인에게, 부모님에게, 자녀에게 최애하는 펜으로 마음을 담은 손 편지를 정성스레 써서 보내 보시라. 그도 아니라면 지금 문구점으로 달려가 마음에 드는 다이어리 한 권 골라서 일기장으로든 업무수첩으로든 사용해 보시라. 당신을 둘러싼 디지털 기기로 인해 메말라가던 당신의 감수성이 아날로그 감성으로 촉촉해질지도 모를 일이다.

마지막으로 이 책이 일본과 서양 문구업계 이야기로 가득하지만, 우리나라 문구도 K-드라마, K-팝, K-푸드에 이어 (디지털 강국으로서의 자부심을 품고) 아날로그 감성과 디지털 혁신을 겸비한 K-디지털 문구로, 또 다른 한류 대열의 하나가 되었으면 하는 바람도 가져본다.

울산에서 이상민

마치면서

문구왕이 된 지 20년, 문구업체에서 개발 및 판매에 관여하면서 다양한 곳에서 강연을 해왔다. 문구 관련 지식에 대해서는 어느 정도 자신감이 있었다. 하지만 막상 사전을 집필하다 보니 그 지식의 모호함과 근거의 불확실성으로 인해 거의 모든 항목을 다시 찾아보게 되었고, 어느새 집필에 1년 반이라는 시간이 걸렸다.

인터넷 정보도 참고했지만, 가능한 한 책을 중심으로 하면서 고서나 실물 등을 구하고, 각국의 특허를 검색하고, 번역본을 포함한 해외 서적과 웹사이트 등을 참고하면서 근거를 찾았다. 또한, 과학이나 공학 관련 용어 설명은 고등학교나 대학에서 배운 화학이나 물리학 교과서를 다시 한번 읽어보거나 역사나 지리 참고서를 여러 번 펼쳐보았다.

이 책의 집필은 문구라는 주제를 중심으로 내가 지금까지 학교에서 배운 것, 일하면서 경험한 것, 마니아로서 수집한 많은 사료를 통해 내 지식을 재확인하고 정리하는 작업이었으며, 다소 과장된 표현일 수도 있지만, 어떤 의미에서 나의 반평생을 다시 정리하는 계기가 되었다.

문구왕 20주년을 맞아 이런 기회를 주신 성문당 신광사(誠文堂 新光社)의 여러분과 저의 엉뚱한 요구의 의도를 잘 파악하여 가장 알기 쉽게 멋진 일러스트를 그려 준 고바야시 씨, 그리고 이 책을 읽어주시는 여러분께 진심으로 감사드립니다.

이 책을 통해 문구에 대해 조금이라도 더 애정을 갖게 된다면 더 바랄 것이 없겠다.

문구왕

타카바타케 마사유키